他山之玉

国际教育规则探析

杜越 谢喆平 董建红 等 著

教育科学出版社
·北京·

出 版 人　李　东
责任编辑　翁绮睿　刘明堂
版式设计　杨玲玲
责任校对　贾静芳
责任印制　叶小峰

图书在版编目（CIP）数据

他山之玉：国际教育规则探析 / 杜越等著. —北京：教育科学出版社，2016.12
ISBN 978-7-5191-0723-9

Ⅰ.①他…　Ⅱ.①杜…　Ⅲ.①国际教育—研究　Ⅳ.①G51

中国版本图书馆 CIP 数据核字（2016）第 185367 号

他山之玉：国际教育规则探析
TASHAN ZHI YU：GUOJI JIAOYU GUIZE TANXI

出版发行	教育科学出版社		
社　　址	北京·朝阳区安慧北里安园甲 9 号	**市场部电话**	010-64989009
邮　　编	100101	**编辑部电话**	010-64989421
传　　真	010-64891796	**网　　址**	http://www.esph.com.cn
经　　销	各地新华书店		
制　　作	北京金奥都图文制作中心		
印　　刷	北京玺诚印务有限公司		
开　　本	169 毫米×239 毫米　16 开	**版　　次**	2016 年 12 月第 1 版
印　　张	18.5	**印　　次**	2016 年 12 月第 1 次印刷
字　　数	242 千	**定　　价**	49.00 元

序　言

在全球化日益向纵深发展、国家间相互依存度越来越高的大背景下，越来越多的全球性问题的治理明显超越了国家政府的传统治理范围，各领域需要全球治理已经成为国际社会的普遍共识。自李克强总理数年前在世界经济论坛的演讲中首次提到“全球经济治理”概念之后，全球治理这一词语日益频繁地出现在我国的学术研究与政策文件中。

全球治理机制的核心是国际规则所提供的原则与规范，而国际规则的政策平台则是由各成员国政府主导其政策过程的国际组织，尤其是以联合国为代表的诸多政府间国际组织。由于全球问题的日益突出和全球治理的日益重要，分析和研究国际规则、加强对国际组织的工作，成为全球治理时代的必需。

2014 年 12 月的中央外事工作会议上，习近平总书记指出，中国与世界的关系在发生深刻变化，我国同国际社会的互联互动也已变得空前紧密，我国对世界的依靠、对国际事务的参与在不断加深，世界对我国的依靠、对我国的影响也在不断加深。我们观察和规划改革发展，必须统筹考虑和综合运用国际国内两个市场、国际国内两种资源、国际国内两类规则。此前，2014 年 3 月 27 日，习近平总书记对联合国教科文组织巴黎总部进行了历史性访问，发表了重要演讲。在演讲中，习总书记指出，要通过跨国界、跨时空、跨文明的教育、科技、文化活动，让和平理念的种子在世界人民心中生根发芽，让我们共同生活的这个星球生长出一片又一片和平的森林。

就国际教育规则而言，联合国教科文组织是最重要的政策平台，不仅是最主要的国际教育规则的制定者，也是主要的国际教育活动推动方，更是最关键的国际教育事务的连接点与交会方。在全球治理时代，我们需要不断加强对联合国教科文组织等国际组织的研究，更需要深入地研究和分析作为全球教育治理重要政策和法律依据的国际教育规则，唯有如此，才能为综合运用“国际国内两类规则”打下良好基础。

教育部副部长

中国联合国教科文组织全国委员会主任

郝　平

目　　录

图、表和框注目录

导言　研究国际教育规则的必要性

2010年7月中共中央、国务院正式发布的《国家中长期教育改革和发展规划纲要（2010—2020年）》（以下简称《教育规划纲要》）提出“加强国际交流与合作”，并且具体地指出，“坚持以开放促改革、促发展。开展多层次、宽领域的教育交流与合作，提高我国教育国际化水平。借鉴国际上先进的教育理念和教育经验，促进我国教育改革发展，提升我国教育的国际地位、影响力和竞争力。适应国家经济社会对外开放的要求，培养大批具有国际视野、通晓国际规则、能够参与国际事务和国际竞争的国际化人才”。《教育规划纲要》还指出：“当今世界正处在大发展大变革大调整时期。世界多极化、经济全球化深入发展，科技进步日新月异，人才竞争日趋激烈。”（见图Ⅰ）因此，中国要实现教育现代化，建成学习型社会，进入人力资源强国的行列，就应当研究和理解国际教育规则，应当合理利用和积极优化国际教育规则，在参与国际教育交流与合作的过程中，提升中国教育的质量，推进中国教育的发展，创造性地落实《教育规划纲要》提出的战略目标。

从广义上看，国际教育规则是指在国际社会中取得广泛共识并得到确认的有关教育发展重大问题的通行观念、行为准则和评判标准。这种国际教育规则有成文和不成文的区别，亦有具体与抽象的差异，更有观念性说明与操作性文本的不同。但就其实质而论，国际教育规则在一定程度上体现了教育发展的客观规律，也反映着人们对于教育发展客观规律的认识过程和理解水平。就其功能而论，国际教育规则又是当今世界各国开展教育

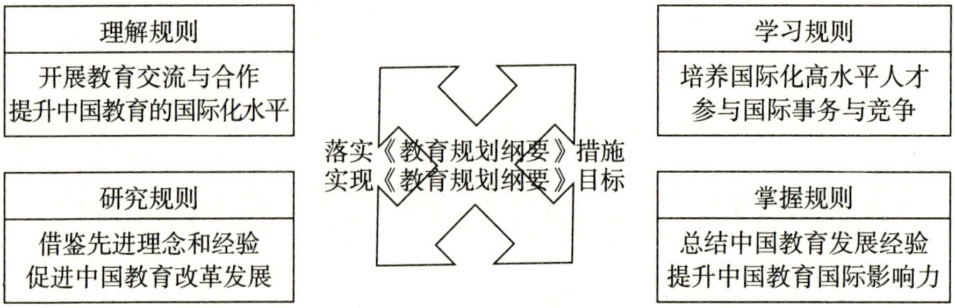

图 I 《教育规划纲要》论中国教育与国际教育规则

交流、进行文化沟通的重要基础，不仅为世界范围的双边与多边教育交流与合作提供了制度框架，而且也为各会员国推进自身的教育事业、参与世界人才竞争提供了值得借鉴的国际参照体系。

框 I 国际教育规则的基本概念界定

- 从广义上看，国际教育规则是指在国际社会中取得广泛共识并得到确认的有关教育发展重大问题的通行观念、行为准则和评判标准。
- 从狭义上看，国际教育规则主要是指在与教育领域相关的政府间国际组织的框架内，经过法定程序得以通过并得到各会员国签署，反映各会员国就教育问题所达成的共识和承诺，并体现在国际法律文件和其他共识性文件中的教育理念、行为准则和评判标准。

在世界教育发展史上，光辉灿烂的中国古代文明曾经向世界贡献过极其重要的教育理论、教育观念和教育实践。尽管受限于当时交往与沟通的基本条件，我国古代的许多教育思想与实践未能提升为跨国家、跨地域的教育共识，但是主张全面教育的“学以四教，文行忠信”①，强调教育的普遍性与针对性的“有教无类”②、“因材施教”③，关于教师的“言传身教”④、“诲人不倦”⑤，关于学生的“开卷有益”⑥、“学而不厌”⑦，关于师生关系的“能者为师”⑧、“教学相长”⑨，以及官学制度、科举制度等等，从理念和制度层面对世界各国，尤其是东亚各国的教育发展产生过重要的影响，成为人类社会宝贵的教育遗产。

然而，近代以降，西方国家的工业化和现代化的发展造就了现代知识体系、现代教育的重大转型，生成了基于理念和规则基础之上的现代教育基本格局与体系。相较之下，中国在相当长的一个历史时期却游离于这一现代化进程之外。伴随着无数仁人志士为国家现代化的浴血奋斗，西学、西方的教育知识与教育制度逐渐被引入救亡图存的近代化征途（史静寰，邵建林，2014）[258]。百年来的中国近现代教育史，是一部有意识、有计划地向教育发达国家学习、移植他国的经验以改进本国教育的历史，是有选择、有步骤地学习国际教育规则、掌握现代教育发展规律的历史，也是在掌握国际教育规则的基础上不断拓展国际教育交流与合作的历史。在可预见的未来，拥有世界上规模最大的受教育人口、教育事业快速发展的中国，必将以自身教育发展经验与实践为国际教育规则的优化与提升做出新的贡献。

从这个意义上来说，研究国际教育规则，对于发展和推进中国教育的现代化具有重要意义，对于具体落实《教育规划纲要》所提出的扩大教育

① 参见《论语·述而》：“子以四教：文，行，忠，信。”

② 参见《论语·卫灵公》：“子曰‘有教无类’。”

③ 参见《论语·为政》：子游问孝、子夏问孝。朱熹集注引程颐：“子游能养而或失于敬，子夏能直义而或少温润之色，各因其材之高下与其所失而告之，故不同也。”

④ 参见《庄子·天道》：“语之所贵者意也，意有所随。意之所随者，不可以言传也。”

⑤ 参见《论语·述而》：“学而不厌，诲人不倦，何有于我哉？”

⑥ 参见陶潜《与子俨等疏》：“开卷有得，便欣然忘食。”

⑦ 参见《论语·述而》：“默而识之，学而不厌，诲人不倦，何有于我哉？”

⑧ 参见《礼记·学记》：“能博喻，然后能为师。”

⑨ 参见《礼记·学记》：“是故学然后知不足，教然后知困。知不足然后能自反也，知困然后能自强也。故曰教学相长也。”

开放的战略也具有重要的价值。本书的目的在于通过系统地展示有关国际教育规则的各种文本文件，分析其内涵，以揭示其中所包含的历史路径和理解脉络，为全面深入地理解和利用国际教育规则提供具体的参考，同时为今后更多地参与国际教育规则的制定打下良好的基础。

第一章

何为国际教育规则

国际教育规则是指在国际社会中取得广泛共识并得到确认的有关教育发展重大问题的通行观念、行为准则和评判标准。从本质上看，国际教育规则在一定程度上体现了教育发展的客观规律，也反映了人们对于教育发展客观规律的认识过程和理解水平。

国际教育规则是当今世界各国开展教育交流与文化沟通的重要基础，不仅为世界各国开展多边和双边教育合作提供了制度框架，同时也为各国推进本国教育事业发展、参与世界人才竞争提供了值得借鉴的国际参照体系。认识和理解国际教育规则，首先要认识国际教育规则的性质与类型、历史与现状、结构与功能，进而在整体的框架中完整地把握国际教育规则的各个方面内容。

第一节　国际教育规则的定义、类别与属性

国际教育规则主要是指在与教育领域相关的政府间国际组织的框架内，经过法定程序得以通过并得到各会员国签署，反映各会员国就教育问题所达成的共识和承诺，并体现在国际法律文件和其他共识性文件中的教育理念、行为准则和评判标准。

联合国教科文组织（UNESCO）是与教育领域相关的最重要的政府间国际组织，也是联合国系统中唯一经会员国授权专门负责全球教育事务的政府间国际组织。联合国教科文组织通过的国际法律文件无疑具有最高的专业权威性和国际影响力，这些文件通常关注世界教育发展的全局性、整体性和关键性问题。通常来说，联合国大会所通过的有关教育问题的指导性意见，也经由联合国教科文组织更加专业和详尽的法律文件得到具体的落实与实施。

一、关于国际教育规则的多重理解

从整体上看，除上述联合国教科文组织通过的国际法律文件之外，国际教育规则还包括由其他一些政府间国际组织、区域性组织以及双边机构就各类教育问题所制定的原则、规则和准则，其中很多是"规范性决议"（normative resolutions）（梁西，2001）[334]。例如，世界贸易组织（WTO）所推出的《服务贸易总协定》（GATS），对于跨境教育服务贸易的规则做出了详尽的规定；世界银行（World Bank）在教育促进减贫及经济发展方面具有重要的影响力；主要由发达国家组成的经济合作与发展组织（OECD）（以下简称"经合组织"）以及欧盟（European Union）对于会员国的教育发展也有相关的规定与约束。此外，中美、中欧之间的教育合作与交流协议，以及中国对外教育合作与援助的相关协定，不仅遵循并且

丰富着国际教育规则的内容和形式。

从动态发展的角度看，国际教育规则通常经历特定的发展过程，即从最初的凝聚专家意见及其共识的“专家报告”，再到政府代表共同起草和签署的“建议”“宣言”和“公约”等一系列具有前瞻性的文本文件，它们具有不同的影响力、作用力和约束力，构成了国际教育规则从共识理念走向共守规则的发展进程。

框 1-1　关于国际教育规则的多重理解

- 从整体上看，国际教育规则还包括由其他一些政府间国际组织、区域性组织以及双边机构就各类教育问题所制定的原则、规则和准则。
- 从动态发展的角度看，国际教育规则通常经历特定的发展过程，即从最初的凝聚专家意见及其共识的“专家报告”，再到政府代表共同起草和签署的“建议”“宣言”和“公约”等一系列具有前瞻性的文本文件，它们具有不同的影响力、作用力和约束力，构成了国际教育规则从共识理念走向共守规则的发展进程。

所谓“前瞻性文件”，通常是指由国际组织特别邀请一些最了解教育发展前沿、最了解教育发展前景的专家学者就特定的教育问题进行充分讨论，形成具有前瞻性的共识，最后汇编而成的各种主题性文件。这类文件可以是特邀委员会的报告，也可以是专题性的小册子，为下一步相关国际教育规则的制定指引方向。例如，1965 年法国教育家保罗·朗格朗（Paul Lengrand）在联合国教科文组织于巴黎召开的“第三届促进成人教育国际委员会”上所作的题为“终身教育”（Lifelong Education）的学术报告；

1972 年由埃德加·富尔（Edgar Faure）代表的国际教育发展委员会提交的《学会生存——教育世界的今天和明天》（*Learning to Be*：*The World of Education Today and Tomorrow*）；1975 年由查尔斯·赫梅尔（Charles Hummel）撰写的《今日的教育为了明日的世界》（*Education Today for the World of Tomorrow*）；1996 年以雅克·德洛尔（Jacques Delors）为主席的国际 21 世纪教育委员会向联合国教科文组织提交的《教育：财富蕴藏其中》（*Learning*：*The Treasure Within*）；等等。尽管此类文件并非是经过特定程序而通过的法律性文件，但是它们对于相关国际教育规则的制定具有很大的影响（见图 1-1）。

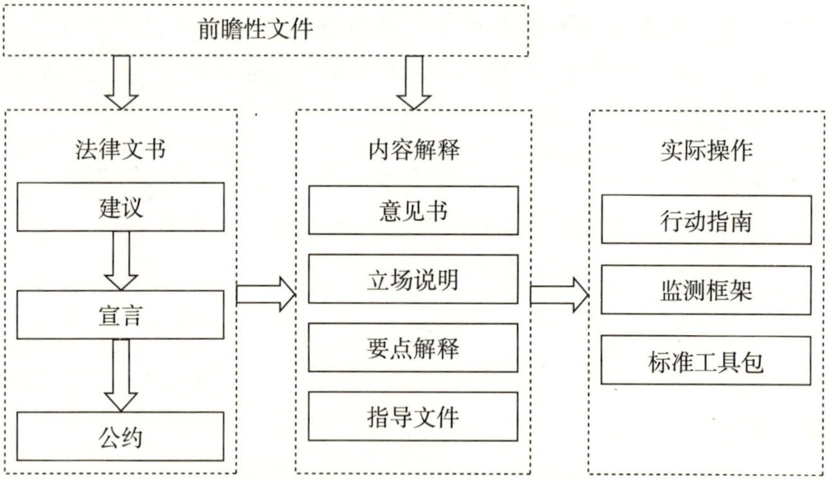

图 1-1　国际教育规则的法律文书与辅助文件

“建议”（recommendation），是指国际组织的全体大会通过的有关特定教育问题的建议性准则和规范，它无需得到全体大会三分之二以上会员国的同意，但必须得到简单多数会员国的通过。建议是一种比较软性的国际规则，不要求会员国承担相应的法律义务，但是各会员国可以根据本国的法律和实际情况采取相应的措施，将建议的内容应用到本国的教育改革与发展中去。例如，联合国教科文组织和国际劳工组织曾联合通过关于教师问题的建议，包括 1966 年通过的《关于教师地位的建议》（*Recommen-*

dation Concerning the Status of Teachers)、1974 年通过的《关于科学研究人员地位的建议》(*Recommendation on the Status of Scientific Researchers*) 以及 1997 年通过的《关于高等教育教学人员地位的建议》(*Recommendation Concerning the Status of Higher Education Teaching Personnel*)，虽然这些建议对会员国不具有法律约束力，但它们在实践中已成为各国制定教师教育政策的重要依据和参考。

“宣言”(declaration)，是指国际组织及其主办的国际会议就特定的教育议题所提出的普遍性的原则、目标、途径与方法，它是基于各会员国共识而产生的，为特定教育议题的未来发展指明了方向。各会员国都希望赋予这些原则至高无上的权威，并给它们以尽可能多的支持。然而，鉴于宣言的严肃性和重要意义，它本身往往带有强烈的预期，即希望能够得到国际社会成员的遵守。因此，随着这些预期逐渐被会员国的实践合法化，宣言也就逐渐成为一种对会员国具有某种程度约束力的规则。例如，1948 年联合国通过的《世界人权宣言》(*Universal Declaration of Human Rights*) 虽然不具有法律效力，但它所规定的“人人享有受教育的权利”已经成为《公民权利与政治权利国际公约》(*International Covenant on Civil and Political Rights*)、《经济、社会与文化权利国际公约》(*International Covenant on Economic, Social and Cultural Rights*)、《儿童权利公约》(*Convention on the Rights of the Child*)、《残疾人权利公约》(*Convention on the Rights of Persons with Disabilities*)、《消除对妇女一切形式歧视公约》(*The Convention on the Elimination of All Forms of Discrimination against Women*)、《反对教育歧视公约》(*Convention against Discrimination in Education*) 等国际公约的根本依据。

“公约”(convention)，是指各会员国在政府间国际组织的推动下，基于自愿和协商一致原则，在政治、经济、安全、教育、科技、文化、环境等领域达成的多边条约。国际公约通常是开放的，非缔约国可以在公约生效前或生效后的任何时候加入。国际公约的通过必须得到政府间国际组织三分之二以上的会员国同意，需要得到会员国的批准 (ratification)、接受

(acceptance）或加入（accession)。国际公约一旦获得通过，并得到会员国的批准，就会对会员国产生法律约束力。例如，联合国颁布的《儿童权利公约》，是唯一得到全世界所有国家签署的人权条约，被誉为儿童权利保护的“儿童大宪章”。所有签署和批准该公约的国家都必须遵守该公约提出的保障儿童权利四项核心原则：儿童的最大利益原则；禁止歧视；儿童最大限度的生命权和发展权；参与权（UN，1959）。目前，只有美国和索马里签署了但未批准这份公约，因此该公约对这两个国家尚不具有法律约束力。

此外，围绕着上述国际教育的规则性法律文件，包括联合国教科文组织在内的国际教育组织还会组织起草和发布各种辅助性文件。辅助性文件主要包括两大类型：一类是解释和说明国际教育规则法律文书条款内容的文件，包括意见书、立场文件（position paper)、要点解释（explanation note)、指南（guidelines）等等，用以提示会员国对相关内容予以关注，并向合作伙伴机构、社会大众和媒体说明国际组织在特定教育问题上的看法与立场；另一类则是辅助和支持国际教育规则法律文书实际执行的政策指南（policy guidelines)、行动指南（action guidelines)、监测框架说明和工具包（toolkits）等等。相对于国际教育规则的正式法律文书，这类文件只是辅助性的，但由于其内容与措施不仅来源于相关的国际教育规则，而且具有更清晰的可理解性和更突出的可操作性，因而对于理解和研究相关的国际教育规则有很大的帮助。

二、国际教育规则的类别

依据上述界定和理解，我们可以按照不同的标准，对国际教育规则做出不同的归类，以更好地理解各种国际教育规则的性质、特点和功用（见框 1-2)。

框 1–2　国际教育规则的主要类别

➢ 基本的形式特征：

成文规则：以成文文件或正式文件形式出现的教育规则和行为准则。

不成文规则：以理念形态存在的普适性观念和共通规则。

➢ 基本的规范意义：

约束性规则：经由各国政府承认和承诺，因而构成行为约束的规则。

倡导性规则：体现某种值得赞赏、推广和扩散的教育理念和价值的规则。

就基本的形式特征而论，国际教育规则包括成文与不成文两种形式。其中，成文的规则，主要是指以正式的文本文件形式出现的教育法规和行为准则，包括在多边性国际组织的框架下通过的宪章（charter）与组织法（constitution）、国际公约（international convention）、宣言（declaration）、公报（communiqué）、协定（agreement）、决议（resolution）、建议（recommendation）、立场文件（position paper）、谅解备忘录（memorandum of understanding）以及各种会议文件等。其中，国际组织的宪章和组织法、国际公约、宣言和建议是最为常见也是最重要的国际教育规则载体。

不成文的规则，既包括内涵于成文的国际教育规则之中的教育理念和精神，也包括那些虽然没有以正式文件为载体，但是通过国际组织开展的大型教育项目和宣传活动，以及全球教育实践所反映出来的某些已经得到国际社会广泛认可的理念和精神，比如：教育平等的精神；维护世界和平、促进国际理解的理念；经合组织开发的国际学生评价项目（PISA）的指标和统计理念与方法；国际教育交流与合作的趋势；等等。

就基本的规范意义而论，国际教育规则包括约束性规则与倡导性规则两种类型。其中，约束性规则是指对各国具有法律效力和强制性约束力的国际教育条约，主要体现为有关教育的各类国际公约。这些公约是各会员国在政府间国际组织的推动下，基于自愿和协商一致原则，就重要和关键的教育问题所达成的共识，需得到三分之二以上会员国的通过。国际公约一旦得到会员国的批准，就会立即对其产生法律效力，成为指导会员国制定教育政策、开展教育实践的国际法律文件，会员国必须接受有关国际机构对其教育的监测和评估，并有义务报告其履行公约的进展情况。

倡导性规则指国际社会为推动世界教育发展而提出的新的教育理念和准则、新的教育项目和活动，这些理念与准则常常以宣言、建议、立场文件或其他各种会议决议和会议文件的形式体现出来，对会员国不具有直接的、正式的法律效力和强制性的约束力，主要是起着引领、提倡、鼓励和支持的作用。由于倡导性规则出台机构的权威性和国际影响力，以及这些规则本身所具有的普适性，它们通常会得到国际社会的广泛认可，世界各国也会积极加入和签署与之相关的国际文件，并在国内教育政策制定中将其作为参考框架和指导方向。不过，由于倡导性规则缺乏法律效力，各会员国是否采纳和执行这些规则完全基于自愿，各会员国往往会根据本国教育的实际情况决定是否采纳这类规则。

三、国际教育规则的主要属性

一般而言，国际教育规则具有相互对应并且保持动态均衡的一系列基本属性，包括总体性与专业性、思辨性与实践性、追溯性与展望性、普适性与特殊性（王晓辉，谷小燕，翁绮睿，2012）。对于这些特性的认识，可以帮助我们更好地理解国际教育规则。

具体而言，“总体性”是指国际教育规则强调将教育看作整个人类及其社会生活的不可分割的组成部分，力图从全球化的高度讨论教育问题，从个体化的、抽象的人的视角探讨教育发展，塑造出一种教育的整体观和全局观，并将此视为国际教育规则制定和推广的认识前提和实施基础。与此相应，“专业性”指的是国际教育规则通常反映国际教育发展的前沿状况和水准，国际教育规则的起草专家、制定机构、指导理念、制定流程以及结果陈述均体现着教育领域的专业性。在联合国教科文组织及其下属的国际教育规划研究所、国际教育局、终身学习研究所的引领下，其他国际组织如世界银行、联合国儿童基金会、经合组织等等都设置了专门的教育部门，使得国际教育规则的制定日益专业化，从而确保国际教育规则能够反映教育领域最新的研究成果、发展趋势和最佳实践案例。

“思辨性”是指国际教育规则通常包含许多抽象的教育理念和准则，力图在理论高度概括和归纳现代教育发展的基本规律。国际教育规则在制定过程中既包含众多顶尖专家对全球教育问题的深入思考，又融入各国对教育发展问题的共识，因而具有很强的理论性、逻辑性和概括性。与此相应，“实践性”指的是国际教育规则必须要面对现实问题的挑战，必须要考虑教育发展所必需的物质条件和资源基础，必须要总结各会员国教育实践中的成功经验和失败教训，必须要避免乌托邦式想象和空中楼阁式设计。因此，国际教育规则往往既汇聚着各国教育实践的优化结果，又渗透着理性的顶层设计和规划思路。

“追溯性”是指国际教育规则往往体现着明显的历史连续性和时代性，由于教育发展本身的历史延续性和逻辑连贯性，任何一种新的教育理念和行为准则的提出都不可能是空穴来风，都可以在历史进程中找到发展变迁的轨迹。由于国际教育规则的提出、起草和制定过程具有阶段性和递进性，有关教育理念和行为准则的阐述必然要追溯既往，以保持思想上的连续性和逻辑上的完整性。与此相应，“展望性”指的是国际教育规则往往包含瞻望未来和引领发展的内容，“今日的教育为了明日的发展”。国际教育规则必须要有思考上的超越性、战略层面的预见性和实践中的引导性，才能够体现时代的变迁，走在发展潮流的前面，并预测未来教育的发展趋势，从而引领各国教育的发展方向。

“普适性”是指国际教育规则体现了明确的普遍适用性。由于会员国数量多、业务活动涵盖面广，与教育领域相关的国际组织所制定的国际教育规则中包含的教育理念、行为准则和实践模式通常具有普遍的适用性。这种普适性最为典型地体现在联合国教科文组织所提倡的“全民教育”“终身教育”“可持续发展教育”等理念和主张之中。与之对应，“特殊性”指的是实践和操作层面，国际教育规则所倡导的理念和共识具有充分的灵活性和弹性，各会员国可以根据本国的情况灵活应用相关的国际教育规则，各会员国的国际承诺在一定的时间和空间范围内可以有所调整和修正。此外，国际教育规则也不是一成不变的，会根据各会员国的反馈意见和独立的评估意见而不断地进行修正和调整。

第二节　国际教育规则的历史发展与现实状况

国际教育规则经历了长期的历史发展，在现实中又处在相对复杂的状况。因此，从历史的角度和现实的角度对之进行考察，可以更好地理解国际教育规则。

一、国际教育规则的历史发展

国际教育规则是历史发展的产物，并随着时代的变迁而不断变化。国际教育规则经历了不同的历史发展阶段，每个阶段呈现出不同的特征。与一般性的国际规则发展一样，国际教育规则的发展也大体经历了古代、近代和现代三个发展时期（见图1-2）。

框 1-3　国际教育规则的历史发展

- 国际教育规则是历史发展的产物，并随着时代的变迁而不断变化。国际教育规则经历了不同的发展阶段，每个阶段呈现出不同的特征。
- 国际教育规则的发展大体经历了古代、近代和现代三个发展时期。
- 从各个阶段的特定属性来看，国际教育规则大体经历了离散型、契合型、集成型和融合型四种阶段性的发展类型。

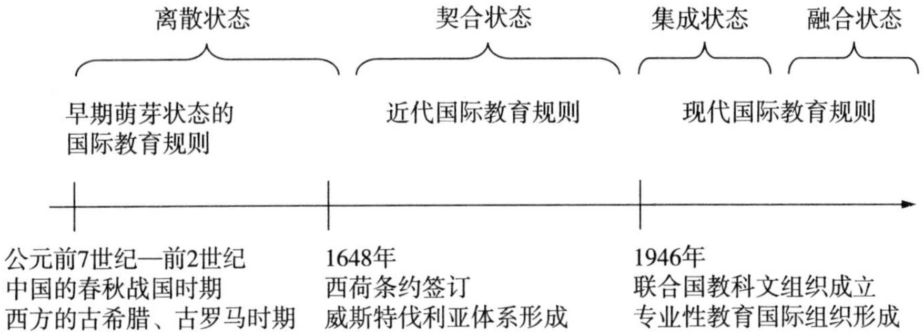

图 1-2　国际教育规则的历史发展

（一）历史上萌芽状态的国际教育规则

早在中国春秋战国时期，由于诸侯国的并存以及相互间“连横合纵”的需求，原始形态的国际规则即悄然而生。这些原始规则体现了缔结方之间的共识，载明信诺，并且约定限制性的行为。在西方的古希腊、古罗马时期，各城邦间也会为对付共同的敌人而结成同盟关系，并因此形成了各方共同遵从的原则和规范。这些都可以看作最初形态的国际规则。

各邦国之间地理的区隔并未阻断不同地域间的文化教育和思想观念交流。实际上，古代中国的书院和古希腊的学园，以及著名学者的四处游学是跨地域教育交流的原始典范。无论是孔子还是亚里士多德，都曾为追求知识或逃避政治迫害而游走八方，到处招徒授课。这些古代伟大智者的教育理念和教育实践既是宝贵的文化遗产，也是具有跨地域性质的教育规则的雏形。此后，跨越更远距离的、更大规模的文化教育交流持续发展。在东方，既有玄奘西游，也有日朝遣唐使来华。在西方，随着教会体系的建立，教会学校之间以及教会人士之间的交流规模也不断扩大。入乡随俗、入国遵法、入学从师，实际上便是此时通行的国际教育之规则。

（二）近代国际教育规则的出现

拥有世俗治权和地域主权的民族国家的出现，实际上就是国际规则发展的产物。17 世纪欧洲“三十年战争”之后，“神圣罗马帝国”解体，取而代之以著名的“威斯特伐利亚体系”，这是以主权国家为行为主体、以国际条约的形式规范国家间相互关系的民族国家体系。尽管这时的国际条约主要产生于各国间的国际会议（国际组织的正式形成是这些国际会议固定召开的结果），并主要由强权国家所操控，尽管国家间实力地位的变化和国家间战争冲突的发生使国际条约经常处于不稳定的状态，但是这毕竟开启了一个新的发展阶段，“开创了国家间通过大规模国际会议这种形式来解决重大国际问题的先例”（梁西，2001）[18]。通过召开由国家元首或政府首脑参加的国际会议，相关国际规则得到了讨论和拟定，国际条约得到了起草和签署，各国间的地域界限、利益范围和关系状况得到确定，各国的政治行为和战争行为得到规范和约束，这促进了各国间的经济交流与文化交往。这一阶段，国际规则具备了明确的物质形态，为其进一步发展提供了必要的条件。

伴随着欧洲资产阶级革命的胜利，各国对外贸易获得大发展，科学技术上的进步、社会经济的发展，“大大扩展了国际协作的范围，并要求国际法对一系列新的国际关系加以调整”（梁西，2001）[20]。第二次工业革命带来的通信技术以及其他专门技术的发展，促使新的国际交往模式——国际组织在19世纪的欧洲悄然出现。这类国际组织是功能作用专一、业务范围狭隘、强调技术规范的“国际行政性联盟”，如“国际电报联盟”“万国邮政联盟”等等。与此同时，一些民间的国际专业组织和地区性的国际组织也相继诞生。在这种情况下，国际规则开始从规范国家间的交往走向更具体的专业范围和技术领域，国际组织开始充当提出、起草和制定国际规则的角色，也成为实施、评价和调整国际规则的主体，各国政府则通过加入国际组织的方式参与国际规则的制定过程。至此，国际规则与国际组织开始密不可分。国际组织的建立和条约的签署为国际规则的顺利实施提供了保障，反过来，国际规则也是国际专业组织得以存在和延续的重要理由。

不过，由于缺乏教育领域的专业性国际组织，这一时期的国际教育规则的发展相对滞后于一般性国际规则和其他专业性国际规则的发展。然而，随着国家间交往的深入，跨国教育交流越来越多，实践中通行的国际教育规则已经出现并发挥着重要的作用。这类国际教育规则往往采用国家间双边协议的方式，更多的是不同国家间的大学或其他类型的教育机构结成教育交流联盟，商讨并确定教育交流中的通行规则，其中涉及学历、学籍、学衔的共通性或互认度，包括学科设置、课程标准和教学方式等等。尽管这是国际教育规则的初级形态，但其涵盖的范围、功能以及所出现的问题为后来国际教育规则的发展奠定了基础。

（三）现代国际教育规则的发展和成熟

第一次世界大战结束后，在理想主义的支配下，美国总统威尔逊（Thomas Woodrow Wilson）提出通过签署和平条约建立一个具有普遍性的、类似于“国际政府”的国际组织，以负责推动国家间的友好往来，协调国家间的相互关系，处理国家间的矛盾和冲突，从而避免世界大战的悲剧再次重演。1919年4月，来自42个国家的政府代表在法国的凡尔赛和会上建立了“国际联盟”（简称“国联”）。然而，德意日法西斯主义的兴起不仅暴露了“国联”与生俱来的缺陷，而且很快以第二次世界大战的战火彻底埋葬了“国联”。第二次世界大战结束后，世界反法西斯联盟在《联合国家宣言》《关于普遍安全的宣言》《中苏美英四国关于普遍安全的宣言》等条约的基础上提出了建立新的普遍性国际组织的主张。1945 年 6 月，来自 50 个国家的代表签署了《联合国宪章》，同年 10 月《联合国宪章》正式生效，至此，联合国正式宣告成立。经过一段时期的发展，联合国发展成为一个巨大的、普适性的、政府间的国际组织。从内部结构看，联合国是一个综合性、多功能、多层次、多中心的“伞形组织”（张民选，2010）[12]；从外部看，联合国与其下属机构、联合国专门性组织和其他性质的国际组织一起组成了一个巨大的联合国系统。这极大地改变了国际规则的形成基础和发展条件。1946 年 11 月，联合国系统专门负责全球教育、科学和文化事务的联合国教科文组织正式成立，总部设在法国首都巴黎。其核心理念是“战争起源于人之思想，故务须于人之思想中筑起保卫和平之屏障”（联合国教科文组织，2002）。因此，该组织旨在通过促进各会员国在教育、科学和文化领域的合作，为世界和平与安全做出贡献。作为国际智力合作组织，联合国教科文组织成为各会员国讨论教育、科学和文化事务的专业性组织，也成为国际教育规则发展为物质形态和法律形式的主要推动者。至此，国际教育规则的发展进入了一个全新的阶段。

（四）中国与国际教育规则

1972 年 10 月，中华人民共和国恢复在联合国教科文组织的合法席位，中国政府代表首次出席联合国教科文组织大会，并正式当选为执行局委员，此后一直连任。1974 年 3 月起，中国正式向该组织派出了常驻代表。1979 年 2 月，中国联合国教科文组织全国委员会在北京正式成立，2 月 19 日召开第一次会议。2005 年 10 月，在联合国教科文组织第 173 届执行局会议上，中国教育部副部长、中国联合国教科文组织全国委员会主任章新胜成功当选为该组织执行局主席，这也是中国首次在联合国系统中通过竞选方式担任这种高级职位。2010 年 4 月，联合国教科文组织新任总干事博科娃（Irina Bokova）又任命中国职员唐虔为负责教育事务的助理总干事。2013 年 11 月 5 日，中国教育部副部长、中国联合国教科文组织全委会主任郝平当选联合国教科文组织第 37 届大会主席。这些里程碑式的事件标志着中国在国际教育规则的制定进程中，已经从一个外部旁观者、简单跟从者转变为积极参与者（谢喆平，2010）[51-81]，并为进一步成为主导者打下了坚实的基础。

二、国际教育规则的现实状况

从现实角度考察国际教育规则，最关键的是考察国际教育规则的制定问题，包括制定主体的基本状况以及制定过程。

（一）国际教育规则的制定主体与合作网络

联合国教科文组织在国际教育规则的发起、起草、制定和实施过程中扮演着领导角色，发挥关键作用。作为联合国系统中教育领域唯一的专业性国际机构，联合国教科文组织是各会员国政府商讨教育、科学和文化事务的全球性平台，被誉为“思想实验室”和“联合国的精神中心”。联合国教科文组织通过与其他国际组织、政府机构开展广泛合作，组织和召开大量的国际会议，并通过提供技术支持和项目活动，推动和扶持全球教育事业的发展（见图1-3）。联合国教科文组织通过“全民教育”“终身教育”“可持续发展教育”等项目传播先进的教育理念，通过开展教师培训、课程开发、教育管理者的能力建设推动各会员国教育实践的改进。此外，联合国教科文组织还积极开展高中后教育、科学教育、职业技术教育与培训、高等教育、跨境教育、艾滋病教育、全球公民教育以及和平人权教育等活动。

与此同时，联合国教科文组织在教育领域还与世界银行、联合国儿童基金会、经合组织等其他国际组织合作，共同致力于国际教育规则的发展工作。例如，世界银行是向全世界发展中国家提供金融和技术援助的国际金融组织，目前已成为重要的多边教育援助机构之一，它主要通过各种形式的贷款支持会员国的教育发展，具体涉及项目投资（学校建设、课程开发或教科书出版）和教育改革（学校私有化、成本回收、权力下放）等。又如，成立于20世纪60年代的国际教育成就评价协会（IEA）长期致力于用有说服力的数据来探索对教育产出有着深远影响的因素，他们共组织

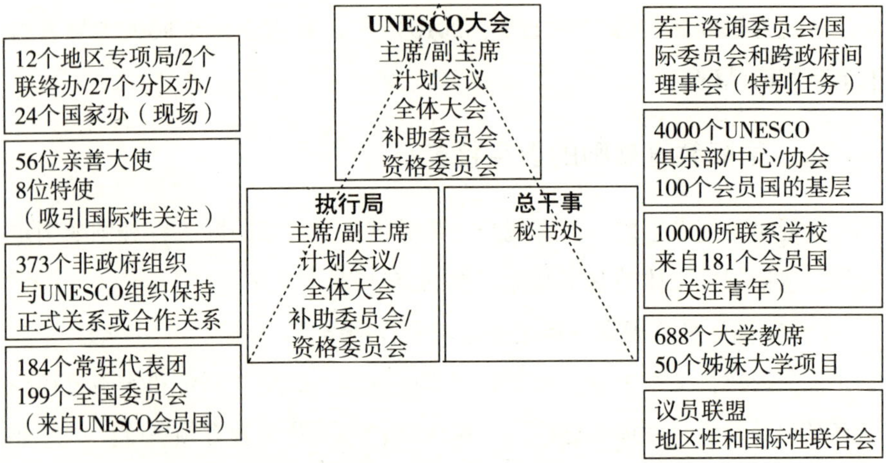

图 1-3　联合国教科文组织的组织网络框架

了 30 余项国际教育成就评价研究，主题涉及数学、科学、阅读、公民教育、计算机与信息素养、教师教育等等。再如，经合组织自 20 世纪 60 年代成立以来，始终关注人力资本在经济与社会发展中的重要作用。在 20 世纪 70 年代，他们组织专家开发出一套教育综合统计指标体系，据此对各会员国的教育产出进行统计，目的是通过国际比较，促进各会员国互相学习，并有针对性地开展本国的教育规划和教育政策制定工作。20 世纪 90 年代以后，经合组织开始发布《教育概览》（*Education at a Glance*），使用基于 CIPP 模式的教育指标体系对各国教育事业发展状况进行成本-收益分析。经过 20 余年的发展，这一指标体系兼顾教育的过程与结果、数量与质量，是全球教育治理和各国教育改革十分重要的参考资料。此外，经合组织开展的国际学生评价项目提出的“政策导向”的评价目的、跨课程的评价方式以及以“素养”为核心的评价标准都得到了国际社会的广泛认可，成为当今世界上最具影响力的教育成就评价研究项目。此外，欧洲共同体自 20 世纪 70 年代开始日益重视教育在推动经济和社会发展中的作用，先后推出了“伊拉斯谟计划”“苏格拉底计划”“欧洲终身学习年”“博洛尼亚进程”等教育计划和行动，促进了欧洲教育的一体化进程和欧洲终身教育体系的建设，各成员国的教育发展也从中受益良多。

（二）国际教育规则的制定过程

国际教育规则的制定需要经过特定的程序和过程。首先，要使国际组织大多数会员国就某一议题达成基本共识，在此基础上，经过理念形成、基础研究、提出议题、拟定草案、大会讨论、大会表决、签署生效等一系列步骤，方能生成得到会员国认可的、具有一定约束力的国际教育规则（见图 1-4）。相对国内法的强约束性而言，它在某种程度上属于“软性法”范畴。

图 1-4　国际教育规则制定的具体步骤

虽然国际教育规则是基于各会员国关于特定教育问题所形成的共识，但是其形成过程也不可避免地包含着不同利益相关方关于规则细节的争论与妥协。从这一点上来看，国际教育规则与政治、经济等领域的国际规则一样，是在多方博弈甚至多层博弈之中诞生的。但是，由于教育事业具有特殊的公益性和普及性，国际教育规则的形成过程往往以推进共识为主导，矛盾和争议处于相对次要的地位。

在国际教育规则形成的过程中，不同国家发挥着不同的作用，但整体而言国家是最重要的参与主体。一个国家如果要对国际教育规则的形成产生积极的影响，就应该在这个过程的每个阶段发挥自身积极的作用，如提出核心理念、在议题设定时积极参与甚至发挥主导作用、在规则草案形成过程中派遣本国专家积极参与、在规则协商阶段发挥说服和协调作用。实际上，在国际规则形成之时，“认识共同体”（epistemic communities）扮演了一个重要的角色。例如，“专家网络”（networks of knowledge-based experts）就是典型的一种，他们在分析各种复杂问题之间的因果关系、帮助国家识别自身的利益、制定公开辩论的主题、设计具体的规则，以及寻找谈判的突破口等环节上发挥重要的作用（贝克，2011）。历史经验告诉我们，一个卓越的学者或出色的专业性国际公务员，往往能在正式或非正式的场合运用自己精深的教育专业知识、高超的政治智慧提出具有前瞻性的教育理念与思想，或替自己所代表的国家或组织发表独特见解，影响和推动规则的制定过程朝着公平正义的方向前进。由于时代因素导致积累有限，目前我国在参与、影响甚至主导国际教育规则的形成方面仍然有很大的提升空间。

应该指出的是，尽管西方专家和西方国家在国际规则的制定过程中发挥着相当重要，甚至是主要作用，常常是所谓“高意愿、强能力的积极推动者”（薛澜，俞晗之，2012），但国际规则远不等于西方的规则。在众多国际组织中，联合国教科文组织中发展中国家的声音相当强，其所通过的许多国际教育规则不但在普遍意义上有益于全世界教育发展，更在很大程度上保护了发展中国家、弱势群体和不发达地区的利益。易言之，与国际贸易规则不同，国际教育规则相当重视教育的普遍意义。研究国际教育规则的目的，除了进一步促进我国教育开放水平的提升外，最终目的是锻炼和培养高水平的专业人才，为我国积极参与、发挥影响甚至主导国际教育规则的制定提供坚实的基础。

第三节　国际教育规则的发展类型与功能作用

从宏观的历史发展进程看，国际教育规则是人们对于教育的认识不断深化的产物，也是国际教育交流与合作不断发展的结果，与教育领域相关的国际组织在推动国际教育规则的产生与发展方面发挥了独特的影响。

一、国际教育规则的发展类型

从各发展阶段的特定属性看，国际教育规则大体经历了离散型发展、契合型发展、集成型发展和融合型发展四种发展类型。

（一）离散型发展

在遥远的古代，各个国家自主探索教育的发展规律，尽管有不少共同的教育理念和实践，但是在国际交往稀缺和信息交流不畅的条件下，这些理念和实践只能在不同地域得到零星的交流与模仿。国际教育规则处于潜在的状态。例如我国宋代兴盛的书院是由学者开办的研究学问、传播思想的高等教育机构。欧洲大陆在同一时代出现的中世纪大学也是由一些颇具声望的学者及其追随者建立起来的高等教育机构。书院和中世纪大学都体现了学者自治和研究高深学问的传统，其中的许多教育思想和精神至今仍对世界各国的高等教育产生着重要影响。但可惜的是，由于地理分隔和交通不便，一千多年前的欧洲并不知道遥远的东方繁星璀璨的书院，当时的中国也无从知晓西方所诞生的座座“象牙塔”，彼此在遥远的地方各自向前发展。

（二）契合型发展

随着时间的推移，在某些地理上相互接近的国家之间出现了较多的教育交流活动，继而初步出现教育理念和教育实践的相互学习与借鉴，国际教育规则处于较小范围国家间在各自独立发展基础上的契合状态。在时间维度上，这一阶段与上一阶段没有明确的分界，因为国家之间的教育交流活动在古代已经零星地出现过。如古希腊历史学家色诺芬（Xenophon）①在所著《波斯国王塞勒斯传》中详细介绍了波斯的教育情况。他在书中描述了波斯青年的公民训练和领导能力的培养，并对波斯和希腊教育的目的和结构进行了比较。古罗马政治家西塞罗（Cicero）② 在其所著《共和政体》一书中对古希腊和古罗马的教育做了比较研究。日本从 7 世纪起就开始向中国派遣遣隋使和遣唐使，学习中国的典章制度和文化学术。意大利人马可·波罗（Marco Polo）在《东方见闻录》里也描述了中国古典教育的成就。从 19 世纪开始，各国之间关于教育的交流访问开始活跃。这个

---

① 色诺芬（约前 430—前 354），古希腊历史学家、作家，雅典人，苏格拉底的弟子。

② 西塞罗（前 106—前 43），古罗马著名政治家、演说家、雄辩家、法学家和哲学家。

时期，人类社会进入了第一次科技革命的时代。新的生产方式要求劳动者具有一定的文化知识，促进了各国教育制度的发展。为了推动本国政治、经济和教育的发展，当时的政治家和教育家开始放眼国外，开展教育访问和研究活动。比较教育学的开山之作《比较教育的研究计划与初步意见》（朱利安，Marc-Antoine Jullien，1817 年）就诞生在这样的历史背景之下。1831 年，法国教育家库森（Victor Cousin）受法国教育部部长之命考察普鲁士教育之后，撰写了《普鲁士教育报告》，对法、英、美三国的教育都产生了一定的影响。此外，美、英、俄、日等较早实现工业化的国家也曾派遣官员和学者前往其他国家考察教育发展。

（三）集成型发展

威斯特伐利亚体系确立后，现代意义上的国际社会格局渐次成形。第一次世界大战后成立了国际联盟，其下有联合国教科文组织的前身国际智力合作研究所（但其业务领域并不包含教育）。第二次世界大战结束后，在联合国的倡导和支持下，尤其是在联合国教科文组织的协调和推动下，各国教育理念和教育实践形成了相互影响、共同发展的新格局，国际教育规则逐渐成为明确的、系统化的通行规范，联合国教科文组织也将“标准制定者”作为自己的基本职能之一。但是，在相当长的一个时期里，由于“冷战”格局的影响以及旧的国际政治经济秩序的制约，联合国教科文组织的作用受到一定的限制，相应地，国际教育规则呈现出相对简单的集成型发展的形态。这一时期，国际教育规则往往是建立在选择性案例的基础之上，通过历史追溯的方法归纳以往的教育准则和通行做法，在最简约的层次上形成有共识的教育理念，在最基本的问题上形成可操作的行为准则。例如，根据联合国教科文组织的调查，“二战”后全世界人口有半数以上是文盲，只有北欧、北美和南太平洋群岛的文盲率较低。文盲加剧了拉美、亚洲、非洲等地区的贫穷，也对世界和平构成了威胁。因此，联合国教科文组织在成立初期以开展扫盲运动、推行基本教育（foundamental education）为主要工作。基本教育旨在提升儿童和成人的教育水平，不仅要消除成人文盲，而且要为全世界所有的年轻人提供初等教育。

（四）融合型发展

20 世纪中后期，伴随着全球化进程以及国际政治经济秩序民主化的发展，联合国教科文组织日益成为国际教育规则制定的主导者和引领者。经过多年的知识积蓄、经验积累和理念提炼，联合国教科文组织形成了自身特有的组织文化和专业哲学，对于自身的作用和角色有了明确的定位，对于教育发展在人类社会中的地位和作用有了更加全面的认识和理解。联合国教科文组织所聚集的政治家、教育专家以及社会活动家提出了诸如终身学习等许多具有前瞻性和全局性的教育理念。在各国教育发展经验与教训的基础上，联合国教科文组织开始制定系统化的教育行为准则和政策建议，并通过相关项目的实施对各会员国的教育改革与发展产生了广泛积极的影响。

框 1-4　联合国教科文组织自我定位的五大基本职能

- 思想实验室（laboratory of ideas）
- 标准制定者（standard-setter）
- 信息交流中心（clearing house）
- 能力建设者（capacity-builder）
- 国际合作促进者（catalyst for international cooperation）

正是在这一时期，国际教育规则呈现出了新的融合型发展的特征。这意味着国际教育规则与各国的教育发展在很大程度上已经融合为一体。各会员国教育发展中出现的问题与挑战在国际层次得到讨论与研究，各会员国应对问题与挑战的政策实践在国际层面得到了总结与分享，为国际教育规则的形成提供了前所未有的良好条件。已经行之有效的各会员国的教育发展措施转化为国际层面可供参照和学习的国际标准，反过来又可以为各会员国在教育规划和政策制定时所参考和使用。

二、国际教育规则的进步特征

经历过不同发展形态的国际教育规则，在核心理念方面形成了可辨识的总体特征，即教育工具论、教育条件论到教育本体论的接续演进。

（一）教育工具论

教育工具论是指将教育看作人类社会政治和经济发展的辅助工具的观念。这种观念在相当长的一个时期占有支配性的地位，是早期国家将教育纳入政府管理范围并以国家意志统领教育的结果。在这种观念的支配下，教育被营造成具有金字塔式等级特征的完整体系，教育的目标也同样具有等级化的区分，既要培养服从狭隘的统治者阶层政治意志、经济利益和社会秩序的统治者，又要培养具有工作技能和劳动能力的被统治者。

尽管在社会发展史上，这种观念的形成肯定了教育活动的社会作用，提升了教育事业及其从业人员的社会地位，进而推动了教育事业的发展，但在这种教育工具论指导下的教育活动，在操作层面上强调服从和灌输，容易忽视人的发展规律，造成教育中的人性缺失；在政策层面上，教育工具论则易演化为狭隘的功利论，实际上置教育于从属地位，政府为了特定的政治和外交目的、经济发展的目标乃至于社会秩序的考虑而牺牲教育的发展，从长远来看，不仅阻碍着教育的发展，也会妨碍政治、经济和社会的进步。

（二）教育条件论

教育条件论是指将教育看作人类各种社会活动得以展开和持续的基本条件的观念。相对于教育工具论而言，教育条件论不仅进一步提升了教育事业相对于其他社会活动的重要意义，而且明确强调了教育的前设性和基础性。也就是说，没有教育的基础性发展，也就根本谈不上政治的开明、经济的发展和社会的进步。因此，教育在一定程度上引领、决定并且塑造着一个社会的政治制度、经济发展和社会进步。易言之，有什么样的教育，就会有什么样的国家和社会。

这种观念的出现与现代科学技术的发展、经济生活的复杂化和全球化的逐步显现相伴生，是教育之于社会公民和劳动者的重要性不断提高、教育机构参与社会生活的程度不断发展的结果，同样也是教育规模不断扩大、全民教育和终身教育开始成为现实的产物。正是在这种教育条件论的影响下，许多国家开始将人力资本投资作为最重要的教育发展战略，普及教育、扫盲运动、教育规划等计划和行动陆续兴起。但这种观念仍然有特定的缺憾，仍然没有将人的发展置于首位，尽管超越了教育工具论，但仍有功利主义思维的残余。

（三）教育本体论

教育本体论是指那种主张教育是为了人的发展、教育是为了造就能够应对全球化挑战、可持续发展与和谐发展的世界公民的观念。这种观念的出现不仅弥补了教育工具论和教育条件论的缺陷，也是日益扩大的全球化进程、日益强化的可持续发展需求以及日益迫切的冲突解决压力的产物。正是现实的挑战和问题使各国人民和政府越来越认识到，要维持国家的持久安宁和可持续发展，需要国际的合作；只有团结全人类的力量，才能克服人类共同面临的全球性危机和挑战。因此，教育必须指向人的发展，尊重个体的人，遵循人类整体的发展规律。在这个意义上讲，教育本体论既是教育理念的最新发展，也是全球化时代响应可持续发展与和谐发展的需求而产生的。

三、国际教育规则的结构特征

与核心理念的发展相适应，国际教育规则在内容结构上也呈现出全方位和多层次的均衡发展结果。

如前所述，国际教育规则所具有的复合特征和多维结果，使得国际教育规则构成了一种系统化和融合化的体系，其内容涉及与教育有关的各个层次和各个方面的问题。因此，国际教育规则不再是个别的条约文本，而是整体编织在　起的、具有思考连贯性和逻辑一致性的抽象理念、原则观念、价值判断、实践准则、政策主张和行为规范（见图 1-5）。

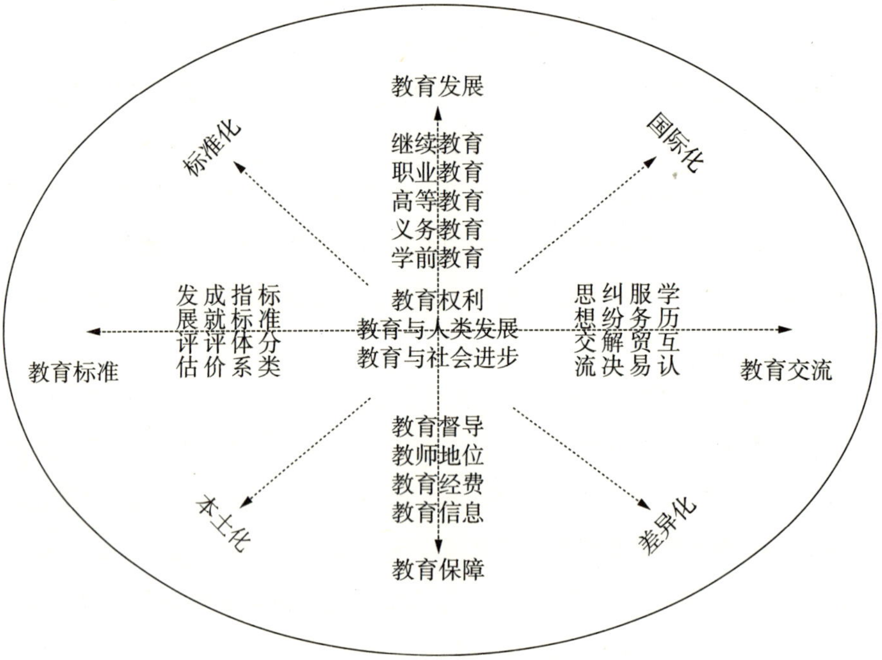

图 1–5　国际教育规则的内容结构

国际教育规则经过多年的积累、发展和不断调整，已经形成了特定的结构。其中，有关教育本体的思考占据了中心位置，大体包括人的权利、人类发展和社会进步三个层次的规则和准则。以此为原点，有关教育发展的国际规则分别涉及了各级各类的教育问题，在具体的教育类型上包括学前教育、义务教育、高等教育、职业教育和成人教育；有关教育保障的国际规则涉及教师地位、教育督导、教育经费和教育信息等多方面内容；有关教育标准问题和教育交流问题的国际规则，则充分体现了国际教育规则更具有功能性的一面，尽管有着更多的技术化的色彩，但对于国际教育事务而言却具有极其重要的意义，也是国际教育活动的基础条件。在这些大体属于“硬结构”的问题之外，还有相对游离但却仍然相当重要的问题，这就是国际化、标准化、差异化和本土化的问题。国际教育规则对于这些问题的关注和强调，实际上体现了现代教育均衡发展的特征。

四、国际教育规则的主要功能

具有上述内涵特征和结构特征的国际教育规则，对于各国教育事业的发展有着重要的功能作用。这些作用主要表现在以下三个方面。

（一）促使教育观念发生转变，推动教育思想不断进步

国际教育规则建立在各会员国共识的基础之上，因此反映了来自不同社会文化背景的各会员国之间在教育方面所共同遵循的价值观和行为准则。终身教育、全民教育、可持续发展教育、和平教育等理念反映了人类保障基本人权的努力、对和平与平等的向往，以及对全世界共同发展进步的追求。它们是各会员国开展国际教育交流与合作的共同基础，同时也为各会员国开展教育改革提供了一种具有灵活性的指导框架。

（二）推动教育制度的变革，优化教育事业的结构与质量

国际教育规则的实行使先进的教育理念转变为世界性的教育改革运动。教育目的发生了转变，从注重知识和技能传授转变为培养具备各种能力并为终身学习做好准备的人；课程和教学也发生了变革，更加强调开发人的潜能，更注重培养身心健康的人；学校体系向社会开放，教育和学习不再受到时间和空间的限制；更重视教育公平，以满足所有人的基本学习需求为目标，促进所有个体及全社会的可持续发展。

（三）推动教育普及，提升全民文化素养

正是在国际教育规则的倡导、推动和规范下，世界范围内的教育事业有了巨大的发展。根据联合国“千年发展目标”确定的区域发展重点，联合国教科文组织与其他国际组织合作，通过教育援助等方式大力推动教育不发达地区的教育发展。根据联合国教科文组织统计研究所的测算，目前全世界入学率的增长速度已经与适龄人口的增长速度持平。从 1970 年至今，女童入学率的增长率高于男童入学率的增长率，全球范围内的两性教育平等已经基本实现（UNESCO-UIS，2010）[12]，在高等教育方面，据估计 2009 年全世界的高等教育毛入学率达到 27%（UNESCO-UIS，2011）[188]。这些成就的取得与全民教育、终身教育等国际教育规则在全世界范围内的宣传和实施密不可分。

第二章

国际教育规则的核心与基础

国际教育规则，首先体现为在一系列有关教育的根本性问题上所达成的国际共识，主要涉及教育权利问题、教育宗旨问题和教育目标问题。在这些问题上所达成的国际共识，构成了更加全面、更加具体的国际教育规则的核心与基础。

教育首先是一项基本人权。这已经是世界各国的共识，也是国际教育规则的核心要素和理论基础。以此为核心和基础，世界各国有关教育的认知达到了新的高度，有关教育的政策也具备了全新的涵义。

教育奠定人类发展的基石。作为一项基本人权的教育，实际上也是人类其他基本权利得以实现的基础。因为教育关系到人类自身的发展，为人们实现自身的价值和追求提供了最根本性的前提条件。正是在这个意义上，国际社会就“全民教育”“全纳教育”“终身教育”和“学习型社会”等重要理念达成了高度的共识。

教育促进人类社会的可持续发展。在全球化发展的进程中，世界各国对于发展问题逐步形成新的理解，可持续发展已经成为世界各国的共识，而教育对于实现可持续发展具有关键的意义和作用。正是在这种理解下，可持续发展教育成为国际教育界持续倡导的一个主题。

信息通信技术（ICT）不仅改变了人类的生活和思维模式，也为人类无时空限制地接受知识和终身学习提供了新的可能。建设一个以人为本，具有包容性和面向发展的信息社会，对公民个体创造、获取、使用和分享信息与知识，以及促进教育质量和公平都具有重要意义。

总体而言，在事关教育的根本问题上所达成的国际共识历经历史演变，是世界全球化和国际民主化发展的产物，也是进步的知识力量和国际社会共有良知共同推动的结果，因而体现了现代教育的精神实质。

第一节　教育是一项基本人权

教育关乎权利。教育首先是一项基本人权。这已经是世界各国的共识，体现在许多国际教育规则的相关文件之中，也是国际教育规则的核心要素和理论基础。以此为核心和基础，世界各国有关教育的认知达到了新的高度，有关教育的政策具有了全新的涵义。

一、人权的概念及其发展史

人权指的是所有人都享有基于自由、平等和尊严塑造自己的生活的基本权利，它是见诸普遍性和区域性的人权文书以及各国国内宪法中的公民权利、政治权利、经济权利、社会权利和文化权利的集合，是包括自由主义、民主、大众参与、社会正义、法治和良治成分的现行国际法中唯一获得普遍承认的价值体系（诺瓦克，2010）[1]。

启蒙运动思想家约翰·洛克（John Locke）和让-雅克·卢梭（Jean-Jacques Rousseau）等早在17、18世纪就依据“自然法则”提出个人的权利是自然的、与生俱来的和不可剥夺的。此后，“人权”的概念经历了三次重大的转变和扩展：从强调民主与自由的“公民权利和政治权利”的第一代人权，发展到强调“经济、社会和文化权利”的第二代人权，再到强调“民族自决权、集体权利、发展权利”的第三代人权。因此，人权概念逐渐丰富起来，得到越来越多的肯定和认同。

框 2-1　三代人权概念

- 第一代：强调公民权利和政治权利
- 第二代：强调经济、社会和文化权利
- 第三代：强调集体权利

三代人权概念的真正综合得益于“普遍主义”所证明的新的人权辩证发展的推动力量，暗含于1948年颁布的《世界人权宣言》，但真正开始于1993年在维也纳举行的第二次世界人权大会。这次与会的171个国家签署了《维也纳宣言和行动纲领》，并提出了“人人享有所有人权”的口号。这一方面是指所有人权的不可分割性和相互依存性；另一方面也意味着人权在狭义上的普遍性，即原则上对所有人都有效，不论性别、宗教、种族、肤色、民族或者社会出身、国籍、性别倾向等。

框 2-2　主要国际人权文件

- 《世界人权宣言》，1948年
- 《公民权利与政治权利国际公约》，1966年
- 《经济、社会与文化权利国际公约》，1966年
- 《维也纳宣言和行动纲领》，1993年

二、受教育权利的概念及其发展史

“教育作为一项基本人权”（education as a human right）是指受教育权为人权所涵盖，包括所有人都有受教育权和平等接受教育的机会，不论种族、信仰、阶级、性别等。虽然“教育作为一项基本人权”这一概念如今已得到了全世界的广泛认可，但是回顾其发展历史，受教育的权利从“少数人的特权”发展到各国宪法保障的“人人都享有受教育的权利”，再到受国际法保护的“教育作为一项基本人权”，经历了相当漫长的过程，体现了随着社会、经济及科学文化的发展，人们对人权问题认识的不断进步。

总体而言，“教育权利”主要经历了三次重要的概念转变和升华：从特权论的教育权利，到工具论的教育权利，再到本体论的教育权利。

（一）“特权论的教育权利”（17 世纪之前）

“特权论的教育权利”强调教育属于私人事务，不是所有人都享有接受教育的资格，只有某些特权阶级才享有接受教育的权利。在漫长的古代，教育基本上是一种私人活动，主要在部落和家庭中进行。宗教兴起之初，教育也只是具有特殊身份的少数人如教会僧侣的特权。封建统治时期，只有封建贵族子弟才享有受教育的权利，教育的目的在于培养封建社会的统治人才。在这一时期，教育的责任主要由家庭教师和教会承担，国家没有兴办教育的义务。因此，在欧洲启蒙时代之前，在资本主义经济兴起之前，教育都是教会阶层和封建贵族统治者的特权，普通民众没有接受教育的普遍权利。

（二）“工具论的教育权利”（17 世纪到 1948 年）

“工具论的教育权利”强调为推动社会经济发展而赋予个人接受教育的权利，其目的在于为民族国家的建设服务，并为推动和实现工业化提供受过一定程度教育的合格劳动力。在西方，随着现代世俗国家的出现，教育逐渐成为公众关心的问题和国家的责任。17 世纪发生在英国的资产阶级革命以及随后爆发的美国独立战争和法国大革命，标志着封建制度的衰落和资产阶级的兴起。两次工业革命促进了资本主义经济的发展和工业化的进程，这一方面对劳动者的素质和受教育程度提出了越来越高的要求，另一方面也为国民教育的建立与普及打下了越来越坚实的经济基础。随着国家在教育事业上的作用从古典自由主义的消极不干预发展到新自由主义的积极干预，面向社会大众的国民教育制度日益得到发展与普及。到19世纪后半期，社会大众的受教育权和政府建立国民教育制度的责任开始明确出现在许多国家的宪法和相关法规中。如1793年《法国雅各宾宪法》规定“人民享有受教育权、工作权和接受社会救济的权利”；1849年《德意志帝国宪法》将包括穷人在内的所有公民的受教育权规定为“德国公民的基本权利”；1871年法国巴黎公社确立了对所有人实施免费的初等义务教育；1936年《苏联宪法》的第121条规定了苏联公民接受教育的权利（周作翰，张英洪，2006）[26]。从此以后，受教育权被当作国家宪法中一项重要的基本权利而得到普及。

（三）“本体论的教育权利”（1948年以后）

“本体论的教育权利”强调教育是一项基本的人权，教育最根本的目的就在于促进人本身的发展和完善。1948年发布的《世界人权宣言》宣示“人人都有受教育的权利”（UN，1948），“教育作为一项基本人权”首次被写入国际人权文件。在联合国人权委员会、联合教科文组织以及一些非政府国际组织的努力推动下，一系列全面和专门阐述“教育权利”的国际人权文书陆续通过和生效。

框2–3　有关教育权利的国际文件

- 《世界人权宣言》，1948年
- 《公民权利与政治权利国际公约》，1966年

- 《经济、社会与文化权利国际公约》，1966 年
- 《维也纳宣言和行动纲领》，1993 年
- 《儿童权利公约》，1989 年
- 《残疾人权利公约》，2006 年
- 《消除对妇女一切形式歧视公约》，1979 年
- 《反对教育歧视公约》，1960 年

由《世界人权宣言》《公民权利与政治权利国际公约》和《经济、社会与文化权利国际公约》所构成的“国际人权宪章”，为“教育作为一项基本人权”提供了国际法的依据。此外，为了保障儿童、妇女、残疾人等特殊群体的受教育权利，国际社会还专门制定了《儿童权利公约》《残疾人权利公约》《消除对妇女一切形式歧视公约》。在此基础上，联合国教科文组织又通过了《反对教育歧视公约》来禁止一切形式的教育歧视。

虽然教育权利观经过了从“特权论”到“工具论”再到“本体论”的三次重大转变，反映了人类对教育的认识在不断深化，但这并不意味着一种观念完全取代了另一种观念。在当今社会，这三种观念同时存在，并在不同程度上影响着人们对教育的思考和教育事业的发展，但是总体来说，当今占主流地位的还是“本体论的教育权利观”，它反映了教育向人性本身的回归。

三、“受教育权利”的核心原则

作为基本人权的组成部分，“受教育权利”实际上包含着一系列更加具体的准则和原则，涉及公平、平等和正义等价值理念，也包含若干具有可操作性的内容，具体包括：

人人享有受教育的权利。1948 年的《世界人权宣言》指出，每个人不分国别、种族、肤色、性别、语言、宗教、政治背景、社会经济地位、

出生或其他身份，都是平等的，“人人都有受教育的权利”，包括接受属义务范畴的免费初等教育、普遍设立的职业和技术教育、基于学业表现对所有人开放的高等教育（UN，1948）。

保障儿童受教育的权利。1959 年通过的《儿童权利宣言》提出了保障儿童权利的四项核心原则：儿童的最大利益原则；禁止歧视；儿童最大限度的生命权和发展权；参与权（UN，1959）。此外，该宣言还强调“所有儿童都有平等接受教育的权利”（UN，1959），这一原则也得到了 1966 年通过的《公民权利与政治权利国际公约》和《经济、社会与文化权利国际公约》的肯定和发展。其中，《公民权利与政治权利国际公约》强调每个儿童平等享有受教育的权利，反对任何歧视（UN，1966a）；《经济、社会与文化权利国际公约》专门论述了“儿童保护”的问题，强调为一切儿童和少年采取保护措施，使其免遭歧视、免遭经济和社会剥削，禁止雇佣童工（UN，1966b）。1989 年联合国通过并颁布了《儿童权利公约》，再次强调儿童平等享有受教育权，并使这一权利受到国际法的保护。

保障残疾人受教育的权利。2006 年通过的《残疾人权利公约》旨在促进与确保所有残疾人充分和平等地享有一切人权，使残疾人的固有尊严得到应有的尊重。公约强调“残疾人享有平等接受教育的权利”，“禁止将残疾人排斥在一切教育系统之外”，“为残疾人能够学习、生活、以及融入当地社区提供特别的帮助和支持”（UN，2006）。此外，《儿童权利公约》也提到“特别关注残疾儿童的教育”（UN，1989）。

反对教育歧视，人人享有平等的受教育权。1948 年的《世界人权宣言》就已提出“人人都有受教育的权利”（UN，1948）。《公民权利与政治权利国际公约》也提出每个儿童平等享有受教育的权利，反对任何歧视（UN，1966a）。1979 年通过的《消除对妇女一切形式歧视公约》全面禁止对妇女的歧视，在教育方面，要求采取措施保证妇女与男子享有平等的接受教育的权利，包括一切教育机构和一切形式的教育（UN，1979）。1960 年由联合国教科文组织发布的《反对教育歧视公约》对“教育歧视”进行了全面的界定：禁止任何人或任何群体接受任何种类或任何级别的教育；限制任何人或任何群体只能接受低标准的教育；为某些人或某些群体专门设立单独的教育制度或学校（男女分校、因宗教和语言分设的学校、私立学校的设立不包括在内）；对任何人或任何群体设置违反人类尊严的条件。该公约同时还规定了在消除教育歧视、促进教育平等方面各国应履行的义务。(UNESCO，1960)

尊重少数群体权利、保障自由选择的权利。《世界人权宣言》指出，“父母有选择子女接受何种类型教育的权利”（UN，1948)。联合国教科文组织《反对教育歧视公约》特别提到教育必须要尊重少数民族、不同宗教团体、家长和学生个性化发展的自由（UNESCO，1960)。《公民权利与政治权利国际公约》提出“尊重少数群体的宗教、文化和语言权利”(UN，1966a)。

四、中国践行“教育作为一项基本人权”的历史进程

中国自古以来就有“因材施教、有教无类”的教育思想。1946 年我国曾派张彭春教授赴伦敦，担任联合国创办会议的中国代表，会后他被任命为联合国经济、社会和文化理事会的中国首席代表，兼联合国人权委员会副主席，直接参与了《世界人权宣言》的起草，坚持将“仁”的理念写入人权宣言（卢建平，2008)。

新中国成立后，中央政府从一开始就积极通过法律形式保障人民受教育的基本权利。新中国的第一部《宪法》(1954 年）规定人民享有受教育的基本权利。同时，新中国还逐步接受国际社会有关“教育作为一项基本人权”的理念，积极加入相关的国际公约。到目前为止，中国已经加入的保障教育权利的国际公约有：《经济、社会与文化权利国际公约》《儿童权利公约》《消除对妇女一切形式歧视公约》《残疾人权利公约》。同时，中国已经签署《公民权利与政治权利国际公约》，但尚待全国人大的批准。中国虽未加入联合国教科文组织颁布的《反对教育歧视公约》，但在教育实践中已经全面履行了该公约的相关规定。

在“教育作为一项基本人权”的观念已经普及的今天，中国不仅要积极签署和加入已有的保障教育权利的相关国际公约，而且要主动地参与保

障教育权利的新规则的起草和制定，发挥中国作为一个正在崛起的负责任的大国的作用。

第二节 教育奠定人类发展的基石

作为一项基本人权的教育构成了人的其他基本权利得以实现的基础。因为教育关系到人自身的发展，为人们实现自身价值和追求提供了最根本的前提条件。正是在这个意义上，国际社会就“全民教育”“全纳教育”“终身教育”和“学习型社会”等重要理念形成了高度的共识（见图2-1）。相应地，中国教育发展的独特经验和巨大成就也为这些教育理念在世界范围内的传播和扩散做出了贡献。

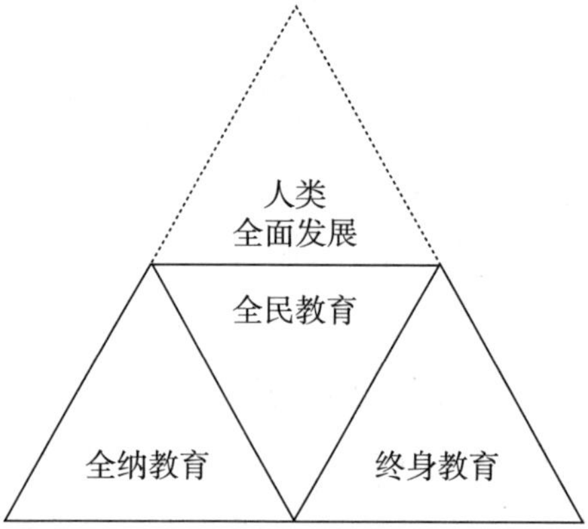

图 2-1 教育是人类发展的基石

一、全民教育（Education for All，EFA）

（一）全民教育理论与实践的历史发展

全民教育是20世纪末开始在全世界范围内兴起的一股教育思潮，其核心思想是满足所有人的基本学习需求。全民教育的思想最早是在1990

年 3 月于泰国宗滴恩召开的世界全民教育大会上由联合国教科文组织、联合国开发计划署、联合国人口基金会、联合国儿童基金会和世界银行共同提出的。这次大会通过了《世界全民教育宣言》（*World Declaration on Education for All*）和《满足基本学习需要的行动纲领》（*Framework for Action to Meet Basic Learning Needs*），并且制定了全民教育的发展目标、策略、措施和行动计划。2000 年，在塞内加尔首都达喀尔召开的世界教育论坛通过了《达喀尔行动纲领》（*Dakar Framework for Action*），提出了计划于 2015 年实现的全民教育六大目标以及相应的行动计划（见框 2-4）。

框 2-4　全民教育的六大目标

- 扩大和改进综合性的幼儿保育与教育，特别关注最脆弱和处境最为不利的儿童；
- 到 2015 年，确保所有儿童，特别是女童、处于恶劣环境中的儿童和少数族裔儿童都有机会接受优质的和免费的义务初等教育并完成学业；
- 确保所有青少年和成人的学习需求和生活技能需求都能得到满足；
- 到 2015 年，将成人识字率提高 50%，确保所有成人有平等机会接受基础教育和继续教育；
- 到 2005 年，消除初等和中等教育中的性别差异，2015 年实现性别平等，确保女童完全有平等的机会接受优质的基础教育并取得学历；
- 提高教育质量，使所有人都能取得被承认的和可以衡量的学习成果。

为了迎接新千年的挑战，2000 年 9 月，189 个会员国在联合国首脑会议上签署了《联合国千年宣言》，确立了联合国千年发展目标（见框 2-5），其中包括普及小学教育，极大地推动了世界全民教育的发展。

框 2-5 联合国千年发展目标

- 消灭极端贫穷和饥饿；
- 普及小学教育；
- 促进男女平等并赋予妇女权利；
- 降低儿童死亡率；
- 改善产妇保健；
- 与艾滋病病毒/艾滋病、疟疾和其他疾病做斗争；
- 确保环境的可持续能力；
- 全球合作促进发展。

2012 年，联合国秘书长潘基文发起了全球教育第一倡议行动（Global Education First Initiative），该倡议特别关注使每个孩子都有入学的机会、提高学习质量以及培养全球公民意识。

2015 年 5 月，联合国教科文组织牵头与联合国儿童基金会、世界银行、联合国人口基金会、开发计划署、妇女署和难民事务高级专员办事处等在韩国仁川召开了世界教育论坛，通过了《仁川宣言》，提出了 2015 年后世界教育发展日程，总体目标是 2030 年实现包容和公平的全民优质教育和终身学习。《仁川宣言》经 2015 年 9 月联合国峰会通过后，成为世界 2015 年后可持续发展议程的一个重要组成部分。

与此同时，联合国教科文组织就《2030 年教育行动框架》与会员国进行了广泛的磋商，并在 2015 年 11 月该组织大会第 38 届会议平行举行的特别高层会议通过并启动了这一行动方案。

（二）全民教育的核心理念

全民教育是为所有儿童、青少年和成人提供的满足他们基本学习需求的教育。基本学习需求是指一个人为了生存、提高生活质量和继续学习所必需的知识、技能、态度和价值观，也指对必要学习工具（如读写能力、口头表达能力、算术能力和问题解决能力）的需求。满足所有人的基本学习需求，有助于他们的生存与全面发展，使他们有尊严地生活和工作，也有助于传承、保护和丰富人类的文化和精神遗产，推动教育的可持续发展，促进社会公平，加强环境保护，增进不同政治立场、文化背景、宗教信仰的人们之间交流与沟通，从而维护世界的和平与稳定。

（三）全民教育的监测与落实

为督促、激励和支持世界各国全民教育的发展，联合国教科文组织统计研究所建立了全民教育监控平台（EFA Observatory），在达喀尔六大目标的基础上，制定了适合于统计分析和国际比较的监测指标体系，并于2002年开始开展全民教育监测工作，每年由一个独立的专家小组撰写并发布《全民教育全球监测报告》（*EFA Global Monitoring Report*）。2003年，联合国教科文组织设立了全民教育发展指数（EDI），这是一个综合性指数，较好地反映了各国全民教育的总体进展与趋势。迄今为止，联合国教科文组织一共发布了12期《全民教育全球监测报告》，除了根据全民教育的六大目标做持续性面上监测之外，每年还特别关注一个核心议题（见框2-6）。

框2-6　全民教育全球监测报告

- 《全民教育——世界走上正轨了吗?》，2002年
- 《性别与全民教育——向平等跃进》，2003/2004年

- 《全民教育——提高质量势在必行》，2005 年
- 《扫盲至关重要》，2006 年
- 《坚实的基础：幼儿保育和教育》，2007 年
- 《在 2015 年之前实现全民教育——我们能做到吗？》，2008 年
- 《消除不平等：治理缘何重要》，2009 年
- 《普及到边缘化群体》，2010 年
- 《潜在危机：武装冲突与教育》，2011 年
- 《青年与技能：拉近教育和就业的距离》，2012 年
- 《教学与学习：实现高质量全民教育》，2013/2014 年
- 《2000—2015 年全民教育：成就与挑战》，2015 年

联合国教科文组织的全民教育全球监测活动在世界上有着广泛的影响力，这项工作既有利于教育工作者和政策制定者们了解本国和世界其他国家全民教育的进展，也为他们提供了丰富翔实的案例分析和政策建议，实现了其成为辅助教育决策、促进实现全民教育目标的工具的初衷。然而，令人深感忧虑的是，2011 年监测报告称，世界仍未走上在 2015 年实现全民教育目标的轨道。虽然已经在很多方面取得了进展，但是大部分目标还远远无法实现，一些差距甚至有逐年扩大的趋势。总体来看，全民教育的前景并不乐观。（UNESCO，2011a）[1]

（四）中国落实全民教育的进展与效果

在国际社会提出“全民教育”的理念之后，中国政府不仅积极接纳了这一新的教育理念，还将其作为推动本国教育改革与发展的重要指导思想之一，主动参与到世界全民教育运动中去。

1990 年 3 月第一次世界全民教育大会在泰国宗滴恩召开之时，中国国务委员兼国家教委主任李铁映就率团参加了会议，并代表中国向大会郑重承

诺到2000年中国将努力实现基本普及九年义务教育、基本扫除青壮年文盲（两基）的目标。2000年达喀尔会议以来，中国政府始终把全民教育摆在优先发展的战略地位。为了更好地落实《达喀尔行动纲领》所确定的各项目标，中国政府对21世纪初的教育发展进行了全面部署，从加快农村教育发展、推进成人扫盲工作以及消除性别差异三个方面切实推进了中国全民教育的发展（中国联合国教科文组织全国委员会秘书处，2005）。此外，中国还积极参与联合国教科文组织全民教育监测项目的工作，在每年的《全民教育全球监测报告》发布之后，中国联合国教科文组织全委会和联合国教科文组织驻华代表处以及联合国儿童基金会驻华代表处多次联合主办“中国全民教育国家论坛”，以及时总结经验和教训，制定未来发展规划。

2000年达喀尔会议以来，中国全民教育的发展实现了新的突破：义务教育发展取得历史性进步，“两基”攻坚取得显著进展，成人识字率有了较大提高，教育的性别差异明显缩小，农村义务教育得到空前的重视和推进，投入水平、教师素质、办学条件得到明显改善。但是，截止到2015年，中国在全民教育方面还有一些未完成的议程等待落实，很多“后2015全民教育时代”的问题也有待研究。

二、全纳教育（Inclusive Education）

（一）全纳教育理论与实践的历史发展

全纳教育的思想起源于特殊教育，却又是在批判特殊教育局限性的基础上提出来的。特殊教育旨在满足残疾儿童和其他弱势儿童的特殊教育需要，培养和帮助他们融入主流社会。最初，特殊教育是作为普通教育的补充，或完全独立于主流教育机构之外。这种组织形式在20世纪末期因不符合人权观和效果不佳而遭到批评。随着《世界人权宣言》《儿童权利公约》《世界全民教育宣言》等具有国际影响力的重要文件相继问世，教育作为一项基本人权，必须打破隔离和歧视的壁垒，平等对待每一个有学习需求的人，教育思想的变革已经势在必行。

1994年，联合国教科文组织在西班牙萨拉曼卡召开“世界特殊教育大会：入学与质量”，大会通过了《萨拉曼卡宣言及行动纲领》（*The Salamanca Statement and Framework for Action on Special Needs Education*），正式提出“全纳教育”概念，指出全纳教育是“与歧视相斗争、建立全纳社会和实现全民教育的最有效手段”（World Conference on Special Needs Education，1994）。

自全纳教育思想诞生以来，联合国教科文组织始终十分重视相关的教育政策改革，出版了《全纳指南：确保通向全民教育》（*Guidelines for Inclusion：Ensuring Access to Education for All*，2005 年）和《全纳教育政策指南》（*Policy Guidelines on Inclusion in Education*，2009 年）等文件，在教育统计和理性思辨的基础上，为各会员国进行全纳教育的政策改革和教育规划提供建议和参考（见框 2-7）。

框 2-7　全纳教育的重要文件

- 《世界全民教育宣言：满足基本的学习需要》
- 《萨拉曼卡宣言及行动纲领》
- 《全纳指南：确保通向全民教育》
- 《全纳教育政策指南》

（二）全纳教育的核心理念

全纳教育是这样一种崭新的观念：它要打破任何形式上和内容上的隔离，使有特殊教育需要的学习者能够平等地进入普通学校，并且在学校中与普通学习者一起学习，接受同等质量的教育。

全纳教育立足于人权观，认为人人应当平等地接受教育。全纳教育是对普通教育提出的挑战，它面向全体儿童，特别是弱势儿童，旨在为所有儿童营造公平、高效、友爱的学习环境，促进所有儿童的发展。虽然残疾儿童和学习困难儿童仍然是学校教育中最大的弱势群体，但是全纳教育的对象已经远远超越了这一范围。2000 年在塞内加尔首都达喀尔召开的世界教育论坛重申，全纳教育不仅面向残疾儿童和处境不利儿童，还面向遭遇贫穷、战乱、疾病、种族和宗教隔离、性别歧视等等的全体儿童、青少年和成人（World Education Forum，2000）。

教育者还必须承认学习者的个体差异，特别是有特殊教育需要的学习者。在全纳学校里，要通过采用适当的课程、组织形式、教学策略、学习资料和社区合作方式满足学习者在形式、内容、进度上的多样化需求，并为他们提供一切必要的支持。全纳教育是对特殊教育局限性进行批判和改进的结果，它不仅尊重和维护每个人的生存与发展的权利，还要为转变人类观念、消除思想隔阂、促进社会进步做出贡献，要通过全纳教育体系的建设，去逐步建构一个全纳的社会。

（三）全纳教育未来发展趋势与挑战

2008 年，为了准备第 48 届国际教育大会“全纳教育：未来之路”，联合国教科文组织国际教育局和其他国际组织联合召开了一场讨论会，认为从教育体制改革的角度看，实施全纳教育面临着五大挑战，这些挑战同时也是未来全纳教育发展的工作重点（见框 2-8）。

框 2-8　全纳教育的挑战及未来工作重点

- 态度转变和政策制定；
- 通过幼儿保育和教育来确保全纳；
- 全纳课程；
- 教师和教师教育；
- 资源和法律。

（四）全纳教育在中国

中国的特殊教育经历了从“以家庭为主的教育”，到“以特殊学校为主的教育”，再到现在“以随班就读为主的全纳教育”的历史发展过程。1987年的《全日制弱智学校（班）教学计划》（征求意见稿）首次提出了“随班就读”的概念。1989年《关于发展特殊学校的若干意见》中又多次提到了“随班就读”。1994年7月，国家教委印发了《关于开展残疾儿童少年随班就读工作的试行办法》，指出开展残疾儿童随班就读工作是发展和普及我国残疾儿童少年义务教育的一个主要办学形式，是建立适合我国国情的残疾儿童少年义务教育新格局的需要。1994年8月《残疾人教育条例》第十七条和2006年6月修订的《中华人民共和国义务教育法》第十九条又提出了相关的规定和要求。目前，“随班就读”已经成为我国教育法律和法规领域的一个重要词汇，为解决我国残疾儿童的入学及义务教育的普及做出了重要的贡献。

三、终身教育(Lifelong Education)与学习型社会(Learning Society)

（一）终身教育、终身学习与学习型社会概念的联系与差别

终身教育的概念由联合国教科文组织在20世纪60年代提出，到70年代已传播到全世界，并得到国际社会的广泛认同。其后，在联合国教科文组织和其他国际组织的推动下，终身教育的概念衍生出终身学习（Lifelong Learning）、学习型社会等概念，又与全民教育、全纳教育、人力资本等理念或理论相结合，深刻影响了全世界教育事业的发展方向，成为20世纪最为闻名遐迩、影响最为深远的教育理念之一。

终身学习的概念是在20世纪70年代出现的。1976年11月召开的联合国教科文组织第19次全体大会上通过的《关于发展成人教育的建议》同时提出了终身教育和终身学习的概念。1994年在意大利罗马举行的首届世界终身学习会议对终身学习所采纳的定义是：“终身学习是21世纪的生存概念”，“终身学习是通过一个不断的支持过程来发挥人的潜能，它激励并使人们有权利去获得他们终身学习所需要的全部知识、价值、技能与

理解，并在任何任务、情况和环境中有信心、有创造地愉快地应用它们”（高志敏，2003）[80]。

学习型社会最早由美国教育思想家、原芝加哥大学校长赫钦斯（Robert Maynard Hutchins）在 1953 年出版的《教育中的冲突》（*The Conflict in Education in a Democratic Society*）一书中提出，他在 1969 年出版的《学习型社会》（*The Learning Society*）一书中对这个概念做出了界定：“不仅是对所有成人男女随时提供的成人教育，而且是以学习和完善人本身为目的，为此建立相应的社会制度并成功实现学习、自我实现和人的发展之间价值转换的社会。”（Hutchins，1969）[164-165]

终身教育、终身学习与学习型社会这三个概念之间既存在共同点又有一定的差异，如表 2-1 所示。

表 2-1　终身教育、终身学习和学习型社会的概念比较

<table>
<tr><th colspan="2"></th><th>终身教育</th><th>终身学习</th><th>学习型社会</th></tr>
<tr><td colspan="2">共同点</td><td colspan="3">➢ 主张教与学过程的延续性和终身性
➢ 主张教与学内容的广泛性和全面性
➢ 主张教与学时空的开放性和社会性
➢ 主张教学目的的双重性，既服务于人的终身全面发展又服务于社会的持续发展</td></tr>
<tr><td rowspan="3">差别</td><td>目标指向</td><td>对现行教育制度的超越</td><td>对传统教育范畴的超越</td><td>对社会形态的超越</td></tr>
<tr><td>战略选择</td><td>建立面向所有公民的终身教育体系</td><td>引导每个公民把终身学习作为一种生存方式</td><td>使社会变成一种学习形态的社会</td></tr>
<tr><td>实践重点</td><td>改革传统的教育制度</td><td>关注学习者的需要，提高学习者的能力</td><td>落实学习者的学习权利，构建多元开放的学习网络</td></tr>
</table>

（二）终身教育的历史发展

终身教育的理念由法国教育家保罗·朗格朗于 1965 年在于巴黎召开的“第三届促进成人教育国际委员会”上首次提出，至今已有 40 多年。

这一理念本身也经历了不断的变化和发展，主要体现在联合国教科文组织先后发布的五份专家报告和文件之中（见框 2-9）。

框 2-9　终身教育的主要倡导者与重要文件

- 保罗·朗格朗与《终身教育导论》，1970 年
- 埃德加·富尔与《学会生存——教育世界的今天和明天》，1972 年
- 查尔斯·赫梅尔与《今日的教育为了明日的世界》，1977 年
- 雅克·德洛尔与《教育：财富蕴藏其中》，1996 年
- 《汉堡成人学习宣言》与《未来议程》，1997 年

1970 年朗格朗通过《终身教育导论》阐释了他对“终身教育”的理解：从时间上看，它突破了传统教育将人生割裂开来，前半生受教育、后半生工作的观念，认为教育应当贯串于人的一生当中；从空间上看，教育应该渗透到人生活的各个方面，终身教育强调教育与生活的联系，它要求将学校教育、家庭教育和社会教育联系起来，将这些教育视为一个有机的整体，使教育形成空间上的整合；从教育目的上看，终身教育尊重人的个性、独立性和主动性，重视人的全面协调发展和培养自我学习的能力（朗格让，1988）[15]。

1972 年，埃德加·富尔通过《学会生存——教育世界的今天和明天》一书对终身教育做出了新的阐释：从历史和现实的角度考察教育与人类生存及发展的关系，要求将终身教育作为教育政策的指导原则，提倡所有人都要终身不断地学习，终身教育应该使人们“学会生活、学会学习、学会自由地和批判性地思考、学会热爱世界、学会在创造过程中并通过创造性工作促进发展”（联合国教科文组织国际教育发展委员会，1996）[98]，最终

目的在于使人成为他自己；认为终身教育的意义在于使教育成为有效的、公正的、人道的事业；强调终身教育是建立学习型社会的基石。对于如何构建学习型社会，该书提出的具体建议包括：全面改革教育的结构和教学内容；开放教育体系；充实普通教育；实现高等教育多样化；改革教育评价制度；加强成人教育；改进扫盲工作；提倡和强化自学；使用现代教育技术；改革师资训练；创新师生关系。

1977 年，查尔斯·赫梅尔通过《今日的教育为了明日的世界》系统地论述了终身教育的理论与实践，包括终身教育的内涵、必要性、意义、使命、模式，同时还探讨了教育评价、回归教育和扫盲等问题。他认为，终身教育理论是整个世界教育制度中具有革命性的一种新概念，并认为该理论“可以与哥白尼学说带来的革命相媲美”，是“教育史上最惊人的事件之一”（赫梅尔，1983）[22]。

1996 年，雅克·德洛尔在《教育：财富蕴藏其中》（另一中文译名为《学习：内在的财富》）中提出了著名的“教育的四大支柱”，即学会认知（learning to know）、学会做事（learning to do）、学会共处（learning to live together）、学会生存（learning to be），这标志着终身教育理论的一次重大转变。“四大支柱”的提出旨在适应 21 世纪人类对教育提出的双重要求：传授越来越多、不断发展的知识和技能；明确事物的判断标准，而不会让自己在大量的信息中迷失方向。该报告“把与生命有共同外延并已扩展到社会各个方面的连续性教育称为终身教育”（联合国教科文组织，2001）[90]，并认为“终身教育是进入 21 世纪的关键所在，也是适应职业界的需要以及进一步控制不断变化的个人生活节奏和生活阶段的必备条件”（联合国教科文组织，2001）[8]。本报告提出了实施终身教育应当遵循的三大原则：教育机会平等、将正规教育与非正规教育结合起来，以及正规教育要沟通各阶段的学习。

1997 年联合国教科文组织在德国汉堡召开的第五届国际成人教育大会通过了《汉堡成人学习宣言》与《未来议程》，将成人教育和终身教育联系起来。文件明确指出：为了构筑一个面向 21 世纪的学习型社会，就必须建立终身学习体系，必须继续发挥成人教育的作用，必须把正规教育与非正规教育结合起来（陈乃林，2001）[7]。

2009年，联合国教科文组织第六届国际成人教育大会在巴西贝伦举行，大会提出《贝伦行动框架》，作为进一步推动国际成人教育与学习发展的计划纲要，从成人扫盲、政策、治理、融资、质量与监测等方面提出成人教育的新目标。

（三）终身教育的核心理念

终身教育是人们在一生中所受到的各种教育的总和，它包括一切教育活动、一切教育机会和教育的一切方面。终身教育可以从多个角度进行考察，从横向看，终身教育包括学校、家庭和社会等各个领域的教育；从纵向看，终身教育贯串于人一生的胎儿期、婴幼儿期、青少年期、成人期和老年期各个阶段；从教育的内容来看，终身教育包括文化科学教育、职业技术教育和生活教育；从教育的形式上看，终身教育包括正规教育、非正规教育和非正式教育（何齐宗，2008）。

终身教育的基本特点是：教育时间的终身性；教育空间的广延性；教育对象的全员性；教育内容的多样性；教育结构的协调性；教育方式的灵活性（何齐宗，2008）。

终身教育包括个人目的和社会目的，其中个人目的在于激发个人的学习动机，培养个人的学习能力、创造性和判断能力，培养“完人”；社会目的在于实现教育平等，推动社会进步，促进世界和平。

终身教育一经提出便产生了巨大的影响。首先，终身教育使得成人教育及非正规教育被纳入终身教育的大系统之中，各国政府开始高度重视成人教育并以立法形式加以保障，促进了成人教育的发展。其次，终身教育促进了学校的变革，学校教育的目标和价值观开始转变，教学的组织形式也变得更加开放和多样。再次，终身教育还促进了学校以外教育形式的发展。最后，终身教育进一步促进了教育与生产劳动和社会生活的有机结合。

（四）终身教育的实施：欧盟和中国的比较

欧盟自 1993 年正式成立至今，制定并实施了一系列推进终身学习的政策以及基于终身学习的教育与培训政策，逐步建立起便于欧洲公民终身学习和国际流动的体制和机制。欧盟的做法为我们提供了终身教育、终身学习、学习型社会从理念走向实践的良好范例（见框 2-10）。

框 2-10 欧盟建立终身学习社会的行动

- 1996 年，欧盟确定该年度为欧洲终身学习年，推出教育白皮书《教与学：迈向学习型社会》（*Teaching and Learning：Towards the Learning Society*）；
- 2000 年，欧盟执委会出台《终身学习备忘录》（*Memorandum on Lifelong Learning*）；
- 2004 年，欧洲委员会通过为期七年的关于建立终身教育整体行动计划的建议；
- 2008 年，欧盟制定统一的欧洲学习与培训资格框架《欧洲终身学习资格框架》（*European Qualification Framework for Lifelong Learning*）；
- 2009 年，欧盟教育部长理事会批准《欧盟教育和培训 2020 计划》（*Strategic Framework for European Cooperation in Education and Training*，ET2020）。

中国自 1993 年首次使用"终身教育"的概念之后，一直在积极地研究并践行"终身教育"的理念，并将其作为国内教育改革的指导思想，纳入了有关教育的法律、政策和指导文件之中（见框 2-11）。

框 2-11　中国建立终身学习社会的行动

- 1993年，《中国教育改革和发展纲要》首次正式使用“终身教育”概念；
- 1995年，《中华人民共和国教育法》提出“建立和完善终身教育体系”；
- 1999年，《面向21世纪教育振兴行动计划》和《关于深化教育改革全面推进素质教育的决定》强调“终身教育将是教育发展和社会进步的共同要求”，提出到2010年中国要“基本建立起终身学习体系”的改革目标；
- 2002年，《全面建设小康社会，开创中国特色社会主义事业新局面》明确提出，教育发展的总体目标是要“构建终身教育体系”，“形成全民学习、终身学习的学习型社会，促进人的全面发展”；
- 2004年，教育部发布《2003—2007年教育振兴行动计划》，提出“鼓励人们通过多种形式和渠道参与终身学习”，“适时起草《终身学习法》”；
- 2007年，党的十七大明确提出了“努力使全体人民学有所教”的新的奋斗目标，进一步强调要“建设全民学习、终身学习的学习型社会”；
- 2010年，《国家中长期教育改革和发展规划纲要（2010—2020年）》将“构建体系完备的终身教育”作为战略目标之一，提出到2020年“现代国民教育体系更加完善，终身教育体系基本形成，促进全体人民学有所教、学有所成、学有所用”。

第三节　教育促进人类社会的可持续发展

在全球化发展进程中，世界各国对于发展问题逐步形成了新的理解，可持续发展成为世界各国的共识。为了实现可持续的发展，教育无疑可以发挥关键的作用。正是在这种理解下，可持续发展教育成了国际教育界持续倡导的一个主题。

一、可持续发展教育的历史发展

可持续发展（sustainable development）的概念产生于20世纪70年代，起初是与环境问题联系在一起的，反映了人类对于环境与发展关系的认识。

1987年世界环境与发展大会发布的布伦特兰（Brundtland）委员会报告《我们共同的未来》（*Our Common Future*）首次将“可持续发展”定义为：“既满足当代人的需求，又不对后代人满足其需求的能力构成危害的发展。”（World Commission on Environment and Development，1987）[45]布伦特兰是挪威首位女首相，她对于可持续发展的定义被广泛接受并引用。这是可持续发展首次被正式纳入国际议程，并获得明确的定义。

可持续发展的概念不是孤立的，而是由环境保护、发展、人权、和平文化等领域的国际发展成果汇聚而成的。当今的可持续发展概念涉及三个关键领域——社会、环境和经济，它们被称为可持续发展的三大支柱（见图2-2）。从社会的视角来看，可持续发展关注的问题有：人权问题、和平与人类安全、性别平等、文化多样性与国际理解、人口健康、多层面的治理（地区、国家和国际的治理）。从环境的视角来看，可持续发展关注的问题有：自然资源（水、能源、农业、生物多样性）、气候变化、城市化进程中的农村发展、可持续的城市化、防灾减灾。从经济的视角来看，可持续发展关注的问题有：减少贫困、经济合作中的责任与问责、治理市场经济。

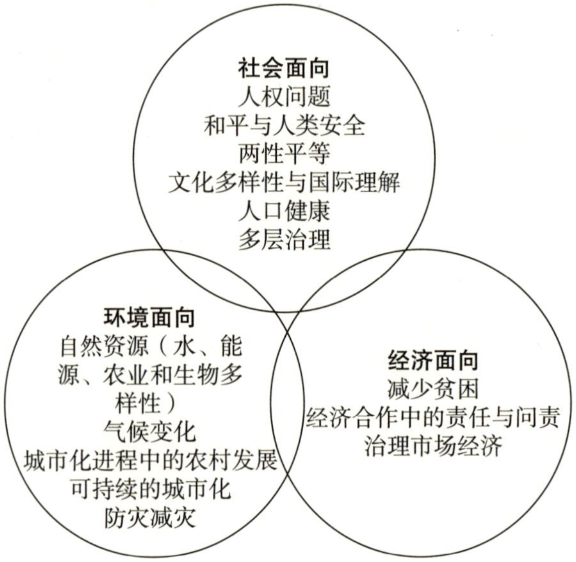

图 2-2　人类可持续发展的三大支柱

“可持续发展教育”的概念首先在 1992 年里约热内卢地球峰会（Earth Summit）上由联合国教科文组织提出，并做了如下定义：“可持续发展教育是一个正在萌生的、动态的概念，它蕴含了一种新的教育观点，那就是要使所有人承担起创造可持续未来的责任。”（UNESCO，2002）该会议还提出，教育是推动可持续发展、增进人类解决环境与发展问题的能力的关键因素。

在 2002 年召开的约翰内斯堡峰会（Johannesburg Summit）上，可持续发展的概念拓展到人类社会的可持续发展，并将解决社会公平问题和战胜贫困作为可持续发展的重要原则。会议决议认为，人类社会的稳定、平等与合作是保护环境的十分重要的手段。教育被认为是解决以上社会问题的突破口。此时，可持续发展教育被置于可持续发展事业的中心地位，其重要性在联合国千年发展目标和达喀尔全民教育目标中均有所体现。

2003 年，联合国教科文组织又对可持续发展教育进行了一次更细致而全面的定义："可持续发展教育是一个学习如何在考虑到经济、生态和所有人公平的长远未来的前提下做出决策的过程……这代表着一种新的教育理念，帮助所有人更好地理解他们生活的世界，帮助他们解决贫困、过度消费、环境退化、城市衰落、人口增长、健康、战争和侵害人权等威胁我们未来的既复杂又彼此关联的问题。这种教育理念强调用整体的、跨领域的方法，发展可持续的未来所必需的知识与技能，并且改变人们的价值观、行为和生活方式。"（UNESCO，2003c）[4]2009 年和 2014 年的世界可持续发展教育大会均重申可持续发展教育不仅是包容性优质教育和终身学习不可或缺的变革性因素，也是可持续发展的促进因素。

二、可持续发展教育的核心理念

可持续发展教育不是一个特定的项目或计划名称，而是对已经存在的若干教育形式的概括。从字面上看，可持续发展教育就是"为了可持续发展的教育"，可持续发展涉及的领域，也就是可持续发展教育所关注的问题。可持续发展教育关注人与人、人与环境的关系，希望通过教育来维护世界和平与稳定，增进全人类的福祉，而这一切使命都要在不超出地球自然环境承受能力的前提下完成。可持续发展教育作为一种教育理念，也关注教育与学习领域中的一些问题，如：促进终身学习；采取正规教育、非正规教育和非正式教育全方位贯彻可持续发展的理念；改革教育政策，重新定位教育；改革课程；采用多样化的教育技术；教师培训；等等。可持续发展教育强调对他人，包括对于前辈和后辈的尊重，依靠并通过尊重他人来维护地球上的文化差别与多样性，保护环境和自然资源。

三、可持续发展教育的内容

"可持续发展教育"这个概念诞生之前，人类针对可持续发展所关注的生态环境保护、语言与文化多样性保护、世界和平与国际理解等问题，提出了相应的教育理念，通过召开国际会议、组织国际项目、签订公约和宪章，使环境教育、语言与文化多样性教育、和平与国际理解教育进入国际议程，推动了人类可持续发展理念的传播和实践。

框 2-12　可持续发展教育的基本内容

- 环境教育
- 语言与文化多样性教育
- 和平文化和国际理解教育

环境教育、语言与文化多样性教育、和平文化和国际理解教育都是实现人类社会可持续发展的途径，为了更好地通过教育促进人类社会的可持续发展，国际社会专门发起了包含社会、环境和经济三大领域的“可持续发展教育”。与此同时，环境教育、语言与文化多样性教育、和平文化和国际理解教育本身也在持续的发展之中。

（一）环境教育（environmental education）

1972 年联合国在斯德哥尔摩召开了首届“人类环境会议”，成立了联合国环境规划署（UNEP），正式确立了“环境教育”的名称，并在 96 号文件建议中着重强调了进行环境教育的重要性和国际合作的必要性，明确了环境教育的性质、对象和意义。1975 年，联合国教科文组织与联合国环境规划署合作成立了国际环境教育规划署（IEEP），发起开展全球环境教育规划。同年 10 月，联合国教科文组织和联合国环境规划署在贝尔格莱德举行了国际环境教育研讨会，签署了著名的《贝尔格莱德宪章》，详细提出了环境教育的一整套指导政策。

框 2-13 环境教育的相关文件

- 《贝尔格莱德宪章》，1975 年
- 《第比利斯政府间环境教育宣言和建议》，1977 年
- 《我们共同的未来》，1987 年
- 《联合国气候变化框架公约》，1992 年
- 《21 世纪议程》，1992 年

1977 年 10 月 14—26 日，联合国教科文组织和联合国环境规划署举办了首届政府间环境会议，发表了《第比利斯政府间环境教育宣言和建议》，为各国日后开展环境教育提供了准则。此次会议还就环境教育的教学内容、方法做了进一步讨论，突出了教师职前和在职培训的地位，继续强调了规划和策略信息传播的重要性，提倡继续努力扩大环境教育发展的国际合作。

1987 年世界环境与发展委员会（WCED）发布了《我们共同的未来》，1992 年的地球峰会提出了《21 世纪议程》（*Agenda 21*），使环境教育成为世界公民必备的通识，也是国际社会共同的责任。《21 世纪议程》和同年签署的《联合国气候变化框架公约》都要求专门通过“教育、公众意识和培训”来促进环境保护。国际社会已经通过召开各类环境教育会议、签署相关环境教育宣言，使“环境教育”成为一项全球议程。

（二）语言与文化多样性教育（languages and culture diversity education）

教育与语言和文化的多样性有着密切的联系。传承至今的各种教育形式和丰富的教育内容都是文化多样性的一种体现；语言不仅是文化多样性的一种表现，也是教育和文化传承与传播的重要媒介；教育又是语言和文

化多样性得以保护、传承和传播的重要保障。

2003 年的“联合国教科文组织濒危语言国际专家会议”建议通过支持和改进教育政策来拯救处于濒危状态的语言。此次会议通过的“行动计划建议书”还强调了“发展包括培训师资和培养后代学习母语在内的教育事业”对保护语言多样性的重要意义（UNESCO，2003b）。

框 2–14　语言与文化多样性教育的相关文件

- 《世界文化多样性宣言》的附件《行动计划要点》，2001 年
- 《保护非物质文化遗产公约》，2003 年
- 《保护和促进文化表现形式多样化公约》，2005 年

2001 年，联合国教科文组织通过了《世界文化多样性宣言》的附件《行动计划要点》，重点强调了教育对于保护语言和文化多样性的作用；提倡在尊重母语的情况下，在所有可能的地方实现各级教育中的语言多样化，鼓励自幼学习多种语言；通过教育，培养人们对文化多样性积极意义的认识，并为此改进教学计划的制定和师资队伍的培训工作；在必要时，将传统的教学方法纳入到教学工作中，以保存和充分利用有关文化所特有的交流和传授知识的方法；促进“数字扫盲”，将信息传播技术作为教学计划中的学科和提高教学工作效率的教学手段，提高掌握这些新技术的能力（UNESCO，2001b）。

2003 年，联合国教科文组织通过的《保护非物质文化遗产公约》的第十四条也提倡通过“教育、宣传和能力培养”来保护非物质文化遗产，使非物质文化遗产在社会中得到确认、尊重和弘扬。这具体包括：实施面向公众，尤其是面向青年的教育、宣传和信息传播计划；实施针对有关群体和团体的具体教育和培训计划；促进对非物质文化遗产的呈现所需要的

自然场所和纪念地点进行保护的教育（UNESCO，2003a）。

2005年，联合国教科文组织通过的《保护和促进文化表现形式多样化公约》第十条专门论述了教育和宣传对于保护文化表现形式多样化的重要意义：鼓励和提高对保护和促进文化表现形式多样化重要意义的认识，尤其是通过教育和提高公众认识的计划来达到此目的；通过制定文化产业方面的教育、培训和交流计划，致力于鼓励创作和提高文化产业的生产能力（UNESCO，2005a）。

（三）和平文化教育（education for a culture of peace）

世界和平是教育事业发展和进步的重要保障，战争和冲突不仅有损教育设施，剥夺人们受教育的机会，更可怕的是，还毁掉了整整一代儿童的希望和志向。主题为“潜在危机：武装冲突与教育”的2011年《全民教育全球监测报告》再一次为人类敲响了警钟。

《联合国教科文组织组织法》开宗明义指出：“战争起源于人之思想，故务须于人之思想中筑起保卫和平之屏障。”（联合国教科文组织，2002）[7] 联合国教科文组织自成立以来就一直致力于通过“和平文化教育”“促进文明间对话”和“国际理解教育”来推动世界和平事业的发展。

框2-15　“和平文化教育”和“国际理解教育”的相关文件

- 《关于促进国际了解、合作与和平的教育以及关于人权与基本自由的教育的建议》，1974年
- 《教育促进和平、人权和民主行动声明和一体化框架宣言》，1994年
- 《和平文化宣言和行动纲领》，1999年

“和平文化”的概念源于冷战结束，经过联合国教科文组织的一系列修订，在1999年的《和平文化宣言和行动纲领》中得到了完整的界定。“和平文化”是由一整套价值观、态度、行为和生活方式构成的（UN，1999）。

为了推动“和平文化”的真正落实，联合国和联合国教科文组织召开了一系列相关会议，签署了一系列宣言和建议，并策划了一系列相关的项目活动。1974年，联合国教科文组织发表了《关于促进国际了解、合作与和平的教育以及关于人权与基本自由的教育的建议》，为世界范围内和平教育的推行指明了方向。1994年，联合国教科文组织发布了《教育促进和平、人权和民主行动声明和一体化框架宣言》，再次重申教育在化解冲突、构建和平上所发挥的不可替代的作用。联合国也于1997年、1998年、1999年召开了三次大会，将2000年定为“和平文化国际年”，宣布2000—2010年为“为世界儿童建设和平与非暴力文化国际十年”，颁布了《和平文化宣言和行动纲领》，世界和平教育的发展进入一个新的阶段。

“和平文化教育”是化解矛盾冲突、建构人类永久和平的重要一环。它主要包含三个层次：“关于和平的教育”主要涉及和平的本质及意义，强调有关和平的知识传授和构建，以及社会冲突中的和平教育和相关技能训练；“为了和平的教育”强调教育的目的就是为了和平，强调树立全球问题复杂性和人类多样性的观念；“通过教育来实践和平”则强调和平是无所不在的实践，可以透过各种正式与非正式的教育活动来实践和平的理念（见框2-16）（王正青，2009）。

框2-16　“和平文化教育”的三个层次

- “关于和平的教育”（education about peace）
- “为了和平的教育”（education for peace）
- “通过教育来实践和平”（peace through education）

（四）国际理解教育（education for international understanding）

国际理解教育是指世界各国在国际社会的倡导下，以“国际理解”为教育理念而开展的教育活动。其目的是增进不同文化背景的、不同种族的、不同宗教信仰的和不同区域、国家、地区的人们之间相互了解和相互宽容；加强他们之间相互合作，以便共同认识和处理全球社会存在的重大共同问题；促使每个人都能够通过对世界的进一步认识来了解自己和了解他人（联合国教科文组织，2001）。

框 2-17　“国际理解教育”的发展历程

- 20 世纪 40 年代：谋求和平的希望，1948 年提出“世界共存教育”八项目标。
- 20 世纪 50 年代：“国际理解教育”的初步实施阶段，从提倡教育人类成为世界共同体，到开始关注冲突问题，再到受制于“冷战”的影响。
- 20 世纪 60 年代：“国际理解教育”进一步推进的时期，第三世界国家的加入扩大了“国际理解教育”的实施范围。
- 20 世纪 70 年代：“国际理解教育”发展的第一个里程碑，1974 年通过了《关于促进国际了解、合作与和平的教育以及关于人权与基本自由的教育的建议》，明确地界定了“国际理解教育”的内涵和内容。
- 20 世纪 80、90 年代：“国际理解教育”发展的第二个里程碑，“人们思想上的和平国际大会”于 1989 年在亚穆苏克罗召开，提出以“和平文化”代替“战争文化”，1994 年，联合国教科文组织在日内瓦召开第 44 届“国际理解教育的总结与展望”大会，制定了《为和平、人权和民主的教育综合纲领》。

➢ 21 世纪：“国际理解教育”的展望，新千年的到来也为“国际理解教育”提供了新的发展机遇和挑战。

四、可持续发展教育的监控与落实

联合国一般性会议决定实施“可持续发展教育十年”之后，2005 年，也就是可持续发展教育十年的第一年，联合国教科文组织发布了《联合国可持续发展教育十年（2005—2014 年）国际实施计划》［*United Nations Decade of Education for Sustainable Development*（2005-2014）：*International Implementation Scheme*］，第二年又发布了更为详细的《可持续发展教育十年国际实施计划框架》（*Framework for the UN DESD International Implementation Scheme*），这两份文件明确了可持续发展教育十年的目标、要点和行动计划（见框 2-18）。

可持续发展教育十年的全球愿景是：“使所有人都有机会接受教育，学习可持续的未来和积极的社会转型所要求的价值观、行为和生活方式，并获益于这种教育和学习。”（UNESCO，2005c）

框 2-18　“可持续发展教育十年”的五个目标

➢ 将教育与学习置于追求可持续发展的中心地位；
➢ 促进可持续发展教育有关各方的网络、联系、互换与互动；
➢ 通过各种形式的学习和公共意识，为重新定义可持续发展、提升可持续发展的愿景和向可持续发展过渡提供空间和机遇；
➢ 提高可持续发展教育的教学质量和学习质量；
➢ 在各个层面开发相应策略，加强可持续发展教育的能力。

2007 年，联合国教科文组织成立了可持续发展教育十年监测与评估专家组，负责制定可持续发展教育十年监测与评估指标体系，制定并向公众公布监测与评估的具体方案，领导全部的监测与评估工作，公布各阶段监测与评估的结果和启示。

专家组计划开展三轮评估：第一轮在 2009 年开展，关注可持续发展教育工作的背景和结构；第二轮在 2011 年开展，关注与可持续发展教育相关的进程和学习主动性；第三轮在 2015 年开展，关注可持续发展教育十年的影响和成果。

2014 年，在联合国可持续发展教育十年结束之时，联合国教科文组织于 11 月 10—12 日在日本名古屋举办了世界可持续发展教育大会，会议通过了《名古屋可持续发展教育宣言》并启动了联合国教科文组织大会第 37 届会议批准的《可持续发展教育全球行动计划》，提出了可持续发展教育的五个优先行动领域：政策支持、全机构方法、教育工作者、青年和地方社区。

如今，可持续发展教育十年计划已经结束，《可持续发展教育全球行动计划》作为十年的后续活动也已经启动，可持续发展教育理念已经传播到世界上大多数国家和地区，虽然各国、各地区和一些国际组织对可持续发展教育的内涵理解不尽相同，但这个概念本身已经得到了国际社会的广泛认同。

第四节　教育信息化促进教育公平和质量

影响着人类历史进程的信息通信技术不仅改变了人类的生活及思维模式，也为人类无时空限制地接受知识和终身学习提供了全新的方式及可能性。信息通信技术与教育的结合顺理成章。2003 年，信息社会世界首脑会议通过了“原则宣言”，承诺“建设一个以人为本、具有包容性和面向发展的信息社会，在该信息社会中，人人可以创造、获取、使用和分享信息和知识”（World Summit on the Information Society，2003）。

一、教育信息化的提出和历史发展

围绕着教育信息化，联合国教科文组织召开了一系列国际会议，制定了指南性文件（见框 2-19），这些均为教育信息化提供了必要的理论保障及政策支持。

框 2-19　有关“教育信息化”的重要文件

- 《巴黎开放教育资源宣言》，2012 年
- 《教师信息和通信技术能力框架》，2011 年
- 《联合国教科文组织教师信息与通信技术能力框架本土化修订指南》，2013 年
- 《青岛宣言》，2015 年

2002 年联合国教科文组织在巴黎举办了首届全球开放式教育资源论坛（The Forum on the Impact of Open Course Ware for Higher Education in Developing Countries），在这次会议上首次提出“开放教育资源”概念。

2003 年，信息社会世界首脑会议通过了“原则宣言”，承诺“建设一个以人为本、具有包容性和面向发展的信息社会，在此信息社会中，人人可以创造、获取、使用和分享信息和知识”。在会议通过的行动方针中，将电子学习（e-learning）列为其中的重要小节，倡导国家及国际组织行动落实。（World Summit on the Information Society，2003）

随后，一系列围绕教育信息化的专家会议及工作小组会议在亚太地区率先开展，在此基础上，2005 年，联合国教科文组织亚太地区教育局组

织编撰了《教师与教学技术发展地区指南》（*Regional Guidelines on Teacher Development for Pedagogy-Technology Integration*），2010 年亚太地区教育局又出版了《信息技术改变教育：地区指南》（*ICT Transforming Education: A Regional Guide*），为信息技术在亚太地区教育中的应用提供了指导。

2011 年，基于约旦、纳米比亚、卢旺达、新加坡以及乌拉圭的信息化教育实践，针对教育信息化政策在制定和实施过程中所出现的问题与值得分享的经验，联合国教科文组织出版了《改变教育：信息技术政策的力量》（*Transforming Education: The Power of ICT Policies*）一书，并于同年联合英联邦学习共同体（Commonwealth for Learning）共同发布了《开放教育资源的基本指南》[*A Basic Guide to Open Educational Resources*（*OER*）]。

开放教育资源为提高教育质量、协调政策对话、知识共享以及能力建设等提供了战略机遇。2012 年 6 月，在巴黎世界开放教育资源大会上，联合国教科文组织同与会各国通过了《巴黎开放教育资源宣言》，强调要为使用信息通信技术创造有利环境，鼓励开发和利用以开放式标准数字化格式提供的开放教育资源（联合国教科文组织，2012）。

2015 年，在联合国教科文组织执行局第 196 届会议上，《利用信息通信技术支持实现 2015 年后教育议程》被作为临时议程项目提出，呼吁将信息通信技术纳入 2015 年后教育议程的全部门战略。作为此议程的重要部分以及仁川世界教育论坛的后续，2015 年 5 月 23—25 日，由联合国教科文组织、中华人民共和国、中国联合国教科文组织全国委员会组织的“国际教育信息化与 2015 后教育大会”在中国青岛举办，国家主席习近平为大会发来了贺信，来自 90 个国家的 300 名部长及国际专家共同发布了《青岛宣言》，宣言从九个方面阐述了为在 2030 年之前实现包容、公平的优质教育和终身学习这一目标，必须利用包括移动学习在内的信息通信技术，强化教育体系、知识传播、信息获取、优质和有成效的学习，提供更高效的服务。

作为信息化教育的坚定践行者，2010 年中国颁布《教育规划纲要》，提出："把教育信息化纳入国家信息化发展战略，超前部署教育信息网络。"2012年中国教育部出台了《教育信息化十年发展规划（2011—2020年）》。2013年，通过启动"全国中小学教师信息技术应用能力提升工程"，中国教育部明确把教育信息化列为推动教育改革的重要内容。结合实际情况，中国教育部提出建设"三通两平台"的教育信息化发展目标，即推动宽带网络校校通、优质资源班班通、网络学习空间人人通，搭建教育资源公共服务平台和教育管理公共服务平台。在2015年的"国际教育信息化与2015后教育大会"上，中国教育部与联合国教科文组织共同签署了《关于开展教育信息化合作的谅解备忘录》，继续致力于支持发展中国家2015年后教育议程，特别是教育信息化的发展。

二、教育信息化的核心理念

根据联合国教科文组织的界定，教育信息化是指将信息通信技术投入到与教育相关的研究和应用中，特别是为教育的目的使用数字工具进行的教与学活动、方式方法、过程和技术。教育信息化有助于促进教育公平、提升教育质量并加速实现优质教育资源的共享，对于边远农村地区和处境不利群体的教育和学习有着特别重要的意义。

教育信息化以信息通信技术为途径，帮助教师提高教学能力和水平，提高教育工作者的职业技能，完善终身教育条件，全纳正规教育外的全民学习者，实现和完成教育的新目标和任务：在2030年前实现包容、公平的优质教育和终身学习目标，利用包括移动学习在内的信息通信技术，强化教育体系、知识传播、信息获取、优质和有成效的学习，提供更高效的服务。

总而言之，教育信息化有助于：（1）扩大学习机会——每个人可以不分地点时间进行学习；（2）提升学习成果——互动和参与式学习；（3）激发学习动力——内容更有针对性并有趣；（4）个性化学习——根据个人能力，满足个人不同的学习需求；（5）灵活使用教材——与当地需求相结合；（6）增强个人能力——提高技术技能、团队工作能力的养成；

（7）提高教学能力——以学生为主体的教学；（8）营造终身学习条件；（9）提高教育规划和实施的效能。

三、教育信息化的内容和实践

信息通信技术与教育的结合，可涵盖教育政策规划、教师职业教育与培训、移动学习、开放教育资源、终身学习、电子学习，以及教育管理信息系统（EMIS）等。

而教育信息化的深入发展，更是离不开教师的身体力行。为加强教师最大限度地运用信息通信技术进行有效教学的能力，2011 年联合国教科文组织于其大会第 35 届会议正式发布了《教师信息和通信技术能力框架》，基于人类能力发展的三种途径（技术素养、知识深化、知识创造）与教师工作的六个方面（理解信息和通信技术在教育中的作用、课程设置、教学法、信息和通信技术、组织和管理以及教师的专业发展）相交叉，创建了一个包含 18 个模块的能力框架，指导教师职业技术培训。在此基础上，为推动国家及地区层面的跨部门合作，2013 年《联合国教科文组织教师信息与通信技术能力框架本土化修订指南》出台，明确了能力框架在本土背景下成功实施所需的资源和条件，阐释了能力框架本土化修订过程中的几个重要阶段，并为其提供相应的政策指导。

为更好地落实这一目标和任务，联合国教科文组织在世界教育信息化的进程中，不断发挥着自己的导向性角色，除在俄罗斯成立该组织教育信息技术研究所（IITE），协助国家在教育中应用信息和通信技术外，更是以部门间的合作为战略，联合教育、科学、传播与信息（CI）三大部门，一起协助国家将信息通信技术运用到本土教学实践中，提高教育质量，吸纳更多的通过信息技术接受教育的学习者，以便更好地实现全民教育及终身教育目标。

在教育信息化的本土实践中，合理运用社区学习中心（Community Learning Centres）、社区多媒体中心（Community Multimedia Centres）、数字化校园、致力于终身教育的在线学习平台（open and distance learning），充分落实教师信息与通信技术能力建设，将自由与开放源码软件（FOSS）纳入教与学的工作之中，以及全面开放教育资源（open educational resources，OER），不断创新开发在新的移动终端上的教育可能性，均将助力信息通信技术在教育中发挥越来越大的作用。

第三章

关于教育标准的国际规则

关于教育标准的国际规则是国际教育规则的重要组成部分。为了比较和衡量各国教育的发展状况，特别是为了推动世界各国的教育交流与合作，促进人员与知识的跨国流动，联合国教科文组织和其他一些国际组织在教育标准的制定方面做出了许多尝试。

这些国际教育标准特别关注通行化、普适化和操作化的问题，形成了国际公认的一系列教育标准体系和数量指标体系，包括国际教育标准分类、国际教育发展指标体系、国际教育质量监测框架以及教育成就评价的国际标准。国际教育标准体系构成了国际教育规则的技术准则和量化基础。

第一节　国际教育标准分类

随着具有国际可比性的教育指标体系日益成为世界各国和各地区制定自身教育规划和教育决策的重要参考依据，建立一套有利于提高国际比较的科学性的研究工具成为大势所趋。联合国教科文组织制定的《国际教育标准分类法》（ISCED）就是这类最基本的工具之一。

一、《国际教育标准分类法》的诞生和发展

《国际教育标准分类法》是一个有关教育体制和教育发展的概念体系和框架文件，用于对世界各国的教育体制和教育发展进行统计和比较。它最早由联合国教科文组织在20世纪70年代初制定，1975年在瑞士日内瓦举行的国际教育大会上获得会员国的批准，并于1976年发布第一个正式版本。由于《国际教育标准分类法》的各项基本概念和定义都普遍有效，不因各国教育系统的特殊情况而变化，因此，尽管各会员国教育制度和经济发展水平各不相同，但是都能用它来进行教育政策分析和教育决策。

自《国际教育标准分类法》诞生以来，联合国教科文组织统计研究所一直都依据这一框架收集、汇编和发布世界各国教育事业发展统计数据。2011年11月，联合国教科文组织第36届全体大会通过了最新修订的《国际教育标准分类法》，即2011年版，这个最新版本的框架在2014年投入使用。

1976年版的《国际教育标准分类法》采用三级编码，第一级编码是教育等级，第二级编码是教育学科领域，第三级编码是教育课程，因此每个教育课程都用三个数字来表示。1997年版《国际教育标准分类法》则根据教育课程的特征来划分教育等级，教育学科的分类则相对独立出来。

2011年版《国际教育标准分类法》采用两个并行又彼此契合的教育等级编码系统，而教育学科的分类法从《国际教育标准分类法》中完全独立出来。

二、2011年版《国际教育标准分类法》概述

2011年版《国际教育标准分类法》对学习、教育、正规教育、普通教育、资格证书、教育等级等核心概念做出了明确的界定（见框3-1）。

框3-1 2011年版《国际教育标准分类法》的核心概念

- 学习：个人通过自身的经历、实践、研究或教学活动而获得的在信息、知识、理解力、态度、价值观、技能、能力或者行为方面的改善。
- 教育：社会有意识地将已积累的信息、知识、理解、态度、价值、技能、能力或行为从上一代传给下一代的过程，它包括引发学习的各种交流活动。
- 正规教育（formal education）和非正规教育（non-formal education）：正规教育是指通过公立机构和被认可的私人机构开展的制度化、有目的、有计划的教育活动，它们共同构成了一个国家的正规教育系统。非正规教育是指某一教育提供者提供的制度化、有目的、有计划的教育，但是它在个人终身学习的过程中是对正规教育的一种附加、替代和/或补充，其目的是保障所有个人接受教育的权利。

- 普通教育（general education）和职业教育（vocational education）：普通教育旨在发展学习者普通的知识、技能与能力，以及他们的读写算技能，通常为学习者进入更高阶段的教育做准备，并为他们的终身学习奠定基础。职业教育旨在使学习者掌握特定的职业或行业所需的知识、技能与能力，包含与实际工作相关的内容（如学徒制训练）。学习者成功修完这类课程后将获得由国家相关部门和/或劳务市场认可的职业资格证书。
- 非正式学习（informal learning）：有意识的和有目的的，但不是制度化的学习形式。与正规和非正规教育相比，它的组织性和系统性较低。非正式学习可包括在家庭、工作场所、地方社区和日常生活中发生的与个人、家庭或社会相关的学习活动。
- 教育课程（educational programme）：在持续的一段时期内为实现预定的学习目标或完成特定的教育任务而设计和组织的一套连贯的或成系列的教育活动。一个教育课程内包含的教育活动可以再分为“学习课程”（courses）、“学习模块”（modules）、“学习单元”（units）和“学习科目”（subjects）。
- 资格证书（qualification）和受教育程度（educational attainment）：资格证书通常是指以文件的形式对成功地完成一个教育课程或其中的一个阶段的正式确认。获得资格证书的方式有：成功完成整个教育课程；成功完成教育课程的一个阶段（中级资格证书）；不论学习者是否参与教育课程而对他们所掌握的相关知识、技能与能力做出确认。个人的受教育程度指一个人成功完成的《国际教育标准分类法》中最高等级的教育，通常以所获得的最高等级的资格证书来评定。

- 教育等级（levels of education）：《国际教育标准分类法》的分类系统包括两个交叉分类变量，一是教育等级，二是教育的领域。教育等级指一套有序的类别，主要是根据学习经历以及每个教育课程所传授的知识、技能和能力的不同层次将各个教育课程进行分组，体现了一个教育课程的内容从基础到复杂的程度和专业程度的变化。
- 教育的领域（field of education）：它是《国际教育标准分类法》两个交叉分类的变量之一，指一个教育课程、学习课程或学习模块的内容所覆盖的广泛领域和分支。它通常也被称为“学科”（subject or discipline）或“学习领域”（field of study）。

三、《国际教育标准分类法》的分类与编码方法

2011年版《国际教育标准分类法》由两个并行的编码方案组成：一个是针对教育课程，简称为ISCED-P；另一个是针对受教育程度，简称为ISCED-A。每个编码方案涉及三个方面的内容，包括教育的等级、教育的类别和教育的子类别。因此，世界各国不同的教育课程和得到认可的资格证书大体上都可以在这两个编码系统中获得一个包含三位数字的编号，表示其教育等级和类别。

第一个数字是表示教育等级的编码，数字越大，表示教育等级越高。如数字“1”代表初等教育水平，数字“2”代表初级中等教育水平，以此类推，直至数字“8”代表博士或相当于博士水平。

第二个数字是表示类别的编码。例如，数字“1”代表“早期儿童教育发展”；数字“4”代表“普通教育或学术性教育”；数字“5”代表“职业教育或专业教育”。

第三个数字是表示教育课程和资格证书的子类别的编码。例如，数字“1”对教育课程而言代表“成功完成某个教育课程不足以意味着完成或部分完成国际教育标准分类中相应等级的教育课程（因而不能直接升入国际教育标准分类中上一个等级的教育）”；数字“2”对于受教育程度而言意味着“部分完成某一等级的教育，但是不能以此升入国际教育标准分类中上一个等级的教育”。

第二节　国际教育指标体系

国际教育指标体系是联合国教科文组织及其他国际组织为了收集、汇编和分析有关各国教育事业发展的数据而开发的指标体系，它由若干个相互联系的统计指标组成，具有一定的结构和层次。联合国教科文组织和其他国际组织使用教育指标体系来监测各国教育的进展，总结各国促进教育公平和提高教育质量的良好经验，引导和辅助教育决策，启发和鼓励教育改革，并监督其成效。目前较有影响的国际教育指标体系主要有以下三种。

一、联合国教科文组织统计研究所的教育统计指标

联合国教科文组织统计研究所成立于1999年，是联合国教科文组织下属的统计部门，其核心任务是收集、分析和发布具有国际可比性的有关各会员国教育、科学和文化发展的统计数据，以监控国际和国家层面教育、科学与文化事业的发展，并为全体会员国、联合国教科文组织、联合国系统以及各跨政府组织、非政府组织、研究机构与大学提供相关的服务。在教育领域，该机构主要通过各国的政府渠道收集各国各类相关的统计资料，主要包括：

- 学前教育机构、小学、中学、学院、大学及其他第三级教育机构提供的普通教育；
- 公立（国立）和私立学校、学院或大学教育；
- 特殊教育（包括普通学校和特殊教育学校提供的特殊教育）。

此外，在经合组织和世界银行等国际机构的协助下，联合国教科文组织统计研究所每年收集一次数据。具体的收集工作主要包括三项调查：

- UIS 调查：联合国教科文组织统计研究所每年向会员国发放教育调查问卷，定期反思和修正教育调查问卷的国际标准、分类方法和数据收集技术，以求解决不断出现的统计问题，提高数据质量。
- UOE 调查：联合国教科文组织统计研究所、经济合作与发展组织和欧盟统计所（Eurostat）自 1993 年开始合作收集年度教育数据，此项数据收集工作被称为 UOE 调查。UOE 调查的对象是经合组织和欧盟统计所的会员国和合作国之中的高等收入国家和中等收入国家。UOE 调查的教育统计指标比 UIS 调查更为详细，包括数百项具体指标。
- 世界教育指标（WEI）项目：1997 年，在经合组织教育指标体系的基础上，联合国教科文组织、经济合作与发展组织和 11 个国家合作展开了世界教育指标项目，联合国教科文组织统计研究所于 1999 年成立后，即代表联合国教科文组织与其他国家和国际组织合作，致力于开发权威的、通用的、可比的世界教育指标体系。世界教育指标项目的定义、结构和方法都源自经合组织的教育指标体系，参与该项目的国家多为中等收入国家。

联合国教科文组织统计研究所建立了包含 200 多个国家（地区）各级

各类教育和教育经费等数据的在线数据库（http：//stats. uis. unesco. org/unesco/ReportFolders/ReportFolders. aspx）。为包括联合国教科文组织在内的许多国际组织就各自关心的主题发布具有全球影响力的研究报告提供了统计数据的基础，如联合国教科文组织发布的《全球教育要览》和《全民教育全球监测报告》、世界银行发布的《世界发展指标》、联合国开发计划署发布的《人类发展报告》、联合国儿童基金会发布的《世界儿童状况报告》以及联合国发布的《千年发展目标报告》等等。

二、经合组织《教育概览》中的教育指标体系

经合组织成立于1961年。自成立之日起，该组织就重视人力资本在经济与社会发展中的重要作用。人力资本理论认为教育是提升人力资本最有效的途径，教育与国家发展有着密切的联系。20世纪70年代，一些国家开始意识到监测教育产出并进行国际比较研究的必要性。为满足各会员国的需求，经合组织于1973年发表了一套用于统计教育产出的综合指标体系——“引导政府决策的教育发展指标体系”，以便于各会员国互相学习各自的经验。20世纪80年代中期，为提高教育数据的国际可比性，经合组织将市场经济中的供需模型运用于教育中，基于背景—投入—过程—产出（CIPP）评价模式，建立起了一个包括教育背景、成本、资源与学校过程、教育结果的指标体系。

1992年，经合组织开始发布《教育概览》，使用基于背景—投入—过程—产出模式的教育指标体系对各国教育事业发展状况进行成本效益分析。早期的《教育概览》差不多每两年发布一次，2003年后改为每年发布一次，并一直持续至今。20年中，《教育概览》的教育指标体系不断调整，直到2003年才确定了四大类指标：（1）教育机构的产出与学习的影响；（2）教育的财政与人力资源投入；（3）受教育机会、教育的参与程度和进步；（4）学习环境与学校的组织（OECD，2003）[5]。在这四个类别下，教育指标的数量和内容随着教育的发展以及统计方法的进步而不断变化，并添加了一些质性指标。经过多年修正，《教育概览》已不再是针对

教育领域的成本-收益分析，而是更多地关注教育的社会价值、个人与家庭的教育选择等问题，体现了经合组织的教育评价价值取向的转变（见表3-1）。

表 3-1　经合组织《教育概览 2014》中的教育指标体系

A. 教育机构的产出与学习的影响	A1. 成年人的受教育程度如何？
	A2. 有多少学生完成高中教育？
	A3. 有多少学生完成高等（第三级）教育？
	A4. 家长的教育在多大程度上影响到高等教育的入学？
	A5. 受教育程度是如何影响学生进入劳动力市场的？
	A6. 教育在收入方面为人们带来什么好处？
	A7. 投资教育的动力是什么？
	A8. 教育有哪些社会结果？
	A9. 学生的成绩与教育的公平性有何关系？
B. 教育的财政与人力资源投入	B1. 生均开支是多少？
	B2. 国家财富中有多少部分用于教育？
	B3. 教育中有多少公共投资和私人投资？
	B4. 公共教育总支出是多少？
	B5. 高等（第三级）教育学生开支是多少？他们得到多少公共补贴？
	B6. 教育经费花在哪些资源和服务上？
	B7. 哪些因素影响教育的支出水平？
C. 受教育机会、教育的参与程度和进步	C1. 谁参与教育？
	C2. 各国的早期教育体系有何不同？
	C3. 有多少学生将要进入高等（第三级）教育？
	C4. 哪些人出国学习？到哪里学习？
	C5. 从学校到工作：15—29 岁青年在哪里？
	C6. 有多少成人参与教育和学习？
	C7. 公立学校和私立学校的差别在哪里？

续表

D. 学习环境与学校的组织	D1. 学生在课堂上花费多少时间？
	D2. 生师比和班级规模是多少？
	D3. 教师薪资水平是多少？
	D4. 教师用于教学的时间有多少？
	D5. 哪些人从事教师职业？
	D6. 怎样成为教师？
	D7. 教师的专业发展活动如何？

三、世界银行“世界发展指标”中的教育指标

“世界发展指标”形成于1997年，是世界银行用于衡量世界发展进程、了解全世界人类生活状况的统计指标体系。2015年的“世界发展指标”，共涵盖世界视野、人口、环境、经济、国家与市场、全球联系六大方面，教育指标被包含在人口指标之中，共分五类：教育投入，教育参与，教育效率，教育的完成和产出，教育中的收入、性别与地区差异（World Bank，2015）[58-59]。

第三节　教育质量监测

全民教育意味着人人平等地享有高质量的教育。但是，由于教育质量的不确定性，人们对教育质量的认识往往要经历一个逐步深化和发展的过程，联合国教科文组织对教育质量概念的认识也不例外，在这一过程中逐步形成了全球性的全民教育质量监测框架。

一、全民教育质量观的形成

全民教育质量观的形成可以追溯到曾任法国总理和法国教育部部长的埃德加·富尔在1972年作为国际教育发展委员会主席向联合国教科文组

织提交的报告《学会生存——教育世界的今天和明天》。该委员会认为，社会变革的基本目标是消除不平等现象、建设民主和公正的社会。为此，“需要根据社会和民主的新特点重新审视教育的目标和内容”（联合国教科文组织国际教育发展委员会，1996），因而产生了“终身教育”和“教育适切性”等具有深远影响的概念。

1990 年世界全民教育大会的基本点是满足每个儿童和青年基本的学习需要。虽然大会也提到鼓励各国大力发展高质量的基础教育，但是许多国家在此后发展全民教育的过程中更多地关注数量上的发展。直到 2000 年，《达喀尔行动纲领》才提出要求各国发展“优质”的初等教育的目标，并且明确提出“全面提高教育质量，并保证所有人获得公认的和可测的学习结果，特别在读写算能力和基本生活技能方面”（World Education Forum，2000）[8]。

1996 年，由欧洲委员会前主席雅克·德洛尔任主席的国际 21 世纪教育委员会向联合国教科文组织提交了一份题为《教育——财富蕴藏其中》的报告，该报告提出了面向 21 世纪教育的四大支柱，即培养学生学会认知、学会做事、学会共处、学会生存。

2004 年 11 月 8 日，联合国教科文组织在巴西首都巴西利亚召开了第四届全民教育高层会议，其主题是提高全民教育的质量。该会议在发布的公报中指出，有机会接受教育和接受优质教育是相辅相成的、不可分割的需要和权利，应该在各会员国的教育政策和规划以及今后的国际教育行动中同时得到推动和落实。

二、全民教育的质量监测框架

2004 年，联合国教科文组织发布了题为《全民教育——提高质量势在必行》的全民教育全球监测报告。报告在综合考虑了教育系统的主要因素及其相互作用后，提出了教育质量的概念框架，这一框架将影响教育质量的过程归纳为学习者的特点、提供的便利、教与学、背景和结果等五个主要方面（UNESCO，2004）[35]。

其中，学习者是全民教育的核心，学习者的特点，如能力、毅力、在校状态、已有知识、学习障碍等因素将对学习者的学习方法和学习进度产生直接影响。提供的便利主要是指教育的基础条件，包括教材、教学基础设施、教师和管理人员等人力资源以及学校治理，这些基础条件对教学有重要的影响。教与学方面主要包括教学时间、教学方法、班级规模、评价等要素，也是教育成功的必备条件。背景方面则涵盖了教育的全部环境因素，大体包括以下四个层面：在经济文化层面，有社区的经济状况和就业市场、社会文化和宗教因素、援助策略；在资源层面，包含对教育的认识和教育基础设施、可用于教育的公共资源、教师职业在劳动力市场的竞争力、国家的治理和管理策略；在观念层面，涉及教师和学生的思维观念、同伴的影响、家长的支持、上学时间和家庭作业时间的保证；在政治层面，包括国家标准、公众期望、就业市场的要求以及全球化（见图 3-1）。

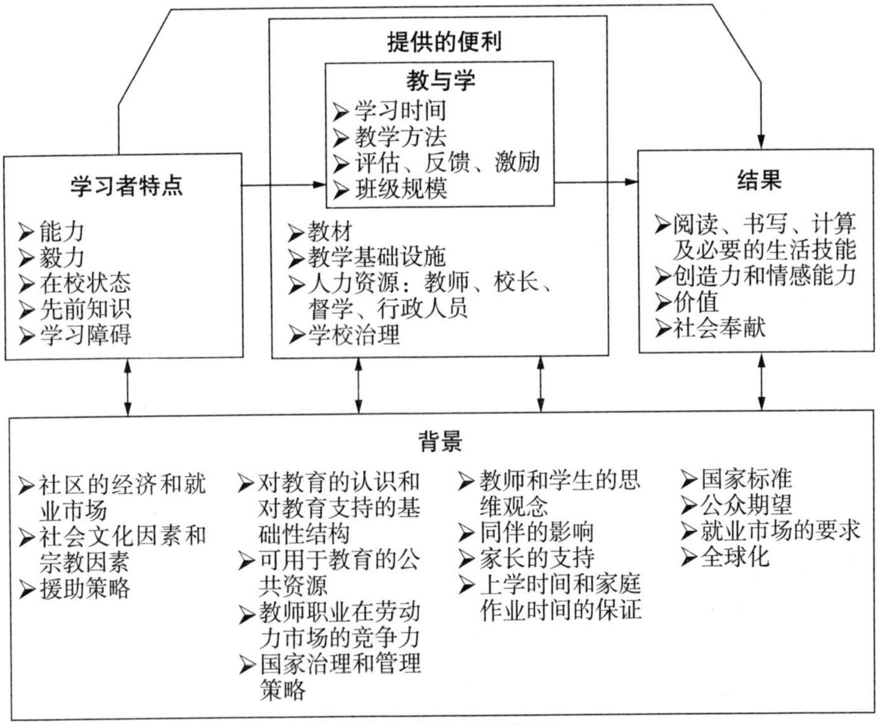

图 3-1　教育质量框架

资料来源：UNESCO，RAPPORT MONDIAL DE SUIVI SUR L'EPT. Éducation Pour Tous－L'exigence de Qualité［Z］. 2005：39.

（一）教育质量的核心：学习者

学习质量和学习进度如何，在很大程度上取决于学习者的状况，学习者的学习成绩受学习动机的影响。学习动机反映着学习者的某种需要，正是这种需要推动了学习者的学习活动。学习动机一般表现为强烈的求知愿望、对未知世界的好奇心与兴趣，以及认真积极的学习态度等。因此，如果学习者的动机不同，那么学习效果也是截然不同的。学习者还受一些社会文化背景的影响，学习者的宗教信仰、家庭条件、居住地、学校物质资源、教师的性别等都对学习者有很重要的影响。贫穷、农村出身和性别不平等与就学人数和学习成绩始终存在一种明显的逆向关联。非洲的案例突出表明，学生（和教师）的行为问题，如迟到、旷课和辍学，都与教育质量低下有密切的关系。在拉丁美洲国家，学生的社会经济背景和课堂氛围似乎是决定学习成绩的最重要因素，学校还应对患有艾滋病的儿童、残疾儿童、受武装冲突影响的难民儿童、童工等极端弱势的儿童采取包容性的政策，为他们提供健康和安全的学习环境（UNESCO，2004）[48]。

（二）教育质量的基础：提供的便利

全民教育的实施离不开必要的教学条件，无教师、无教材、无设备的学校是不可能完成正常的教学任务的。因此，为教育提供便利的资源是十分重要的，这些资源包括教材、教学基础设施、教师和管理人员以及有效的学校治理。其中教师是教育质量的关键，因为教师在基础教育中发挥着中心作用。几乎所有问题，不论是涉及教育目标、学习成绩、教学计划的组织还是涉及教育系统运作，都有赖于教师作用的发挥。因此，教师的行为表现、报酬、鼓励机制和教学技能非常重要。

联合国教科文组织 2005 年全民教育全球监测报告《全民教育——提高质量势在必行》对教师专业发展也非常重视，鼓励发展教师的职前培训和在职培训，倡导制定严格的教师录用标准以及开展教师之间的交流和合作。如在古巴，教师之间的竞争是通过同伴互助实现自我改进的过程，从而形成了一种鼓励利益共享者共同提高的教育制度（UNESCO，2005b）[51]。

（三）教育质量的要素：教与学

教育远不止是包含在学校所发生的一切。通过教育，社会把其价值观念和相关的技能传递给人们。正如纳尔逊·曼德拉（Nelson Mandela）所言："教育是你可以用来改变世界的最强大的武器。"教与学是教育的基本模式，也是人类得以发展和变革的主要基础。通过课程大纲和适当的教学方法，人类的知识与文明得以传承。通过一定教学时间、教学方法、班级规模、教学评价等要素构成的教与学，学习者学会了学习。

（四）教育质量的背景因素

教育质量的背景因素包括教育周边的全部环境因素。教育既受到环境的制约，也对环境产生影响。从长远看，教育可以通过改善人的学习和职业能力以及促进人的自由发展来改变社会。从短期看，环境对人的发展具有很大的制约作用。良好的社会背景有助于提高和巩固学习者的技能，帮助学习者树立正确的价值观、人生观，使学习者实现自己的价值，学会与人交往、与人和谐相处，使个人得到幸福和自由。学习者所接受的教育在短期内所体现的价值观和人生观也就是整个社会的价值观和人生观。学习者在一个富裕宽松的环境下可以享受到良好的教育资源，这也有助于提高学习者的学习成绩。相反，如果学习者处于一个普遍贫穷，甚至政治动乱的社会环境中，便难以获得必要的学习资源，不仅不能专心学习，心理和道德都可能被扭曲。

（五）教育质量的保障：结果

"若要改进，先要监测"这一格言说明了监测全民教育目标进展的重要性。有效的测量能够提供失误预警，收集信息，促进讨论，并强化责任，从而为政策的制定和改进提供指导。跨国的教育质量监测也有助于收集各国良好的实践案例，总结各国在实践方面的经验与教训。

全民教育的发展成果应当通过对实施进展的监测得到体现。相对而言，学习成绩比较容易得到评价，通常也是被评估的主要对象，所采取的手段通常是考试或测验。测验的内容可包括学生的读写算能力与生活技能，也可包括学生的创造力和情感表达能力等非认知能力的发展。

第四节　教育成就评价

随着教育走向大众化，特别是世界全民教育的发展，在国家和地区层面对教育发展和教育成就水平进行监测与评价变得非常重要，因为它事关世界范围内教育普及目标的实现。在这方面，国际上出现了一些相关的研究机构和研究项目。

一、国际教育成就评价协会的成立与发展

1958 年，一批当时最著名的教育心理学家、社会学家和心理测量学家齐聚位于德国汉堡的联合国教科文组织教育研究所（现更名为终身学习研究所，简称 UIL），就学校评估和学生评价问题展开探讨。来自美国芝加哥大学的安德森（C. Arnold Anderson）教授建议用同样的一套测试题来评估不同国家学生的学业成就，并在收集量化数据的基础上进行国际比较研究。这一设想得到了许多与会专家的支持，促成了世界上最早的国际大规模教育成就评价研究，即“12 国试点研究”（Pilot Twelve-Country Study）。

1959—1962 年开展的 12 国试点研究的目的是探讨开展国际教育成就评价的可行性。该试点研究对比利时、英格兰、芬兰、法国、德国、以色列、波兰、苏格兰、瑞典、瑞士、美国和南斯拉夫这 12 个国家（地区）13 岁学生的数学、阅读理解、地理、科学和非言语能力进行了测试，得出了对学术研究和教育实践都有意义的研究结果。更为重要的是，该试点研究的成功表明，开展国际大规模教育成就评价是可行的，各国相关研究机构可以彼此合作，“跨文化”地使用经过翻译的测试题目和调查问卷，以便将收集到的数据用于国际比较研究。

1958 年的会议也标志着“国际教育成就评价协会”（IEA）初具雏形。

12国试点研究结束后，该协会正式成立，总部设在瑞典的斯德哥尔摩。目前，作为一个独立的教育研究机构，国际教育成就评价协会的秘书处设在瑞典的斯德哥尔摩大学，其数据处理与研究中心设在德国汉堡，其各个研究项目则由分设在世界各地的研究中心具体执行，通常在一段时间内，一个研究中心负责一个研究项目。

国际教育成就评价协会的创始者们将世界视为一个天然的教育实验室，不同的教育体制用不同的方式去实验，希望他们的年轻人获得最佳的教育成就。学者们假设如果有一项研究能够检验各国教育实验的成效，并进行比较，那么这项研究将有可能揭示出单一教育体制内的研究所忽视掉的那些关系。同时，他们还坚决反对在缺乏数据支持的情况下对某些教育体制的长处和短处妄下断语，相反地，他们认为必须要借助有说服力的数据来寻找对教育产出具有深远和持久意义的影响因素。

在过去的50年中，国际教育成就评价协会共组织了30余项大型的国际教育成就评价研究，领域涵盖数学、科学、阅读、公民教育、计算机与信息素养、教师教育等等。其中参与国家较多、影响较为广泛的研究项目有：国际数学与科学趋势研究（TIMSS）、国际阅读素养进展研究（PIRLS）、国际公民教育研究（ICCS）等等。

目前，国际教育成就评价协会共有60多个会员国（地区），并与欧盟、世界银行、福特基金会等政府或非政府组织建立了长期的合作关系，其合作伙伴还包括联合国的一些分支机构和部分会员国（地区）的教育研究机构。

（一）国际数学与科学趋势研究

国际数学与科学趋势研究关注四年级和八年级学生的数学素养和科学素养，其渊源可以追溯到国际教育成就评价协会成立初期的各项试点研究（见图3-2）。1964年，在12国试点研究的鼓舞下，该协会组织了第一轮国际数学教育成就研究（FIMS），共有12个国家（地区）的13岁学生和大学预科学生参加了这项研究的测评和调查。研究发现，许多国家的“新数学”课程改革运动有效地提高了学生的数学成绩。研究还揭示了一些由性别、社区环境、家庭条件等因素导致的数学成绩差异。

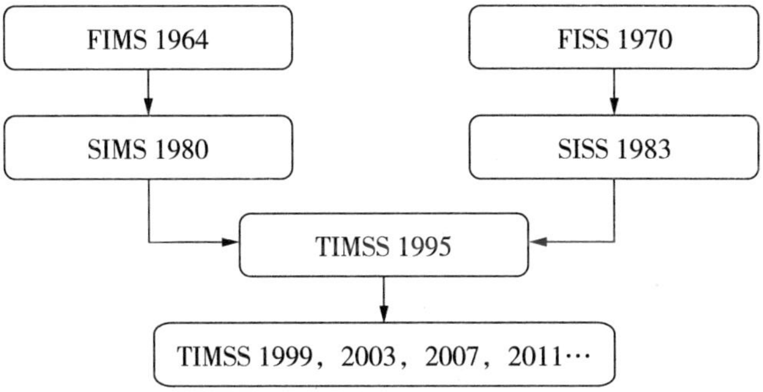

图 3-2　国际数学与科学趋势研究的历史发展

1970—1971 年，国际教育成就评价协会举办了第一轮国际科学教育成就研究（FISS），共有 19 个国家（地区）参与了这项针对 10 岁和 14 岁学生生物、化学、物理成就的研究。这项研究发现了学习机会、教师素养、性别与学习成绩之间的关系。

1980—1982 年，国际教育成就评价协会改进了第一轮国际数学教育成就研究的研究方法，并在 19 个国家（地区）开展了第二轮国际数学教育成就研究（SIMS）。其从课程、课堂实践和学生成绩这三个层面评价不同教育体制下学生的数学成绩。其研究结果除了具有国际比较的价值以外，还可以与第一轮国际数学教育成就研究的结果进行历史比较。

1983—1984 年，为了解第一轮国际科学教育成就研究实施以来各国（地区）科学教育的成就和发展趋势，国际教育成就评价协会组织了第二轮国际科学教育成就研究（SISS）。共有 23 个国家（地区）参与了此项研究，同第一轮一样，第二轮的研究结果既可用于国际比较研究，又可用于历史比较研究。研究结果显示，各国（地区）的科学教育成就与 1970 年的水平相比，有了显著提高。

1995 年，国际教育成就评价协会将国际数学教育成就研究和国际科学教育成就研究合并进行，举行了第三轮国际数学与科学教育成就研究（TIMSS），这也是第一次国际数学与科学教育成就研究。当时该研究的首字母“T”还代表着“第三次”（Third），后来这项研究成为周期性研究后，才更名为国际数学与科学趋势研究（TIMSS），“T”的含义变为“动态、趋势”（Trends）。

1995 年，共有 46 个国家（地区）参加了第三轮国际数学与科学教育成就研究，学生样本包括 9 岁学生、13 岁学生和高中最后一年的学生。四年后，也就是 1995 年的 9 岁学生（通常是小学四年级）升入八年级时，国际教育成就评价协会举办了 1999 年国际数学与科学趋势研究，该研究测量了八年级学生的数学和科学教育成就，获取了这一年级学生的相关动态数据。同年，国际教育成就评价协会还举办了 1999 年国际数学与科学趋势研究的录像研究，从 7 个国家（地区）各抽取 100 所学校，调查了八年级数学和科学的课堂教学情况。

此后，国际数学与科学趋势研究成为周期性研究，每四年举行一次。其样本是所有参与国家（地区）的四年级和八年级学生，间隔四个年级，因此，以四年为周期就可以获得同级学生的动态数据。从 2003 年到 2015 年，参与研究的国家（地区）数量一直在增长，约 60 个国家（地区）参与了 2015 年的研究。

在国际教育成就评价协会关于数学和科学教育成就前期研究的基础上，国际数学与科学趋势研究采用了一个广义的课程概念模型，以此作为设计研究思路的基础。国际数学与科学趋势研究的课程模型包括三个层面：预期的课程（intended curriculum）、实施的课程（implemented curriculum）和完成的课程（attained curriculum）（见图 3-3）。

图 3-3　国际数学与科学趋势研究的课程模型

（二）国际阅读素养进展研究

国际阅读素养进展研究是国际教育成就评价协会主办的针对小学四年级学生阅读素养的国际比较研究。国际阅读素养进展研究主要关注四年级学生（如四年级学生不满 9.5 岁时，评估五年级或六年级学生）在家和在校的阅读经历，目的是测量学生阅读素养，调查阅读能力发展的各种影响因素，以评估结果改进阅读教学。

早在 1970 年，国际教育成就评价协会就开始了关于中小学生阅读成绩的评价研究——六学科调查之阅读理解研究（Six Subject Survey: Reading Comprehension），共有 15 个国家（地区）的 10 岁、14 岁学生及高中最后一个年级的学生参与了这项研究。研究发现，经济发达国家学生的阅读成绩与经济较不发达国家学生的阅读成绩之间存在显著差异，而男女生之间阅读理解的成绩差异很小，此外，家庭背景对学生阅读理解的成绩影响较大。

国际教育成就评价协会第一次针对学生阅读素养的评价研究是 1990—1991 年举办的阅读素养研究（Reading Literacy Study），共有 32 个国家（地区）的 9 岁和 14 岁少年参加了这项研究，其中芬兰学生在阅读素养测试中取得了最好成绩。此外，这项研究揭示了一些影响学生阅读素养的因素，如学生的家庭语言、性别、教师性别、校内外获取图书的难易程度、国家经济发展水平、人口健康水平和成人识字率等等。这次研究在理念和方法上为 21 世纪开始的国际阅读素养进展研究奠定了基础，也为学生阅读素养水平研究设定了历史比较的原点。

2001 年，在国际阅读素养研究开展十周年之际，为了向各参与国（地区）提供一套新的学生阅读素养测评数据，以便与十年前的数据进行比较研究，国际教育成就评价协会举办了第一次国际阅读素养进展研究，并希望国际阅读素养进展研究成为第一个周期性的阅读素养测评项目，以此在未来持续跟踪各国（地区）学生阅读素养水平的动态趋势。国际阅读素养进展研究每五年举办一轮，参与国家（地区）数量持续增长。共有 35 个国家参与了 2001 年国际阅读素养进展研究，这个数字到 2006 年第二轮研究时增长到

45个，2011年，共有55个国家（地区）参与了这项评价研究。

“阅读素养”是国际阅读素养进展研究的核心概念。目前国际阅读素养进展研究采用的阅读素养定义是：“阅读素养是指理解和运用社会所要求的和/或受到个人重视的书面语言形式的能力。年轻的读者能够从多种多样的文本中建构意义，他们为了学习而阅读，为了在学校和日常生活中融入读者群体而阅读，为了娱乐而阅读。”（Mullis et al.，2009）[11]

（三）国际公民教育研究

国际公民教育研究是1999年开始的一项针对学校公民教育的国际教育成就评价研究，也是国际教育成就评价协会第三次组织公民教育研究。

国际教育成就评价协会最初的公民教育研究是1970—1971年举办的六学科调查之公民教育研究（Six Subject Survey：Civic Education）。对国际教育成就评价研究来说，开发一套得到国际社会广泛认可的研究工具和具有较高信度和效度的研究方法是一项巨大的挑战。就数学和科学教育而言，因为学科知识具有客观性，所采用的符号又是国际通用的，这些困难比较容易克服。就阅读素养研究而言，需要谨慎地翻译研究工具，以克服语言的干扰。相比而言，公民教育的研究不仅受到语言的限制，还面临着道德伦理概念和价值观念难以在国家间取得共识的挑战。第一次公民教育研究首先遭遇的难题是，什么是“好的公民”？这次研究采用的工具包括：一份知识测验题；一套调查问卷，包括学生问卷、教师问卷和校长问卷。借助这些调查问卷，研究者测量了学生学习公民课后在行为方面所发生的变化以及影响学生公民教育学习成就的因素。参与这项研究的共有11个国家（地区），其中英国和伊朗只参加了初期阶段的研究，只有9个国家（地区）完成了全部研究工作。

1996—2000年，国际教育成就评价协会分两期组织了公民教育研究（CIVED）。在第一期研究中，不同国家（地区）的教育研究者分别开展了关于公民教育的质性个案研究，并对公民教育的背景和意义进行了调查。在质性研究的基础上，研究者们开发了用于第二期定量研究的研究工具。公民教育研究测量的内容包括：民主与公民权、国家（民族）认同、社会凝聚力与多样性。借助相关的研究工具，研究者获取了 14 岁学生的公民知识、公民态度和公民参与程度的信息，并分析了公民教育的校内外因素，共有 28 个国家（地区）参与了这项公民教育研究。

21 世纪的前十年，日益加速的全球化进程使各国（地区）的公民教育发生了一些改变。国际教育成就评价协会的研究者们认为应该通过一项新的公民教育研究重新引起人们对公民教育的重视，并于 2006—2011 年组织了国际公民教育研究（ICCS）。这项研究的目的是：大范围地调查各国（地区）如何为青少年未来承担公民角色做准备，青少年现有的能力能否满足未来的角色需要。这项研究在前两次公民教育研究的基础上发展了研究方法，通过测试题测量学生的公民知识和相关的能力，借助问卷收集和分析学生在公民行为、倾向和态度方面的数据，再通过教师问卷、学校问卷和国家背景调查来获取公民教育的课堂管理、学校管理、社区氛围等背景信息。共有 38 个国家（地区）的八年级学生参与了这项研究。

国际公民教育研究项目的研究框架由四个内容领域、四个情感-行为领域和两个认知领域组成，它们彼此独立，又密切相关。

- 四个内容领域：公民社会和系统、公民原则、公民参与和公民身份。
- 四个情感-行为领域：价值信念、态度、行为倾向和行为。
- 两个认知领域：认识、推理与分析。（Schulz et al.，2008）[13]

相对于公民教育研究而言，国际公民教育研究不仅更具时代性，而且在研究内容和方法上也有一定的连续性，这有利于科学地反映世界公民教育领域的发展动态与趋势。

二、经合组织的国际学生评价项目

在国际教育成就评价研究的大家族里，有一个“后起之秀”，其内容涵盖之广、参与国家之众、国际影响之大，令国际教育成就评价协会组织的一些评价项目望尘莫及，这就是经济合作与发展组织开展的国际学生评价项目。

国际学生评价项目以纸笔测验测量15岁学生的阅读素养、数学素养和科学素养，从而了解学生是否为成年后的生活和学习做好了准备；并借助调查问卷，分析影响教育成就的各种因素，从而为教育决策提供参考。国际学生评价项目在2000年首次举行，之后每三年举行一次，每次重点关注学生一个方面的素养，如2000年关注阅读素养、2003年关注数学素养、2006年关注科学素养、2009年又重新关注阅读素养。国际学生评价项目首次开展就吸引了42个国家（地区）参加，其中一部分参加国（地区）并非经合组织成员国。2009年和2012年，共有65个国家（地区）的47万和51万名学生参加了第四、第五次国际学生评价项目的测试，他们代表了这些国家（地区）的2600万和2800万名15岁学生（OECD，2012）。

国际学生评价项目以前的国际教育成就评价研究，大多是对于学生掌握的课程内容的测评，这不免带来了一些局限。首先，由于各国（地区）课程的内容和结构千差万别，能够适应测评的国家（地区）数量比较少。其次，课程的差异性还影响了研究结果的可比性，研究的信度和效度受到质疑。再次，教育理念发生了新的变化，由强调知识和技能的代际传递，转变为强调培养学生的学习能力、创造性、情感态度、公民意识等方面的综合素养。最后，随着可持续发展理念和终身学习理念的广泛传播，人们更加关心基础教育能否为下一代人适应未来的生活和学习做好准备，教育研究者和教育政策制定者更加重视学生的能力发展，而不是掌握知识的程度。有鉴于此，国际学生评价项目采取跨课程的测试方式，关注学生的阅读素养、数学素养和科学素养，测试学生是否掌握了这三个领域内广泛的知识和技能，是否具备成年后的生活所要求的基本素养（见表3-2）。

表 3-2　国际学生评价项目的研究领域

领域	阅读素养	数学素养	科学素养
定义	为了实现个人目标、增长知识、发展潜能和参与社会活动而理解、使用和反思书面文本的能力	鉴别、理解和从事数学活动，对数学的作用做出合理的判断，这些能力是作为一名建设性的、参与性的、反思性的公民所终身需要的	使用科学知识发现问题，基于证据推导出结论，以便理解自然世界和人类活动带来的改变，并做出相关的决定
该领域内的要素/维度	➢ 阅读不同类型的文本 ➢ 完成不同类型的阅读任务，如检索特定信息、解释或反思文本的内容和形式 ➢ 阅读不同书写目的的文本，如为了个人兴趣或者满足工作需要	➢ 数学内容——首先是数学的“大概念” ➢ 数学能力——如建模、解决问题等 ➢ 在不同的情境中使用数学，如影响个人、社会和世界的问题	➢ 科学概念——如能量守恒、适应、分解等来自物理、生物、化学等主要科学领域的术语 ➢ 处理技能——如鉴别证据、绘图、评价和沟通结论，处理技能并不一定建立在科学知识的基础上，但也离不开科学知识 ➢ 在不同的情境中使用科学知识和技能，如影响个人、社会和世界的问题

国际学生评价项目的研究目的是为各国政府教育决策提供依据和国际参考标准，它是“政策导向”的，而不是仅仅测量学生的学业成就，更不是搞国家教育竞赛。因此，除了纸笔测验，国际学生评价项目还要借助调查问卷等研究工具了解影响学生学业素养和学业成绩的个人、家庭、学校、社区和国家层面的因素。

国际学生评价项目的评价标准兼顾教育质量和教育公平。它不仅比较国家间的差异，发现最高质量的教育范例，而且也通过比较国家内的差异，检验各国是否实现了教育公平。既优质又公平的教育体制才是最优秀的教育体制。反之，教育质量不高，或者内部差异过大的教育体制必定潜藏着问题。通过统计回归分析，国际学生评价项目可以挖掘出问题的“病灶”，为各国教育改革与决策提供参考。国际学生评价项目是目前世界上参与国家（地区）最多的国际教育成就评价研究项目，它不仅依靠翔实的数据和科学的统计方法影响着各国（地区）的教育决策，而且在一些基本教育理念的传播和发展上发挥了重要的作用。

第四章

关于教育发展的国际规则

有关各级各类教育发展的国际规则，主要涉及学前教育、义务教育、职业技术教育、高等教育、教师教育和成人教育等领域。这些国际规则往往经历了特定的历史发展过程，凝聚了相当程度的国际共识，其中既包含有理论性的原则和认知，又包括可操作的政策原则和实施路线，同时也体现了现代教育发展的总体趋势和前进方向。

总体而言，这些有关各级各类教育发展的国际规则的特点在于共识性、前瞻性和原则性，它们涵盖了现代教育的主体内容，体现了现代教育发展的总体趋势与前进方向，是国际教育规则最重要的组成部分。

第一节　学前教育

在联合国教科文组织的教育分类中，学前教育（pre-school education）主要指的是早期幼儿保育和教育（early childhood care and education，ECCE）。联合国教科文组织认为，实施幼儿保育和教育的目的是促进从出生到8岁的幼儿在生长、发展和学习方面的全面进步。幼儿保育包括健康、卫生和营养三个方面，其目的是为幼儿的认知、情感与社会发展提供良好的环境和条件。幼儿教育比学前教育的含义更为广泛，它指的是通过早期的鼓励、指导以及各种发展性活动和机会促进幼儿学习。因为家长与家庭是儿童的主要照护者和教育者，向他们提供支持也是幼儿保育和教育的重要组成部分。（UNESCO-BKK，2012）

一、学前教育领域主要国际规则的发展历史

关于早期幼儿保育和教育的国际规则最早可见于1924年第五届国际联盟大会通过的《日内瓦儿童权利宣言》（*Geneva Declaration of the Rights of the Child*），这些规则在其后联合国大会于1948年和1959年通过的《世界人权宣言》和《儿童权利宣言》中都予以申明，并在1966年《经济、社会与文化权利国际公约》（特别是第10条）和1976年《公民权利与政治权利国际公约》（特别是第23条和第24条）得到进一步确认。在此基础上，联合国大会于1989年通过了具有法律效力的《儿童权利公约》，旨在保护儿童权益，为世界各国儿童创建良好的成长环境。

同时，有关幼儿保育和教育的国际规则也体现在联合国教科文组织、联合国儿童基金会、世界卫生组织等关心儿童福利的各专门机构和国际组织的相关文件中。其中最引人注目的是，作为基础教育的一个不可或缺的组成部分，早期幼儿保育和教育成为联合国教科文组织2000年《达喀尔

行动纲领》中“全民教育”六大目标的第一个目标，也是一个非常关键的目标。2010 年 9 月，联合国教科文组织在俄罗斯首都莫斯科召开了首届世界早期幼儿保育和教育大会（World Conference on ECCE）。会议进一步呼吁全球树立“早期幼儿保育和教育是一种基本人权”的理念，认为它事关个人发展以及国家的发展与繁荣。在这次大会上，各国交流了各自在幼儿保育和教育上的进展及所取得的成绩，并最后通过了《莫斯科行动与合作纲领：善用国家的财富》（*Moscow Framework for Action and Cooperation: Harnessing the Wealth of Nations*）。2015 年由联合国教科文组织等六个联合国系统机构共同组织的世界教育论坛讨论了拟议的 2030 年教育议程及行动框架，在其通过的《仁川宣言》中再次提出要让所有儿童接受优质的幼儿发展、保育和教育。

二、学前教育的重要性

联合国儿童基金会认为，人生的早期阶段至关重要。如果从一开始就得到良好的营养和保育，儿童将更容易存活，得到健康的成长，并使思维、语言、情感和社会能力获得更好的发展（UNICEF，2014）。联合国教科文组织从如下方面对早期幼儿保育和教育重要意义的阐述，尤其体现了国际社会在这一问题上的基本共识（UNESCO-BKK，2012）：

（1）基于儿童的基本权利的论证：《儿童权利公约》规定所有儿童都有生存，发展，免受不良影响、虐待与剥削以及参与家庭生活、文化生活和社会生活的基本人权。

（2）基于儿童身心发展关键期的论证：人的大脑神经元连结在出生后最初的几年里形成，儿童与其照护者及家庭环境的互动会影响到他们的大脑结构以及情感、社会和身体的发展，早期良好的营养、健康和积极的刺激有助于儿童的发展与学习，而这些条件的缺乏，以及由于疏忽、虐待等所造成的长期高度的压力可能引起儿童大脑发育异常，导致发育迟缓和健康方面的问题，这在儿童以后的生活中是很难得到补偿的。

（3）基于成本效益分析的论证：成本效益分析表明，早期教育是回报率最高的人力资本投资。对早期幼儿保育和教育项目的投入相对较小，但是其所带来的长期收益超过以后各个教育阶段以及补偿性技能发展项目。

（4）基于家校衔接的论证：参与良好的早期幼儿保育和教育项目有助于为儿童进入初等学校做准备，有助于促进家校之间的衔接。儿童良好的入学准备有助于降低一年级的辍学率和复读率，提升儿童的学业成就。早期幼儿保育和教育项目应重点关注处境不利的儿童（如贫困儿童、边远地区儿童、街头流浪儿童、残疾儿童、性别歧视下的儿童，以及缺乏产妇教育地区的儿童）。

（5）基于性别平等的论证：早期幼儿保育和教育项目可以为实现性别平等打下坚实的基础。发展中国家的相关研究表明，相对于没有参与早期幼儿保育和教育的女童，参与过幼儿保育和教育项目的女童有更好的接受小学教育的准备，能更好地应对小学教育，并在那里待更长的时间。产妇教育有助于改善儿童的健康和营养，母亲所受的教育越多，其子女生存的可能性越高，营养不良的可能性也越低。

三、制定学前教育政策的基本原则

联合国教科文组织认为，各国在制定本国的早期幼儿保育和教育政策时应该遵循以下一些原则（UNESCO，2012）：

（1）整体推进。联合国教科文组织鼓励各国对早期幼儿保育和教育项目的实施采取整体推进的办法。联合国教科文组织认为，幼儿的发展是多方面的，有质量的早期幼儿保育和教育应该采取整体推进的办法（holistic approach）。各国在早期幼儿保育和教育项目的实施过程中，应该将幼儿的健康、营养和教育这几个方面的内容结合起来。改善幼儿的营养和健康是非常必要的，幼儿早期的心理、社会和认知的发展同样重要，这些都将为幼儿的终身学习打下坚实的基础。

（2）重视弱势群体的入学机会。联合国教科文组织呼吁各国扩大和改善综合性的早期幼儿保育和教育，特别是最脆弱和最弱势的幼儿群体的早期保育和教育。联合国教科文组织认为，一个好的早期幼儿保育和教育项目应该满足幼儿的不同需求，一个具有整体性的早期幼儿保育和教育项目应该帮助改善最脆弱和最弱势的幼儿群体的生存机会和入学机会，减少他们的留级和辍学现象，从而给这些幼儿带来最大程度的好处。相关的项目不仅要支持幼儿做好入学的准备，也应使学校和教师做好准备接纳来自不同背景、具有不同学习需求的幼儿。

(3) 鼓励社区和家长参与早期幼儿保育和教育。联合国教科文组织认为，社区和家长是对儿童影响最大的教育者，儿童的学习能力和价值取向在他们到达接受正规教育的年龄时就会大致确定。因此，各国政府在早期幼儿保育和教育方面应该与社区和家长密切合作，提升他们在儿童发展、教育和儿童权利方面的知识和技能，并使他们为了儿童的最大利益而参与到开发、实施和监督幼儿保育和教育的项目中来。因此，任何持续的全民教育计划都应该制定早期幼儿保育和教育的目标，并推动相应项目的实施。

四、推进学前教育的主要途径

联合国教科文组织、联合国儿童基金会在全民教育的框架下，在世界范围推动幼儿保育和教育项目的实施，已经在各国，特别是发展中国家取得很大的成绩。2010 年世界幼儿保育和教育大会通过的《莫斯科行动与合作纲领：善用国家的财富》着重从如下方面呼吁各国政府推动早期幼儿保育和教育的发展。

(一) 进一步重视早期幼儿保育和教育

完善相关立法、政策与实施策略。包括制定相关的法律框架和实施机制，满足幼儿从出生开始接受早期幼儿保育和教育的权利；采取整体推进和多部门合作的方法开展早期幼儿保育和教育，以确保良好的分娩结果(产前阶段)、新生儿的健康，以及 0—8 岁儿童，特别是 0—3 岁儿童的营养、保育和教育；将幼儿保育和教育政策与社会、经济以及人的发展政策结合起来，使之成为各政府部门、家长、家庭、社区、社会团体和私立部门共同的责任；在治理上处理好集权与分权的关系，以确保有关各方均有各自的责任、权力与资源；以事实为依据大力宣扬早期幼儿保育和教育对于人的发展的重要意义，以此推动政治层面对早期幼儿保育和教育事业的重视与投入。

扩大儿童接受早期幼儿保育和教育的机会。包括加快发展早期幼儿保育和教育，探索实施有效的早期幼儿保育和教育的各种促进因素，因地制宜满足不同背景和收入水平群体，特别是处境最为不利和最弱势群体的需求，促进与各个层面的利益相关者的合作；重视良好的分娩结果，减少新生儿的不良状况，通过开发与扩展相关的育儿项目，引导家庭开展正确的早期幼儿保育和教育，特别是对0—3岁的幼儿；在早期幼儿保育和教育的范围内（0—8岁）制定幼小衔接的改善方案。

加强早期幼儿保育和教育的监测、评估与研究。包括推动对早期幼儿保育和教育项目进行可靠与及时的评估；建立与强化早期幼儿保育和教育的监测与评估制度，在可靠的、具有针对性的和及时的数据收集的基础上指导相关的决策；根据本地情况因地制宜地进行决策，提升早期幼儿保育和教育领域的研究水平，并为全球这一领域的知识建构做出贡献。

（二）促进早期幼儿保育和教育项目的有效实施

重视公平与包容（inclusion）。包括采取创新措施消除各种形式的歧视，使有质量的早期幼儿保育和教育能够惠及贫困和弱势群体的儿童、残疾儿童、边缘化群体，以及受冲突与灾害影响的群体，特别要关注性别歧视问题（全民教育目标5）；重视文化和语言的多样性，特别要重视原住民和少数民族语言，鼓励在早期幼儿保育和教育中使用幼儿熟悉的语言，并为实施良好的教学提供足够的资源；采取专门措施为发育迟缓与残疾方面的高危儿童建立早期检测与干预机制。

重视质量。包括强化家长、家庭以及幼儿保育和教育服务提供者的能力建设，使他们能够为儿童提供监护和有质量的保育和教育；改进保教课程与方法，使之符合儿童的需要，重视游戏、情感、合作、才能与创造性、快乐、自信心与自主精神，以及基于儿童中心的积极的学习方法；通过采用具有一贯性的评估标准与评估方法，聚焦早期幼儿保育和教育项目的实施结果；最大限度地探索与利用信息通信技术推动早期幼儿保育和教育项目的实施；将可持续发展教育作为有质量的早期幼儿保育和教育的一个重要组成部分；落实有质量的早期幼儿保育和教育所需的人力与物力资源，建立敬业和受过专门训练的从业人员队伍，为开展早期幼儿保育和教育创造适宜的环境，开发符合地方需求的幼儿保教课程和教材。

加强能力建设。包括探索新的保教方法，以促进专业能力建设，提升保教质量；改善与扩充保教从业人员的培训、资格认证和专业发展；提升医疗从业人员、社会工作者、家长、看护人和其他专业人士对儿童发展及其促进手段的了解。

重视多方合作。包括积极促成社会团体和地方社区参与相关的政策辩论、项目开发、早期幼儿保育和教育政策的实施与监测，以确保儿童的权益得到尊重、保护和实现；邀请全国性和国际性组织推动和支持国家早期幼儿保育和教育的政策与项目的实施；在加强监管的同时，适时通过与私立部门的合作促进资源投入，鼓励将不同政府部门与机构的早期幼儿保育和教育项目置于统一的管理、运作和财政框架之中；特别要重视家长的呼声，采取措施平衡早期幼儿保育和教育各利益相关者的权利关系，促进他们之间的合作。

（三）充分调动各方资源

加强公共财政支持。增加与早期幼儿保育和教育相关的各政府部门的预算以支持上述措施的实施，多方调动各类资源，创新早期幼儿保育和教育的筹资机制，投入足够的资源以实现预定的质量标准，并确保所有儿童都有接受早期幼儿保育和教育的机会（见图 4-1）。

提供专项资源投入。增加对 0—8 岁儿童保教项目的专项资金投入，特别要关注年幼儿童；鼓励对幼儿保育和教育的项目实施进行财务分析。

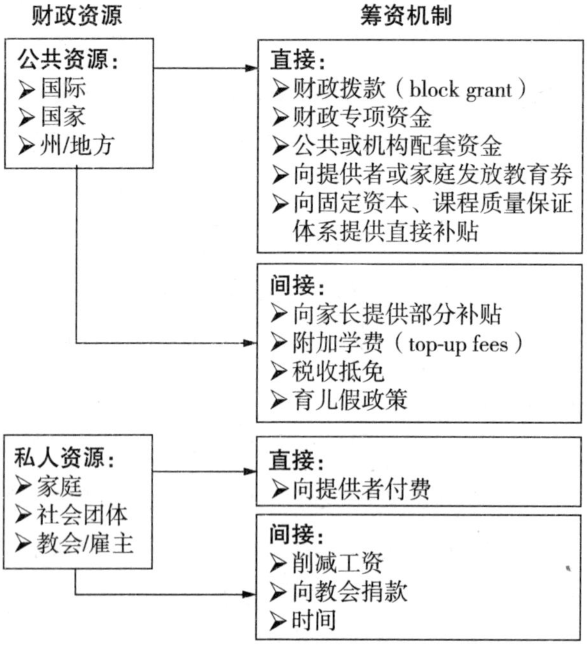

图 4-1　幼儿保育和教育资金来源与筹资机制

资料来源：UNESCO. EFA Global Monitoring Report 2007：Strong Foundation：Early Childhood Care and Education [M]. Paris：UNESCO，2006：184.

第二节　义务教育

根据不同国家的教育发展水平，义务教育（compulsory education）包含了从学前教育、初等教育到中等教育的不同年限的各教育阶段。在联合国教科文组织的业务领域中，义务教育主要涵盖于全民教育之中，全民教育目标中的第二、第五和第六个目标都涉及和针对义务教育。

一、义务教育领域主要国际规则的发展历史

义务教育主要是作为儿童的一项基本权利而得到国际社会大力的倡导与推动。1959 年的《儿童权利宣言》首先将受教育权作为一项原则，提出儿童应至少在初等教育阶段接受免费和义务性的教育。1989 年的《儿童权利公约》① 进一步要求各缔约国确认儿童有受教育的权利，为在机会均等的基础上逐步实现此项权利，尤应实现全面的免费义务初等教育。上述要求在 1990 年联合国世界儿童问题首脑会议通过的《关于儿童生存、保护和发展的世界宣言》、1990 年世界全民教育大会上通过的《世界全民教育宣言》和《满足基本学习需要的行动纲领》、2000 年世界教育论坛上通过的《达喀尔行动纲领》，以及其后通过全民教育高层会议、九个人口大国教育部长会议等协调机制形成的《奥斯陆宣言》《亚的斯亚贝巴宣言》《宗滴恩声明》《蒙特雷宣言》《巴厘宣言》《阿布贾行动与合作纲领》等一系列文件中都以国际承诺的形式不断得到强化和发展。在 2000 年联合国千年首脑会议上，义务教育进入全球发展的核心议程，普及初等教育以及消除教育中的两性差距被列入“千年发展目标”之中，成为国际社会衡量发展进度的重要标准。2002 年联合国大会第 27 届特别会议通过的决议《适合儿童生长的世界》（*A World Fit for Children*）再次重申了这两项目标。2015 年世界教育论坛通过的《仁川宣言》更提出了到 2030 年“确保提供十二年免费、公立、公平、优质、学有所获的中小学教育，其中至少九年为义务教育”。此外，该宣言还第一次明确提出“鼓励提供至少一年的免费、义务、优质的学前教育”。

二、义务教育的重要性

《世界全民教育宣言》和《达喀尔行动纲领》等文件主要从如下三个方面阐述了义务教育的重要性：

---

① 该公约中的儿童系指 18 岁以下的任何人，因此该公约也适用于义务教育阶段的学生。

（1）个体发展。义务教育主要是为满足学生的基本学习需求，强调学生要学会认知、学会做事、学会共同生活和学会生存。义务教育的主要目的是开发每个人的才智和潜力，发展学习者的个性，培养工作能力，以及充分参与社会、管理自己的生活和继续学习所需的知识、价值观、态度和技能，使他们能够改善生活和改造社会。

（2）教育发展。义务教育本身不仅仅是目的，它是终身学习和人类发展的基础，而且可以在这一基础上系统地建立其他层次、其他类型的教育和培训。

（3）社会发展。发展义务教育的另一个但更基本的目的是传递并丰富共同的文化和道德价值观念，使个人发现自己的身份认同（identity）和价值。有质量的义务教育能够促进人与社会的发展，有助于消除贫困、提高生活质量，促进民主、和平、宽容和发展，创造和谐繁荣的社会。

三、制定义务教育政策的基本原则

联合国教科文组织认为，义务教育是一项基本人权，对发展至关重要，是政府一项重要的公共职责，政府应根据联合国《儿童权利公约》和其他国际承诺提供义务教育。政府制定义务教育政策时要体现如下原则（见图 4-2）：

（1）普及入学机会并促进平等。应该向所有儿童、青年和成人提供基础教育。为达到此目的，应扩大高质量的基础教育服务，而且必须采取始终如一的措施来减少差异。所有儿童、青年和成人都必须获得达到和维持必要的学习水平的机会。尤其是要摈弃教育中任何有关性别的陈规陋习，确保女童、妇女、残疾人和各类社会弱势群体在获得学习机会上不受到任何歧视。

（2）强调优质学习。义务教育必须把重点放在知识的实际获得和结果上，而不单纯注重是否入学、是否持续参与了已经组织好的学习项目，以及是否完成了证书的要求。应通过采取积极的方法确保知识的获得和对学生潜力的充分开发。

（3）改善学习环境。学习不是在孤立的状态中进行的，社会各方面都必须确保使所有学生都得到他们所需要的营养、卫生保健以及一般的物质和情感支持，从而使他们能积极参与教育并从中获益。

（4）加强伙伴关系。建立新型、有活力的伙伴关系是非常必要的。应构建教育部门内部和所有教育形式之间的伙伴关系，教育部门同规划、财政、劳动、通信等其他政府部门以及其他社会部门之间的伙伴关系，政府同非政府组织、私营部门、地方社团、宗教团体以及家庭之间的伙伴关系。

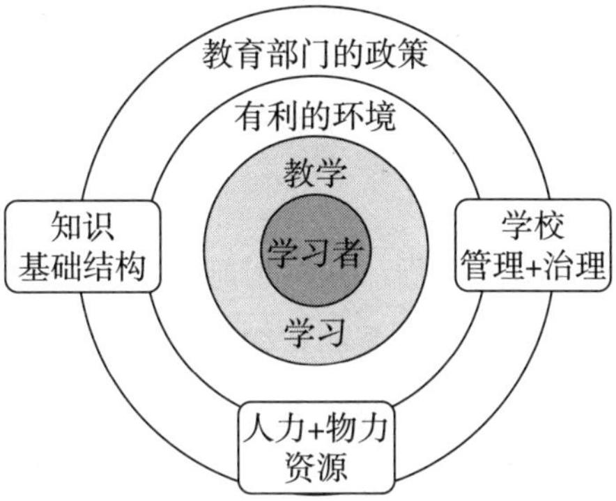

图 4-2　改进教学与学习质量的政策框架

资料来源：UNESCO. EFA Global Monitoring Report 2005：Education for All：The Quality Imperative［M］. Paris：UNESCO，2004：143.

四、推进义务教育发展的主要途径

（一）创造一种支持性的政策环境

制定整体发展战略。应把义务教育看作任何社会、文化和经济规划的一个基本方面。义务教育的政策措施要成为国家和地区发展战略的重要组成部分，要成为人力资源发展的优先内容。要加强倡导和宣传，在国家、地区和地方等不同层面上创造一个支持性的政策环境。

采取一体化的政策。为了实现义务教育为个人和社会发展服务的目的，需要在社会、文化和经济等部门采取协调性和支持性政策，并通过立法和其他途径促进各有关方面的合作。恰当的经济、贸易、劳工、就业以及保健的政策将有助于鼓励学习者对社会发展做出贡献。

（二）建立负责任的管理制度

加强社会各方面的参与。必须在社会的各个层面上给学生、教师、家长、社区、非政府组织和代表社会各方的其他机构新的和更大的政治及社会空间，以便与政府围绕义务教育的目标开展对话，做出决策和进行创新。政府必须在各级决策中建立经常性的对话机制，使公民和社会团体都能对义务教育的规划、实施、监督与评估做出自己的贡献。

改善数据收集、整理和分析的技术服务和机制。信息和知识基础对建立制度和落实行动计划尤为重要，应建立和完善教学过程和学生学业表现的评价系统，并将学习过程评价和学业成果的数据信息作为教育管理信息系统的核心内容。

加强对相关教育人员的培训。政策措施的落实需要各种专门知识和技能。应建立和完善关键人员的职前和在职培训制度，尤其是加强对教育规划、监督和管理者，校长，教师教育者，课程开发者和有关研究人员开展专门的培训，以更好地履行其职责。

（三）创造有利于有效学习的教育环境

提供安全可靠的基础设施。教育机构和教育项目应当得到充足和公平合理的资金，拥有必要的条件，安全的、无损环境的和容易使用的设施，比如充足的饮用水和卫生设施等。

提供完善深入的服务措施。教育机构要提供积极性高、业务能力强的教师，结合实际、成本效益好而且所有学生都能用得起的书籍、各种学习资料及技术，确保自尊、健康及人身安全所需要的知识、态度、价值观和生活技能的教育内容与方法，与保健机构和营养指导机构的密切联系，能增进教师和学生的生理、心理和情感健康的行为规范。

（四）重视教学过程和学习结果

改进课程设置和教学内容。应重视基础知识、基本技能的教学和情感态度的培养。加强环境、人口及健康教育，包括艾滋病的教育，不断改进教学效果和质量。重视非政府组织在非正规教育和终身教育过程中的作用，以及在监测、研究、培训和教学资源开发等方面的作用。

提高教师的地位、积极性和业务水平。教师是教育质量的重要影响因素。应提高教师的社会地位和专业精神，确保他们得到适当的薪酬。提高教师职前教育和在职培训的质量，特别要关注在偏远、农村地区的教师（尤其是女教师）的培训，为他们的发展提供机会和激励。

利用新的信息通信技术。以负担得起的费用，利用日新月异的信息和通信技术来支助教育，发挥这些技术在传播知识、有效学习和提供高效的教育服务方面的作用，以缩小“数字鸿沟”，减少教育质量方面的不平等。

（五）构筑伙伴关系，充分调动资源

扩大公共部门的支持。义务教育的实施有赖于政治上的承诺和决心，而这种承诺和决心要得到适当的财政措施的支持，并随着教育政策的改革和制度的健全而得到加强。政府应努力增加教育预算拨款，以逐渐达到国际公认的占国内生产总值（GDP）4%—6%这一标准，从而使义务教育获得更多的资金支持。同时，义务教育还应充分利用负责人力资源开发的所有政府机构的资源。

广泛发动社会力量。鉴于投入到义务教育的时间、精力和经费是对人民和国家的未来所能做的最有意义的投资，义务教育应该成为全社会的责任，要更有创造性地和更持久地从社会的其他部门调动现有的和新的财力资源和人力资源。尽可能扩大现有的合作，将家庭和社区组织、非政府组织和其他志愿者组织、专业团体、企业、媒体、高等院校和科研院所以及政府部门联系在一起，形成密切的伙伴关系。

提升资源使用效率和效益。应更有效率地使用包括人力资源、组织资源和财政资源等各种资源，从而实现理想的入学水平和必要的学业成就。但不能以牺牲适切性、质量和公平来换取效率，而是要在具体条件下去考虑和实现效率问题。

第三节　职业技术教育

国际组织对职业技术教育有着不同的表述形式，经济合作与发展组织等称之为“职业教育与培训”（vocational education and training，VET），联合国教科文组织等则称为“技术与职业教育与培训”（technical and vocational education and training，TVET）。一般而言，职业技术教育所包含的教育内容除了普通教育之外，还涉及学习技术和相关的各门科学，学习和掌握与经济和社会生活各个方面的职业有关的各种实际技能、态度、理解能力和知识（UNESCO，2001a）。

一、职业技术教育领域主要国际规则的发展历史

有关职业技术教育的国际规则最早可追溯到20世纪20年代。国际劳工组织早在1921年就制定了《职业教育（农业）建议》[*Vocational Education（Agriculture）Recommendation*]，此后又陆续制定了有关青年失业（1935年）、建筑职业教育（1937年）、学徒培训（1939年）、职业培训（1939年，1962年）、海员职业培训（1946年）、成人职业培训（1950年）、人力资源发展（1975年，2004年）的建议，并在1975年制定和通过了《人力资源发展公约》（*Human Resources Development Convention*）。

20世纪60年代以来，联合国教科文组织也主持制定了一系列有关职业技术教育的规范性工具，其中包括1962年《关于技术与职业教育的建议》，以及在此基础上形成的1974年和2001年《修订的关于技术与职业教育的建议》，1989年制定的具有法律效力的《技术与职业教育公约》、1976年制定的《关于发展成人教育的建议》中也包含了职业技术教育的内容。此外，1987年和1999年联合国教科文组织在德国柏林和韩国首尔召开了两届国际职业技术教育大会，并在首尔会议上通过《职业技术教育

与培训：21 世纪展望》（*Technical and Vocational Education and Training*：*A Vision for the Twenty-first Century*）的建议。

2012 年 5 月 14—16 日，主题为“改革职业技术教育与培训：培养工作和生活技能”的联合国教科文组织第三届国际职业技术教育大会在上海举行。这是时隔 12 年之后又一次在国际最高层级讨论职业技术教育的重要会议，也是进入新世纪以来首次召开的国际职业技术教育大会，更是在人类面临着经济、资源、环境、气候与社会诸多严峻挑战，职业技术教育必须做出反应与调整的时刻召开的重要会议。来自 117 个国家和 72 个国际组织的 800 多名代表参加了本次会议，就职业技术教育改革发展进行了坦诚而深入的探讨，凝聚了许多共识，形成了丰硕成果，圆满完成了预期目标。多年来高度重视职业技术教育并且以此带动经济发展的中国政府，高度重视本次会议，国务委员刘延东、科技部部长万钢和教育部部长袁贵仁共同参加本次会议并发表讲话，总结了近年来中国职业技术教育取得的突出成绩，展望职业技术教育未来发展趋势，并对如何发挥职业技术教育的重要作用向大会提出倡议。最后，本次大会通过了《上海共识》（*Shanghai Concensus*），对改进职业技术教育的技能培养水平、提升职业技术教育体系的投入产出效率、消除社会不公和排斥、构建职业技术发展与终身教育相结合的技能体系等多方面提出了有针对性的措施和意见。

二、职业技术教育的理念与定位

目前，国际社会主要从如下几个维度来审视职业技术教育。

（一）普通教育的一个组成部分

职业技术教育应以扎实的普通教育为基础，与普通教育结合起来考虑，成为每个人接受普通教育的一个组成部分，使各个阶段的专业学习都包含普通教育的内容，从而提供接受包括高等教育在内的其他各级各类教育的机会，为了解科学技术、职业界和人的价值观以及做一个有责任心的公民打下基础。

（二）准备从事某一职业以及有效就业的一种手段

职业技术教育应使学习者获得某一职业领域所需要的广泛知识和一般技能，为初步就业包括自谋职业及在职培训提供充分的专业准备，从而为有效和令人满意的职业生涯奠定基础。

（三）终身学习的一个方面

职业技术教育要通过培养必要的思想方法、技术与创业技能和态度，使个人具备终身学习的条件。需要采取新的整体行动来使包括普通教育和职业教育在内的所有学习领域，都能使受教育者终身求知进取，终身追求新的价值观与态度，终身提高自己的能力与技术水平，并最终建立一个学习化社会。

（四）为成为负责任的公民做准备

职业技术教育应促进对当代科学和技术文明的了解，以正确的态度来进行创新活动，使人们对科学技术变革在社会、政治和环境等方面所造成的影响采取批判的观点，应使他们有助于改革并使他们成为自力更生的好公民，为实现更加民主和社会、文化与经济大发展的社会目标做出贡献。

（五）促进可持续发展的一种手段

职业技术教育应培养人们通过自己的职业及其他生活领域为无损环境的可持续发展做出贡献的能力。2004 年国际劳工组织《人力资源发展建议》强调指出，在经济全球化和知识技术社会背景下，职业技术教育应重视经济的可持续发展（ILO，2004）。2009 年联合国教科文组织世界可持续发展教育大会通过的《波恩宣言》进一步明确提出，通过在国家和地方层面制定协调的政策改革教育与培训系统，强化对可持续发展的关切，应把可持续发展教育整合到职业教育、培训和工作场所学习（workplace learning）之中，应重新调整职业技术教育项目，将可持续发展教育内容纳入其中（UNESCO，2009b）。

（六）有助于减轻贫困的一种方法

职业技术教育是一种投资，并非消费，它有助于促进人力资源开发，并能促使人们有效地进入工作岗位。要使所有社会成员都更好地面对新的挑战，并使他们作为具有生产力的一员发挥其作用，职业技术教育就是最好的手段之一。职业技术教育尤其在满足社会与经济上的弱势群体，以及处境不利和处于社会边缘群体的受教育需要，使他们具备从事某种职业的条件，以发挥其潜在的能力和充分地融入劳动大军、融入社会方面，具有重要的作用。

三、制定职业技术教育政策的基本原则

（一）着眼于构建终身学习制度

全球化和信息通信技术的革命性发展，表明需要重新制定以人为本的发展计划。正如第二届国际职业技术教育大会的代表所一致认同的，职业技术教育是终身教育的有机组成部分，职业技术教育应在终身教育背景下，在开放、灵活的结构框架内加以设计和实施（UNESCO，1999）。联合国教科文组织《修订的关于技术与职业教育的建议》也指出，职业技术教育应成为终身学习制度的一部分，其目标是消除各级各类教育之间、教育与职业界之间以及学校与社会之间的割裂状况，即应把各级技术、职业和普通教育合理地结合起来，建立开放和灵活的教育结构，以及考虑到个人的教育需要、职业的发展并将工作经验看作是学习的组成部分（UNESCO，2001a）[9-10]。

（二）采取具有前瞻性和综合性的政策

制定职业技术教育发展目标和规划时，应统筹考虑到社会、经济和文化发展的需要，考虑到学生的教育、文化与社会背景及其职业期望，考虑到各个经济部门所需的专业和技术能力、知识及资格水平，考虑到国家、地区和地方等不同层面的就业机会和发展前景，考虑到保护环境和人类共同的遗产，考虑到职业健康、安全和福利（UNESCO，1989）[5]。

（三）坚持平等和全纳的指导方针

第二届国际职业技术教育大会提出了“全民职业技术教育”（TVET for All）的概念，并强调为所有人提供技能的职业技术教育在新形势下将发挥关键性作用。联合国教科文组织和国际劳工组织的公约都强化了实施

面向所有人的职业技术教育的原则。《人力资源发展公约》明确指出，各国的政策和项目应鼓励和促使所有人按照兴趣在平等的基础上不受任何歧视地发展和运用其工作能力（ILO，1975）。《技术与职业教育公约》指出，所有个体只要达到一定的教育水平，都应享有接受职业技术教育的机会，而不能因其种族、肤色、性别、语言、宗教、民族、社会出身、政治主张、经济地位等受到不公平的对待；要努力保障平等接受职业技术教育的权利，以及教育过程中学习机会的平等，尤其应关注残疾和其他处境不利群体的特殊需求，并采取适当的措施使之从职业技术教育中受益（UNESCO，1989）[5]。

四、发展职业技术教育的主要途径

（一）构建开放灵活的制度

应建立一种开放的和灵活的，而且是将普通教育、技术教育、职业教育、职业指导和职业培训融会贯通的职业技术教育制度。职业技术教育不仅仅是向学生传授知识和为从事具体工作提供技能培训，还必须使学生更广泛地适应生活和工作岗位的要求。因此，应开展具有多种培养目标的中等教育，提供将教育与职业界联系起来的多样化课程；使高等院校能够采取灵活的招生政策，并开设从短期专项课程到较长期全日制综合学习和专业学习课程等各种灵活的课程；建立学历等值制度，完成了一项经批准的课程即可获得学分，对学历和专业资格以及工作经验均予以承认；使技术和职业教育与高等教育课程之间衔接和连贯起来，为有意继续接受教育的学生创造机会。

（二）改革职业技术教育课程内容

为从事某种职业做准备的各种技术和职业教育课程都应达到以下标准：明确界定每个职业层次所需要的能力，同时及时更新课程内容，将知识和技术的新发展纳入课程之中；以传授科学知识和各种技术为目的，围绕着核心知识、能力和技能的课程加以组织，使学生掌握若干关键本领和一般性技能，满足迅速适应新思想、新程序，以及职业生涯稳步发展的需要；培养跨学科的观点，使学生能在不断变化的就业环境中工作；培养一种多文化的观点，包括学习一门外语，以便为学生在国际上就业做准备。

（三）加强教师能力建设

从事各个行业的职业技术教育的教师，都应具有所涉专业领域丰富的理论和实践知识，以及与所教授课程类型和层次相适应的适当的教学能力。教师应享有通过专门课程、企业实践培训以及与职业界相联系的其他各种活动来更新其技术信息、知识和技能的机会。此外，还应向他们提供对其教学工作具有实践应用价值的教育创新的信息与培训，以及提供参与研究和开发活动的机会。普通教育中教授职业技术课程的教师应熟悉范围较广的各种专业，培养把这些专业相互联系起来的能力，以及把这些专业与更广泛的社会、经济、环境、历史和文化背景联系起来的能力。

（四）加强职业咨询和指导

应把职业咨询和指导视为贯串整个受教育阶段的一项不间断的工作，其目的应该是帮助所有人进行自觉的和积极的受教育与就业选择。它应确保有关个人了解自己的兴趣、能力和特长，并确定自己的人生志向，为发挥自己的潜力、实现自己的人生志向而接受有关的教育和培训。职业指导应当使学生为职业中可能经常出现的变动（其中包括可能会出现一段时间失业和一段时间在非正规产业就业的情况）做好准备，同时也要考虑到企业、个人和家庭的需要。

（五）加强普通教育中的职业技术入门教育

在普通教育的背景下，应向所有年轻人提供有关技术和职业生活的全面介绍，提供有关教育和职业的指导与信息以及职业倾向咨询，打造一种能够从中获得和发展技术性职业所需知识与技能的教育，为促进职业流动、提升专业资格和更新知识、技能与理解奠定基础。了解技术和职业生活的入门教育应是普通教育不可或缺的组成部分。由此可以对现代文化的技术本质有所了解，对需要有实际技能的工作有所认识。这种入门教育应成为教育改革和教育民主化进程所关心的一个主要问题，它应该成为从初等教育开始，一直到中等教育前几年的课程中所必须有的内容。

（六）建立国家职业资格框架

联合国教科文组织和欧盟等都注意到并积极倡导发展职业资格框架。建立国家职业资格框架有助于推动终身学习，帮助企业和就业机构更好地将技能需求与供给相匹配，指导个体参加培训与进行职业选择，促进对先前学习和所获技能、能力与经历的认可。因此，应通过制定国家职业资格框架来促进对技能进行评估、证明和认可的透明机制的建立和发展，使技能能够得到跨部门、跨行业、跨企业和跨教育机构的承认和流动。同时，国家职业资格框架应对劳动力市场日新月异的技术与趋势做出积极的回应，而且在维持国家层面透明度的基础上，顾及各地区和地方的差异。

（七）建立新型合作伙伴关系

尽管政府对技术和职业教育负有最主要的责任，但在现代市场经济中，职业技术教育政策的制定与实施应当通过在政府、雇主、职业联合会、企业、雇员及其代表、当地社区，以及非政府组织之间建立的新的合作伙伴关系来实现（见表 4-1）。尤其是在劳工界与教育界之间必须建立新型伙伴关系，以便在教育部门与工业界之间和各经济部门之间建立相互协调的机制。这一合作伙伴关系需要建立一个统一的法律框架，以推行应对变革的国家战略。在这一战略中，政府除了要具体开办职业技术教育外，还能发挥领导和开拓视野的作用，促进、协调、建立质量保障机制，并且通过明确社区服务职责并承担这些职责，来确保技术和职业教育为全民服务。

（八）加强职业技术教育的质量保证

为了保证质量，国家主管部门应建立适用于职业技术教育各个方面的标准，其中包括：对学业成就的认可及授予的资格，教学人员的资格，教学和培训人员与学生的比例，课程及教材的质量，学习和培训环境的安全预防措施，体育设施、校舍、图书馆、实习场地布局、设备类型及质量，并对这些予以定期检查和评价。

（九）加强职业技术教育研究

国家应着眼于职业技术教育的改进、完善和发展，支持开展相关的研究工作。尤其是要对能力、资格需求和供给情况进行分析、监测和预测研究，加强课程教材开发、教学和学习方法改进以及信息通信技术应用等方面的研究，重视技能认证和资格框架等方面的研究，有效利用有关的统计数据（包括入学率、退学率，以及就业和自谋职业的情况等）开展职业技术教育的效果评价研究。

表 4-1 职业技术教育创新的主要力量及推动变革的若干动力因素

主要力量	动力因素
教师/培训者	专业发展
	提高教学和学习的效果
学校/培训机构	获得创新资金
学生/被培训者/雇员	提高教学和学习的效果
社会各有关伙伴	提高劳动力能力水平
私人机构/营利性私人公司	开辟新市场
	实施职业教育与培训
	提高劳动力能力水平
非营利组织和慈善基金会	寻求改进职业教育体系的最佳实践
	实施职业教育与培训
公共创新机构	寻求改进职业教育体系的最佳实践
	加强政策制定过程中的作用
政府	引导公众形成积极的变革观念
	加强职业教育政策的有效性
国际组织	寻求改进职业教育体系的最佳实践
	加强政策制定过程中的作用

资料来源：OECD. Working Out Change: Systemic Innovation in Vocational Education and Training [M]. Paris: OECD, 2009: 75.

第四节　高等教育

作为教育系统中最高层次的教育形式，高等教育已成为当代整个社会发展的基石和轴心，在人才培养、科学研究以及直接为社会服务方面显示出比以往更重要、更直接、更有力的作用。按照联合国教科文组织的定义，高等教育主要指“由大学或国家主管当局批准为高等教育机构的其他教育机构提供的各类学习、培训或为高中后研究进行的培训”（UNESCO，1993）。

一、高等教育领域主要国际规则的发展历史

高等教育领域的国际规则主要由联合国教科文组织发起制定，具体可分为综合性的规则和专门性的规则。前者主要体现在 1998 年和 2009 年在两届世界高等教育大会上通过的《二十一世纪高等教育世界宣言：展望与行动》（*World Declaration on Higher Education for the Twenty-first Century*：*Vision and Action*）和《2009 年世界高等教育大会公报：高等教育与研究在促进社会变革和发展方面的新活力》（*The Communiqué of 2009 World Conference on Higher Education*：*The New Dynamics of Higher Education and Research for Societal Change and Development*）。这两份文件凝聚了国际社会在高等教育改革与发展方面的共识，对于指导各国政策实践具有重要的现实意义。

专门性的规则主要集中在高等教育的若干重要领域。具体而言，在教师教育领域，联合国教科文组织 1997 年制定了《关于高等教育教学人员地位的建议》；在文凭资格互认领域，自 20 世纪 70 年代起，联合国教科文组织先后组织制定了拉丁美洲和加勒比地区（1974 年）、阿拉伯国家（1978 年）、欧洲地区（1979 年）、非洲地区（1981 年）和亚太地区（1983 年）等五个地区性公约以及跨地区的环地中海国家（1976 年）的国际性公约，并于 1993 年制定了《关于承认高等教育学历与资格的建

议》，2011 年又启动了制定全球性公约的可行性研究并举办了相关研讨会；在质量保障领域，联合国教科文组织与经合组织在 2005 年联合制定了《跨境高等教育质量保障指导意见》（*Guidelines for Quality Provision in Cross-border Higher Education*）。

二、高等教育的核心使命与价值

联合国教科文组织认为，高等教育是一项公共福利事业。高等教育不仅对各级教育具有重要的战略意义，而且还是科研、创新和创造的基础，有助于消除贫困，推进可持续发展以及逐步实现“千年发展目标”和“全民教育”等国际上认同的各项发展目标，是所有利益相关方，特别是政府所必须负责和扶持的事业（UNESCO，2009c）[10]。高等教育的核心使命与价值，特别是促进整个社会可持续发展和进步的使命应得到保持、加强和进一步扩大。其具体内容包含以下四个方面（UNESCO，1998）。

（一）培养高素质毕业生和负责任的公民

高等教育提供探索高深学问、从事终身学习以及促进个体发展和社会流动的机会，并通过授予有关资格、开展融高水平知识与技能于一体的专业培训以及实施适应当今和未来社会需求的课程内容，培养能够积极参与社会生活，具有全球视野，发展内生能力建设，满足人类各方面活动要求的高素质毕业生和负责任的公民。

（二）创造、发展和传播知识

高等教育通过开展科学技术研究以及社会科学、人文学科和创意艺术的研究去创造、发展和传播知识，并通过社会服务提供有关专门知识，促进文化、社会和经济的发展。

（三）保护和传承历史文化

高等教育有助于在文化多元主义和文化多样性的背景下去理解、阐释、保存、加强、促进和传播国家的、地区的、国际的历史和文化。

（四）捍卫和提升社会价值

高等教育通过发挥智力和道德方面的影响，培养批判和独立的态度，塑造公民意识，保护和传播和平、正义、自由、平等和团结等被广泛接受的价值。同时，高等教育通过不断分析社会、经济、文化和政治趋势，增强批判功能和前瞻功能，而成为预测、预警和预防的中心，帮助确定和解决影响社会、国家和全球福祉的问题，帮助社会去思考、理解和行动。

三、制定高等教育政策的基本原则

（一）坚持机会均等

正如《世界人权宣言》第26条第1款所规定的，“人人有受教育的权利，高等教育应根据成绩向一切人平等开放”（UN，1948）。接受高等教育的机会应取决于个人的成绩、能力、努力和决心，而且应在承认先前获得技能的基础上，使个人在一生中的任何时候均可接受高等教育。所有个体应不论种族、性别、语言、宗教以及经济、文化或社会地位，或是否身体残疾，平等享有接受高等教育的机会。

（二）强化社会适切性

应基于适切性的原则对高等教育做出长远规划。高等教育需要在实现社会目标与满足社会需求（包括尊重文化与保护环境）的基础上更好地解决社会问题，并更紧密地与就业相结合。高等教育应提供广泛的通识教育和专业教育，注重技能与能力的培养，从而使个人能够在变化着的环境中生存并应对职业变动。

（三）自治与责任相平衡

自主权是以确保质量、实用、有效、透明和承担社会责任的方式履行高等教育各项使命所必需的条件。高等教育机构应该在机构自主和学术自由的情况下发挥其主要职能作用（科研、教学和为社区服务），扩大自己的跨学科视野，倡导批判的思想和积极的公民意识。高等教育机构应在不损害机构自治和学术自由的情况下拟订并履行适当的责任，同时代表高等教育教学人员的组织应当尽可能参与这种责任的制定工作。

（四）丰富系统多样性

知识社会需要高等教育系统和高等教育机构的分工更加多样化，需要负有各种不同职责、针对各类不同学生的各种院校。除了公立院校之外，以公共目标为宗旨的私立以及其他形式的高等教育也应发挥重要的作用。

（五）建立社会伙伴关系

鼓励高等教育与政府、公共和私营部门、社区以及民间机构等社会各有关方面建立互利的伙伴关系，建立并加强适宜的、由所有利益相关方参与的质量保障体系和监管框架，促进相关知识的共享与传授，促进科研与创新的发展。

四、促进高等教育发展的主要途径

人才培养、科学研究和社会服务、管理、质量和财政以及国际合作是促进高等教育全面发展的主要方面。

（一）加强人才培养

扩大学生入学。扩大入学机会已成为大多数国家的优先发展目标，而日益增长的高等教育入学率也是全球的主要发展趋势。高等教育应以学生为本深化改革，采取开放入学的政策，建设更灵活的进入通道，并确保过去的学习与工作经历得到更好的认可，以适应社会各类人群对高等教育的需求。在扩大入学机会时，高等教育应当鼓励以及保障女性、工人、穷人、少数群体、残疾人、移民、难民等入学率较低的群体和其他弱势群体平等进入、接受并成功完成高等教育。

促进办学多样化。高等教育的办学模式、招生方式和招生标准必须多样化。应建立包括公立、私立、非营利和其他类型高校在内的多样化的高等教育系统。应从终身教育的角度利用各种授课方式扩大接受高等教育的机会，使人们可以灵活地进出高等教育系统。高校应提供传统学位课程、短期课程、模块课程、在职学习及远程学习等多样的教育和培训机会。

改革教育教学方法。高等教育应采取以学生为中心的新视角和新模式，根据高等教育与有关社区和社会各部门之间的新型伙伴关系，重新审视和安排课程内容、方法和授课方式，帮助学生不仅掌握学科知识，而且获得技能、才干和交往的能力，学会创造性和批判性地分析问题以及独立思考和协同工作，使学生成为学识渊博且有远大抱负的公民，能够以批判精神思考和分析社会问题，寻求解决的办法。

将教师和学生作为主力军。高校教师不应仅仅传授知识，而是要着重教学生如何学习和发挥主动精神。应制定进修计划，为教师研究、更新和提高教学技能提供充分的条件，鼓励教师不断改革课程和教学方法，搞好教学和科研工作。应把学生及其需要作为关心的重点，把他们看作高等教育改革的主要参与者。应与学生组织合作开展指导和咨询服务，帮助不同年龄的学生向高等教育过渡。除了考虑直接升入高校的学生的需要外，还应考虑在终身学习过程中离开和重返高校的学生的需要。

加强与职业界的合作。必须加强和革新高等教育与职业界以及社会其他部门的联系，以顺应经济的变革和以知识应用和信息处理为基础的生产模式。高等院校应系统地考虑职业界及科学、技术和经济部门的发展趋势，与职业界共同设计和评估理论与职业培训相结合的教学过程和衔接性课程，并积极促进创造新的工作岗位。高等教育应主要关心培养创业技能与主动精神，增强学生的就业能力，使学生不仅成为求职者，而且成为工作岗位的创造者。

（二）推进科学研究与社会服务

促进知识发展。通过科学、艺术和人文学科的研究和成果传播，促进知识的发展，是高等教育系统的重要职责。高等教育应根据社会和文化的发展需要，促进和加强研究的创新以及跨学科和多学科协作，努力实现基础研究与应用研究之间的适当平衡。在国家、地区和国际研究与发展的政策中，应加强对社会科学及人文学科、教育、工程、自然科学、数学、信息和艺术等学科的研究。高等教育机构应确保向所有研究人员提供适当的培训、资源和资助。

注重开展社会服务。应找准科研与教学领域，采取必要措施加强社会服务，解决与人民福祉相关的问题，并为符合本地需求的科技发展奠定雄厚的基础，通过跨学科和多学科的方法分析现存的挑战与问题，开展各种旨在消除贫困、偏见、暴力、文盲、饥饿、环境污染和疾病的活动。高等教育尤其要面对目前和未来各种复杂的全球性挑战，担负对涉及社会、经济、科学和文化各个方面的各种问题的认识以及应对这些问题的社会责任。高等教育应当引导社会创造有关知识，以应对粮食安全、气候变化、水资源管理、文化间对话、可再生能源和公共卫生等问题。

（三）改善管理、质量和财政

改善治理结构。高等院校和国家规划及协调机构之间应建立合作伙伴关系，改进规划和政策分析的能力和战略，提高管理的效率和资源使用的成本效益。高等院校应拥有管理内部事务的自主权，但同时必须向政府、学生和整个社会负责。必须把高等院校管理机构的规模控制在适当范围，同时充分考虑吸收教师进入管理机构。

加强质量保证。高等教育的质量是一个多层面的概念，包括教学项目、学术研究、教学人员、学生、校舍、设施设备、社会服务和学术环境等高等教育的所有功能和活动，以及知识交流、合作网络、教师和学生流动等国际活动。应建立并加强质量保障体系、独立的监督机构和公认的质量标准。除开展自我评估外，由专家尤其是有国际经验的专家进行外部审查。尤其是要制定一套完整、公正、透明而可靠的跨境高等教育办学质量保障和资质认定制度，对跨境高等教育办学活动进行监督和管理。

促进资金来源多元化。高等教育需要公共和私营部门提供经费资助，其中国家的作用必不可少。公共部门向高等教育和研究提供支持，对于确保教育和社会使命的达成至关重要。应进一步加强社会对高等教育的支持，发动经济部门、传媒、政府组织和非政府组织、学生及其家庭、学校以及社会上所有与高等教育有关人士的参与，实现高等教育经费来源的多元化，同时要提高经费的使用效率并保持质量和适切性。

（四）加强国际合作

促进跨国知识与技能交流。应以国际合作原则和跨国界交流的观点来指导高等院校之间的跨国联系。世界各国高等院校相互支持和建立真正伙伴关系的原则，对于通过高等教育与培训促进人们了解全球问题、民主治理和高技能人力资源的作用，以及学会与不同文化和价值观的人共处是十分重要的。应将国际视野贯串于高等教育的课程、教学和研究的全过程，通过多种语言的运用、教师和学生的交流以及高校之间的联系来促进智力和科学合作，并使之成为高等教育制度的组成部分。

加强文凭资格认可。应建立国家机构或指定现有机构开展文凭资格认证工作，批准和实施关于承认学历文凭的地区和国际准则性文件，与各有关方合作制定政策并采取措施促进对在国外获得的文凭资格做出客观评价，以便持有国外文凭资格的学生能够在国内高等院校继续学习和培训，或从事其已受过相关高等教育与培训的职业。同时，应通过在国家和国际层面采取多种行动，打击滥发文凭资格的现象。在线课程的学分学历文凭的承认和认证可能性的研究和相关规则的制定也已经开始。

吸引人才“回流”。应通过本国政策或国际安排，鼓励学术流动和师生流动，抵消人才流失的负面影响，创造有利于吸引和留住高技术人力资本的条件，为受过高级培训的学者和研究人员长期或临时回国工作提供方便。同时，高校应通过旨在加强自身能力建设和充分发挥内生能力的各种合作项目为“人才回流”创造条件。

第五节　教师教育

教师是教育变革的重要力量，在教育进步中起着根本性的作用。而教师角色职责的发挥离不开坚实的初始教育和持续的继续教育过程。正如联合国教科文组织所指出的，要想使教育满足时代和未来的需要，就必须要不断改进教师教育的组织、内容与方法（IBE，1975）。正因如此，教师教育在国际范围内一直得到高度的关注和重视。例如，在教育水平高度发达的欧洲，欧盟就提出，不仅要吸引最高水准和最合适的人从事教学工作，而且要向所有层次的教学人员提供最高标准的初始教育和继续专业发展教育（The Council of European Union，2009）[7]。

一、教师教育领域主要国际规则的发展历史

教师教育领域国际规则的主导者为联合国教科文组织和国际劳工组织。自20世纪60年代以来，上述两个国际组织推动制定了一系列关于教师的建议，其中包括：1966年的《关于教师地位的建议》、1974年的《关于科学研究人员地位的建议》和1997年的《关于高等教育教学人员地位的建议》。此外，自1934年以来，联合国教科文组织国际教育局也曾多次召开以教师教育为主题的国际教育大会，并形成相关宣言和建议。

《关于教师地位的建议》是联合国教科文组织与国际劳工组织于1966年10月5日在巴黎召开的关于教师地位问题政府间特别会议上通过的。该建议涵盖从学前阶段一直到中等教育阶段的所有公立学校和私立学校的所有教师。该建议阐明了教师的权利和责任，以及教师的初始培养和继续教育、招聘、就业、教学条件等方面的国际标准。《关于高等教育教学人员地位的建议》是在联合国教科文组织和国际劳工组织筹备多年之后，由联合国教科文组织大会于1997年通过的。该建议面向的是高等教育机构或高等教育项目中所有从事教学、研究、学术工作以及向学生或向社会提供教育服务的人员，其目的是对1966年建议加以补充和完善。

目前上述两份建议已发展成为教师教育领域最重要的国际教育规则，成为该领域国家立法的基础。2008年，时任联合国教科文组织总干事松浦晃一郎和国际劳工组织总干事胡安·索马维亚（Juan Somavia）指出，将监督并推动各会员国加入这两份准则性文件，因为这对于实行稳妥的教师政策至关重要（UNESCO，ILO，2008）。2011年10月5日，联合国教科文组织、联合国开发计划署、联合国儿童基金会、国际劳工组织和教育国际（EI）在世界教师日之际发表联合致辞，再次呼吁教育界的所有合作伙伴努力遵守两份建议所规定的责任和义务，并强调指出这两份建议是培养高质量专业教师队伍的支柱（UNESCO et al.，2011）。

2015年《仁川宣言》专门指出，“将确保教师和教育者在资金充足、有效和高效管理的系统内增强能力，足额招聘，享有良好的培训和职业资

格，积极进取并获得支持”。

二、关于教师教育的基本理念与认识

（一）教师是教育变革的关键

教师是教育变革的关键力量，教师通过其理念、方法和实践对教育的创新发挥着重要的作用。联合国教科文组织认为，优秀的教师是优质教育的根本所在，教师在日常工作中通过奠定人的基础，即培养每个孩子的能力和激发其求知欲，来促进整个社会的可持续发展。教育进步在很大程度上取决于广大教师的资格和能力，取决于每个教师的人文、教学和技术素质。（IBE，1996）经合组织也认为，教师质量是教育系统中最重要的影响因素，同时也是除家庭背景外影响学生学业成就的最重要因素（OECD，2005）[12]。

（二）社会变革对教师提出新挑战

欧盟理事会指出，社会、文化、经济、技术的诸多变革对教师职业提出了新要求，需要教师具有高度的专业精神（professionalism）（The Council of European Union，2007）[8]。随着信息传播渠道的多样化和社会化因素作用的加强，教师日益成为学习的促进者、道德和教育的指引者。教师不仅要开展教育、教学、指导和评价工作，而且要展现出发展自我、参与学校现代化建设以及主动迎接和接受变革的能力。不断扩大的需求和日益复杂的职业角色要求教师在其职业生涯全过程中，特别是在入职初期，必须接受有效的个人和专业支持。

（三）教学工作具有职业化属性

联合国教科文组织和国际劳工组织都主张，应该把各级各类教育的教学工作看作一种职业，而且应成为公共服务的一种形式，需要教师通过严格的和持续的学习获得并保持专业知识和专门技能，同时还要求教师个人和教育机构都有对学生的教育和权益负责的精神，并要求全社会共同努力使学术工作与研究工作达到高标准。

三、制定教师教育政策的基本原则

（一）社会各方面广泛参与

社会对话是影响教育改革成败的重要因素。国际社会普遍认为，各利益相关方都应参与到教师教育目的、目标和政策的制定中去。在此过程中，教师及其专业协会和团体尤其应成为负责任的参与方。(IBE，1975)

（二）平等和无歧视的教育与培训

《反对教育歧视公约》明确提出，无歧视地提供师资训练。《关于教师地位的建议》也提出，教师在培训和就业的方方面面都不应受到基于种族、肤色、性别、宗教、政治观点、民族血统、社会出身或者经济条件的任何形式的歧视。

（三）动态而连贯的教育体制

为使教师教育体系更有效地应对新挑战，应采取综合性的政策对各阶段的教师教育进行更好的协调，使教师教育起始于职前准备并贯串于教师职业生涯的整个过程。在此体系中，为推广终身学习的理念和适应继续教育的需要，应将职前初始教育、早期职业支持和继续专业教育作为一个连贯的过程整合起来（IBE，1975）。

（四）整体性和一体化的政策方案

出席第45届国际教育大会的各国教育部部长和教育专家认为，在教师教育方面系统化的政策必不可少（IBE，1996）。制定教师教育政策时，应统筹考虑改革教师聘任制度，采取措施鼓励教育革新，加强教师的专业自治和责任感，改善教师的地位和工作条件等。

四、推进教师教育发展的主要途径

教师教育的发展主要是通过职前教育、在职教育与培训以及教师教育与培训机构的能力建设来实施的（见图4 3和表4-2）。

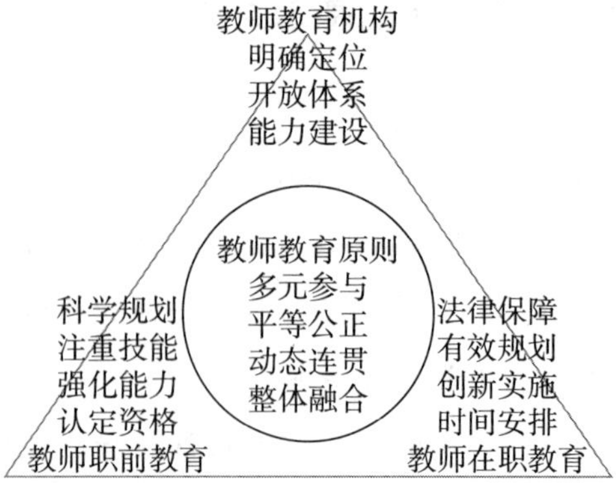

图 4-3　教师教育领域主要国际规则的内容体系

表 4-2　教师教育共同政策指向

总目标	政策目标	针对的领域
提升教师质量	吸引合适的人从事教师职业	传统的教师教育模式
		非传统的教师教育模式
	赋予教师适当的工具手段	内容-知识，教学技能
		实践领域经验
	保障教师在整个教学生涯都能够胜任	初始教师教育
		继续培训

资料来源：MUSSET P. Initial Teacher Education and Continuing Training Policies in a Comparative Perspective：Current Practices in OECD Countries and a Literature Review on Potential Effects [M]. Paris：OECD，2009：7.

（一）职前教育

制定科学的职前教育发展规划。国家教育规划应包括在各个教育阶段尽早培养和进一步培训足够数量的完全胜任的合格教师。教师职前初始教育政策应向社会提供适当数量的具有必要的综合素质并且掌握所需专业知识和技能的教师。教师职前教育发展规划的制定应与当前和未来教师的职责紧密联系起来，不仅要考虑到教师的教学职责，也要考虑到社会和教育发展对教师职责提出的多方面要求。

注重培养从事教育工作的基本技能。职前教育应培养未来教师履行教育职责所必不可少的基本技能，其中包括处理信息、传播文化、形成个体与社会关系、促进对差异和共同价值的意识等方面的能力，尤其是团队协作、创新与实验、尊重他人、人权、和平与民主，以及尊重自然和文化多样性的能力。未来的教师还应具有有效运用社会和文化环境提供的各种设施、资源，以及有效利用现代教育技术手段的能力。

强化培养继续学习的能力。职前教育应使未来的教师获得履行职责所需的专业准备，并为终身教育框架下教师的持续专业发展奠定基础。教师职前教育应提供充分的通识与专业、理论与实践的准备，使新教师能够在未来职业生活中，在跨学科框架下通过自我教育或是通过参加在职培训课程继续获得专业发展。

加强教学研究与实践活动。应从理论和实践角度，介绍教育研究成果及其应用，加强教育培训与研究和实践的关联，通过常规教学实习以及教育实验和教学研究等途径，增加未来教师参与教育研究与实践的机会。职前教师培训应将掌握学科知识与传授知识所需的适当教学方法结合起来，使新教师掌握适用于不同情况和学习过程不同阶段的各种教育策略，重视解决在单语、多语情境和多元文化课堂中开展教学，以及运用现代方法进行学习评价等一些重要问题。

建立合理的师范生资助体系。应该向有志于从事教学工作的学生提供奖学金和其他激励措施，以便他们能够专心学习和体面地生活；在可能的情况下，教育主管部门应努力建立免费的师资培训体系。

加强教师资格的国际认可。应合理考虑在其他国家完成的教师培训计划在全部或部分确立本地执教权方面的价值，同时应采取措施以便按照国际上议定的标准授予专业地位的师资证书在国际上得到承认。

（二）在职教育或继续职业发展

加强教师在职教育的法律保障。在快速变化的社会形势下，在职教育对于教师有效开展各种专业活动尤为重要，在职教育应成为教师教育过程的一个有机组成部分。国家教育主管部门应修订现行的法律法规，强调在职教育的重要性、必要性和作用，为各类教育工作者都能够定期接受在职教育提供法律保障。

创新在职教育的实施方式。鼓励构筑学校之间的“学习共同体”以及学校和教师教育机构之间的伙伴关系，并借此开展协调的、高质量的和具有适切性的教师在职教育项目，从而有效适应教师、学校和社会的需求。在职教育应尽可能灵活地加以组织和安排，要适应教师个体的需要和各地具体情况。应重视对新教师的培训，在任职初期采取个别辅导制和导师制帮助教师开展教学工作。应尽可能在教育机构内以团队合作的方式，以及通过专业支持服务的方式开展在职教育。

制定有效教育培训计划。教师培训计划的目的应是让每位教师发展自己的普通教育和人格文化，培养自己教导和教育他人的能力，以及加强通过教学和榜样示范为社会、文化和经济发展做出贡献的责任感。培训课程及其他措施的设计应该能够使教师提升资历，改变或扩大工作范围或者寻求晋升，并且在内容和方法两方面跟上科目和教育领域的时代步伐。教师培训计划的内容应包括：通识学科、教育学科（包括心理学、教育社会学、教育理论、教育史、比较教育、实验教育学、学校管理和各种学科的教学方法的主要内容）、相关教学领域的研究，以及在合格教师的指导下从事教学实践和举行课外活动。

加强教师的自我教育。教师自我教育是在职教育的重要内容。教育主管部门和教育研究与资讯中心应通过提供指导、文献资料、图书馆设施以及必要的时间等，帮助教师组织其个人的在职教育。

建立和完善学习假期制度。应向教师提供带全部或部分薪水的学习假，尤其是应该向被政府确认为人口稀少的偏远地区的教师提供更频繁的学习假。学习假期间的工龄和养老金期限应连续计算。高等教育教学人员每隔一定时间应享受全薪或半薪的学习假、研究假、临时假，以便他们参加专业活动。

（三）教师教育机构

建立开放的教师教育培训体系。教育主管部门应推动建立广泛的教师教育培训体系，让教师教育机构、科学和文化机构以及教师组织参与进来。应扩展教师教育机构的职能，不仅要提供教师的职前教育，而且要为教师提供在职教育。所有教师应在大学或与大学水平相当的机构或专门师范教育机构接受普通学科、特殊学科和教育学科方面的培训。根据不同类别的学校，例如残疾儿童教育机构或职业技术学校承担的教学任务的具体要求，教师培训计划也可以包括在工业、商业或农业领域获取的一些实践经验。

明确教师教育机构的定位。教师教育机构应成为教育服务的发展中心，既让学校和教师随时了解研究成果和教学方法方面的进展，又在自身的工作中反映学校和教师的经验。应通过向教师教育机构及其工作人员和学生的研究工作提供研究支持，促进教育和特殊科目教学领域的研究和实验。

加强教师培训者的能力建设。应向教师培训人员提供适当的支持，使其能够创新地回应教师教育发展的新需求。教师教育机构的工作人员应有资格在相当于高等教育的水平上教授自己的学科。教授教育科目的工作人员应具有在学校教学的经验，并且在可能的情况下应通过借调到学校从事教学工作定期更新这方面的经验。

第六节　成人教育

成人教育是一种面向所有成年人并贯串终身的教育形式，它能够为人们提供必要的知识、才能、技巧、能力和价值观，以履行和推进权利来掌握自己的命运。按照1976年内罗毕《关于发展成人教育的建议》最初提出，并在1997年《汉堡成人学习宣言》中进一步发展的定义，成人教育（adult education）指的是整个正规和非正规的不断学习过程，通过这个学习过程，被所属社会视为成年的人们增长能力，丰富知识，提高技术或专业资格，或者被指引新的方向，以满足自身和社会的需求（UNESCO，2009a）。

一、成人教育领域主要国际规则的发展历史

联合国教科文组织在推进全球成人教育发展中扮演着极其重要的角色。在其推动下，成人教育逐步成为一项不可剥夺的基本权利，并被广泛纳入各国的国家教育政策和终身教育体系中。

自20世纪40年代末期以来，联合国教科文组织组织召开的国际成人教育大会成为开展政治对话和促进成人教育发展的重要国际交流平台。历届国际成人教育大会通过的宣言、决议、建议和纲领构建起成人教育的国际规则框架。1949年6月联合国教科文组织在丹麦埃尔西诺召开了首届国际成人教育大会，大会形成的建议提出要通过建立国际合作机制，尤其是成人教育领域领导者和工作者的交流，以及信息和资料的分享，来推进成人教育的发展。1960年8月加拿大蒙特利尔第二届国际成人教育大会通过的决议阐明了成人教育的作用与内容、形式与方法、结构与组织等基本问题。1972年7—8月日本东京第三届国际成人教育大会进一步在国家政策、筹集资源、技术方法、教师培训、国际合作等方面提出了32项建议。1985年3月法国巴黎第四届国际成人教育大会通过的大会宣言，强调了学习权利并号召各国大力开展成人教育活动，同时大会就成人教育的目的与政策、重点群体、实施方法、师资培训、研究、规划与评估等问题提出了建议。1997年7月德国汉堡第五届国际成人教育大会则成为全球认可并承诺致力于成人学习和非正规教育的转折点，大会通过的《汉堡成人学习宣言》和《未来议程》这两项里程碑式的文件，呼吁各国关注成人学习和非正规教育，并将其作为终身教育不可或缺的组成部分。2009年12月巴西贝伦第六届国际成人教育大会通过的《贝伦行动框架》则成为新时期进一步推动国际成人教育发展的纲领。

此外，1964年11月联合国教科文组织第13届会议通过的《联合国发展十年扫除文盲宣言》、1972年国际教育发展委员会发表的报告《学会生

存——教育世界的今天和明天》、1975 年国际扫盲专题讨论会通过的《波斯波利斯宣言》（*Declaration of Persepolis*）、1976 年 10 月联合国教科文组织第 19 届会议通过的《关于发展成人教育的建议》等文件也是成人教育领域国际规则的重要组成部分。

二、关于成人教育的基本理念与认识

（一）成人教育是一项基本人权

成人教育是受教育权的核心内容。对受教育权和终身学习权的确认是必要的，但更要认识到它是一种确保人们从事读写、进行质疑和分析、利用资源，以及发展个人和集体能力的权利。

（二）成人教育是终身学习的重要组成部分

从摇篮到坟墓，人的一生都需要教育和学习，而成人教育是终身学习的重要内容，起着关键作用。成人教育是一个连续的学习过程，包括一般性教育、职业教育、家庭扫盲和家庭教育、公民身份以及其他许多方面的广泛内容，成人教育可以满足青年、成人和老人的学习需要。

（三）成人教育是增强能力的途径

接受成人教育可以提高公民的生活质量，最大程度地激发和发展人应对新旧挑战（尤其是贫穷、饥饿、不平等、不容忍、不公正和冲突所带来的挑战）所需的能力。

（四）成人教育在应对全球和教育问题与挑战中发挥着关键作用

成人教育能够为人们提供必要的知识、才能、技巧、能力和价值观，促进形成认同，并使生活变得更有意义。成人教育是实现平等和包容性，脱贫并建设平等、宽容、可持续的知识社会的必要条件，因此，它不但可以促进生态的可持续发展，有利于推进民主与正义、性别平等、社会经济发展，而且有助于建立和平的文化氛围来替代暴力冲突的世界。

三、制定成人教育政策的基本原则

多部门参与的综合性政策。成人教育的决策和立法必须全面而综合，以扫盲作为出发点，以全部门和部门间方法为基础，涵盖学习和教育的所有组成部分，并使之紧密联系。

以全纳思想为指导。全纳性的成人教育是实现人类、社会和经济发展的基础。让全体公民有能力发展自己的潜力，有助于他们和谐且有尊严地共同生活。成人教育不能因受教育者的年龄、性别、种族、语言、宗教、残疾、性别身份或取向、贫穷或由于冲突背井离乡或监禁而产生排斥。因此，应把处境不利群体的成人教育放在优先发展的位置上。

具有灵活性和适切性。成人教育的组织和实施要灵活考虑所在国家和地区的社会、文化、经济和制度因素，要结合个人日常生活和工作的实际情况，充分考虑成人学习者的性格、年龄，以及家庭、社会、职业和居住环境。

以个人和社会发展为导向。成人教育要以发展个人和社区的自主权和责任感为目标，并针对经济、文化乃至整个社会的种种变化，加强应变能力；还要增进公民之间的和平共处和彼此宽容，增进他们对社区有智慧的、创造性的参与。简言之，要使个人和社区拥有对自身命运和社会命运的控制权，从而能够应对未来的挑战。

尊重多元化和平等。成人教育应该反映丰富的多元文化，尊重传统的和原住民的知识和学习系统，易言之，学习母语的权利必须得到尊重。成人教育还要优先关注并扩大妇女的受教育机会，并尊重她们的差异，消除偏见和成规。残疾人有权获得平等的学习机会，因此要确认他们的教育需求与目标，采取适当的学习技术，满足他们特殊的学习需求。同样地，老年人也要有学习机会和合适的学习方式，所以要正确认识、高度肯定和充分利用他们的技能和能力。

四、推进成人教育发展的主要途径

与其他类别的教育发展路径相同，成人教育的发展要着眼于加强组织和治理、增加经费、强化质量和开展国际合作。

（一）重视治理

完善成人教育政策。应将成人教育作为国家教育系统的必要和特殊组成部分，社会、文化和经济发展政策的固定要素，应根据整个教育政策的目标以及社会、文化和经济发展政策的目标制定成人教育政策目标，成人教育政策的目的和目标应被纳入国家发展规划。制定和执行全面付费的政策、对象明确的计划和立法，以应对成人扫盲、青年和成人教育，以及终身学习。

动员多方合作。所有利益相关方的参与是必不可少的，要对所有学习者，尤其是最弱势的学习者的需求做出反应。成人教育不仅仅是教育部的职责，其他各部门都应参与推进成人学习，跨部门合作是非常重要的。更广泛地说，雇主、工会、非政府组织、社区组织以及当地居民组织和妇女组织都应共同参与、相互合作，一起承担创造终身学习机会的责任。创建并维持使各级行政部门、民间组织、社会合作伙伴、私营部门、社会和成人学习者和教育者组织参与制定、实施和评价成人学习和教育政策及计划的机制。还应建立由活跃在成人教育领域的所有利益相关方参与的监测委员会。

采取能力建设措施。通过能力建设措施，支持民间组织、社会和成人学习者组织参与有关政策和计划的制定、实施和评价；促进和支持跨部门和跨部委的合作；促进跨境合作，实施实用知识共享和创新实践方面的项目与网络。

（二）加强组织

促进广泛参与。应按照终身教育和学习的原则，将成人教育和其他形式的教育（尤其是学校教育、高等教育、初始职业培训）看作一个教育系统中同等重要的组成部分。要采取措施鼓励公共机构、教育机构、志愿组织、职工和雇主组织共同开展成人教育。采取与有关法律、政策相符合，与所有伙伴进行合作的机制来方便入学，不但促进成人参与正规教育，也要在工作场所和全社会开展教育，同时支持和加强农村和偏远地区的成人教育。

建立协调机制。应使中小学和大学等正规教育机构向成人学习者开放，改善其学习项目和学习条件以满足成人学习者的需求。建立一系列连贯的机制，例如包含非正规和非正式学习的资格框架，制定或完善承认、鉴别和核准一切形式学习的架构和机制，使成人学习者在不同情境下的学习成果能够得到认可，并确保他们所获得的学分能够在院校、部门和国内外转换。设计具体的成人学习和教育行动计划，并使之与千年发展目标、全民教育、联合国扫盲十年、2015 年后教育议程以及其他国家和地区发展计划相结合。

提升教师专业化水平。制定有关政策、措施改善成人教育教师的聘任、上岗、在职培训、工作条件和报酬等，确保教师素质的提升和可持续发展；要建立成人教育教师的继续教育制度，并通过工作实践与培训相结合来改革教学方法。

提供具有适切性的服务。通过精心设计的、有针对性的指导方针、信息以及活动计划（例如成人学习周和学习节），支持和促进成人学习和教育更公平地开展。比如要鉴别最可能遇到困难的群体，特别是刚成年的人群；要创建多用途的社区学习场所和中心，针对生活课程中的特殊需求，改进妇女享有和参与成人学习的机会；还要为移民和难民制定有效措施；等等。

提供财政资助。系统性地向弱势群体（例如原住民、移民、有特殊需求的人群和农村地区人群）倾斜，比如免费提供学习计划或政府补贴，实施奖学金、费用减免和带薪学习假期等学习鼓励措施。

（三）加大投资

增加资金投入。成人学习和教育是一项有价值的投资，可以为社会的可持续发展带来很大的社会效益。而要确保提供优质的成人学习和教育，大量的财政投资是必需的。因此，要落实第五届国际成人教育大会和 2015 年仁川世界教育论坛关于至少将国内生产总值的 4%—6%分配给教育的共识，并增加成人学习和教育所占的比重，还要扩大政府现有的教育资源和预算，以满足成人学习和教育综合战略的各项目标。

扩大资金来源。制定鼓励措施，以促进形成新的资金来源，例如来自私营部门、非政府组织、社区和个人的资金，而不仅仅局限于政府财政。

注重投资效益。要采取适当措施，确保公共资金资助的成人教育项目的效益与质量。为此，要优先考虑对妇女、农村人口和残疾人的终身学习的投资。

（四）强化质量

在成人学习中树立质量意识，要把内容和传授方法关联起来，进行以学习者为中心的需求评估，来实现教育者的专业化、丰富学习环境并提高个人和社区的能力。为此，要在成人教育计划中制定关于课程、学习材料和教学方法论的质量标准，拟订评估各级成人学习成果的标准，并采用准确而高质量的指标。还要改进对成人教育者的培训和能力建设，与更高一级的教育机构、教师协会和民间组织建立伙伴关系。

（五）开展国际合作

加强双边和多边的国际合作，定期交流有关成人教育的策略、结构、内容、方法和成果、相关研究等方面的信息和资料，通过双边和多边技术援助项目对成人教育工作者进行培训，促进成人教育内容和方法的改进。

第五章

关于教育交流与合作的国际规则

有关教育合作的国际规则，主要包括与教育领域相关的政府间国际组织的内部运作规则和规则化制度、跨境教育服务贸易的规则与规则化制度，以及适用于其他双边和多边教育交流与合作项目的管理规则。这些国际规则具有明确性、共识性和互惠性的特点，共同构成了世界各国开展教育交流与合作的制度性依据，也是国际教育交流与合作得以顺利展开的基础性条件。

当今世界，联合国及其体系内的各个专门机构，是对全世界发挥最重要影响的国际组织。就教育领域而言，最重要的是联合国教科文组织、世界银行、世界贸易组织和联合国儿童基金会，它们制定了全世界最重要的教育交流与合作规则。

第一节 联合国教科文组织及相关国际组织的运作规则

国际教育交流与合作，可大致分为三个层次的三种类型：国际层次上的多边交流与合作、跨国层次上的双边交流与合作，以及国内层次为便利国际交流与合作而做出的制度安排。

一、国际教育交流与合作的主体及其规范文件

在国际教育交流与合作领域，发挥重要作用的规则是各种规范性文件，这些文件规定和确立了跨国层次教育交流的基本规则，并对世界各国的教育制度与教育政策产生重要影响。这些规范性文件主要有三类：（1）各类国际组织的具有国际法地位的文件，比如《联合国宪章》（尤其是第57条）、《联合国教科文组织组织法》以及《世界银行章程》；（2）相关组织与联合国签订的协议，比如《联合国与联合国教育、科学及文化组织的协定》以及《联合国专门机构特权和豁免权公约》；（3）国际组织之间的相关协定，比如世界银行与联合国教科文组织的专门协定，或是国际组织关于与其他组织关系的正式文件，比如联合国教科文组织《关于教科文组织与非政府组织之关系的指示》《关于与基金会及其他类似机构之关系的指示》，以及就特定项目达成的备忘录等①。

在国际教育交流与合作领域，上述规则的制定与执行主体是各种国际组织，尤其是政府间国际组织。简单来说，这些国际组织可以分为三类：第一类是联合国体系内的各专门机构，比如联合国教科文组织和世界银行；第二类是联合国下属的基金会，比如儿童基金会；第三类是与上述组

① 详见《联合国教科文组织组织法》。

织发生业务联系的大量的专业性非政府组织。

作为国际社会的一种法定组织，联合国教科文组织和世界银行等联合国专门机构的性质与联合国颇为相似。它们的法律地位原则上是由其基本文件即组织法所确定的。其他国际文件，如它们同联合国建立关系的协定、同机构所在地政府的会址协定以及联合国各专门机构特权与豁免公约等，均承认这些专门性国际机构在一定限度内具有国际法上独立的权利能力与行为能力。框 5-1 呈现的是联合国教科文组织与联合国其他专门机构的比较。而图 5-1 示意的是整个联合国系统的结构安排。

框 5-1 联合国教科文组织与联合国其他专门机构的比较

联合国教科文组织与联合国其他专门机构的共同特点是：

- 有专门的机构组织法或章程。
- 有三级组织结构体系：全体大会、理事会或执行局和秘书处。
- 成员广泛，拥有由主权国家组成的正式成员和各类国际政府或非政府组织组成的观察员。
- 明确的表决制度，往往是在“一国一票”的基础上实行三分之二的多数决；但在国际金融类专门机构中，往往实行以股份数为基础的“加权投票制”或“准加权投票制”。

联合国教科文组织不同于联合国其他专门机构或其他国际组织的最大特点是：

- 拥有国际公约的制定权。
- 拥有准则性文件——“建议”的提出权。
- 拥有教育领域的领导权。
- 拥有与其他国际组织进行合作的自主权。

联合国专门机构一般具有四个基本特点：

第一，均有机构组织法或章程，如联合国教科文组织称之为“组织法”、世界银行称之为“章程”。联合国专门机构的组织法已成为现代国际组织法体系中的一种特别类型，通常统称为“专门机构法”（梁西，2011）[290]。它既作为国际组织的章程而对本组织的组织结构、职能与操作程序做出规定，也是一项多边条约而必须在条约法的范围内运作。

第二，实行三级组织结构体系。一般都以全体大会为最高权力机关，具有制定政策、通过预算、进行各种选举、提出建议事项、实行监督等方面的职能。以理事会或执行局为执行或主管机关，负责执行大会的决议，提出工作措施并付诸实施。执行机关大都由大会选出的一定数量的会员国代表组成，在选举时会适当考虑不同文化、地域和专业方面的分布，如联合国教科文组织执行局要求“应力求指定一位熟谙联合国教科文组织之一个或数个主管领域并具有履行执行局之各项行政与执行职责所需经验和能力的合格人士”，“在选举执行局委员时，大会应照顾文化之多样性与地理分配之均衡”。各专门机构都设有一个秘书处，负责处理各种日常工作，其工作人员一般称为国际公务员。

第三，拥有成员的广泛性。虽然只有主权国家才能成为政府间国际组织的会员国，但有些机构也接纳一些非自治领土或地区成为准会员。联合国教科文组织的具体规定是，所有联合国会员国都可成为该组织的当然会员国。当然，联合国对各专门机构有一定的政治影响力。比如，若是联合国经济和社会理事会在一定期限内提出不利于申请国的消极建议，那么该申请国就不应被准许加入联合国教科文组织。

第四，专门的表决制度。联合国专门机构一般实行“一国一票”制，但在表决制度上往往采用三分之二的多数决制度，而不是“一致同意”制，如联合国教科文组织（见图 5-2）。但是在金融等领域的联合国专门机构，则采取基于各国股份的“加权投票制”或“准加权投票制”，如世界银行。实际上，国际组织的表决制度有一个普遍规律，即越是关系重大的事项，其有关决议的通过就越要求更多的同意票；越是经济利益明显的领域，则越可能采用加权投票（梁西，2011）[295]。

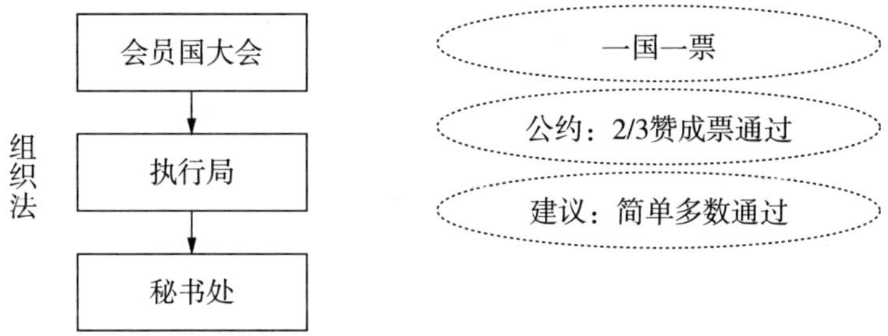

图 5-2　联合国教科文组织的组织法、管理结构与投票制度

联合国教科文组织不同于其他国际组织的最大特点是，作为政府间国际组织，它拥有国际公约的制定权，实际上“国际规则的制定者”是联合国教科文组织的主要职能之一。值得重点指出的是，在教育领域，联合国教科文组织是唯一的有公约制定权的国际组织。①

自成立以来，联合国教科文组织所通过的公约有些内容非常具体，比如《技术与职业教育公约》；也有一些公约的内容相对宽泛，比如《反对教育歧视公约》等；很多公约是全球性的，但也有地区性的，比如关于高等教育学历互认的地区公约等。“建议”是联合国教科文组织的另一类准则性文件。联合国教科文组织《组织法》规定，任何国际公约的缔结都需要得到该组织全体大会三分之二的赞成票才能通过，而“建议”则只需要全体大会的简单多数通过即可（联合国教科文组织，2002）[96]。此外，在最后表决时，如公约草案未获得所要求的三分之二多数，而仅得简单多数，大会可决定将公约草案改为建议书草案，提交大会通过。联合国教科文组织自成立以来通过的教育建议的数量远远超过公约与宣言的数量，这当然与其相对低的表决门槛有关。

根据《组织法》，联合国教科文组织可与其他政府间国际组织及机构进行合作，达成正式协定，双方派代表出席对方举办的会议，如联合国教科文组织与东南亚教育部长组织签订的协定；联合国教科文组织也可与有关非政府国际组织建立咨询与合作关系，其依据是《关于教科文组织与非

① 联合国儿童基金会并没有教育领域的公约缔结权，《儿童权利公约》由联合国制定。

政府组织之关系的指示》。目前，与联合国教科文组织有合作关系的非政府组织有 300 多个，涵盖多个领域。

二、国际教育组织的会议规则和内部规则

众所周知，国际组织由国际会议演变而来，召开各种国际会议是国际组织的重要工作方式。对国际组织来说，全体会员国大会和执行局会议是其最重要的会议。联合国教科文组织亦是如此。

除了上述两种正式官方会议之外，联合国教科文组织所召集的会议可分为两大类，即代表性会议和非代表性会议。前者是指与会正式代表均由会员国政府、其他政府间组织或非政府国际组织指派的会议。后者是指与会正式代表以个人身份出席的会议。所谓正式代表，指在有关会议上享有充分权利，包括就会议提出的相关事项享有表决权的代表。

联合国教科文组织所召集的代表性会议，有国家级国际会议、国家级国际会议之外的政府间会议和非政府性会议三类。

联合国教科文组织所召集的非代表性会议则包括国际大会、咨询委员会会议、专家委员会会议、专题讨论会以及研讨班、培训班和进修班等五类。

联合国教科文组织有专门的《大会议事规则》和《执行局议事规则》，对会议的届会、议程和文件、代表团、大会组织、语言和记录、会议与决议的公开、会务与发言权、决议草案、表决等事项逐一做出详细而严格的规定。联合国教科文组织《各类会议总分类规则》则按照分类对各种代表性会议和非代表性会议逐一做出了规定，并且规定联合国教科文组织的每次代表性会议均应由各国代表通过正式的议事规则，并根据议事规则举办会议。政府会议如联合国教科文组织大会、缔约国会议如高等教育地区会议等，出席会议的代表团须向大会提交由各国首脑或外长签发的全权证书，该证书经会议临时组成的全权证书委员会审查合格后，出席会议

的代表团团长方有权参与公约等法律文件的签字。①

虽然世界银行也是联合国专门机构，但与联合国教科文组织不同的是，作为发展援助机构，它并不是一家常规意义上的银行。它类似于一个合作机构，其股东为188个会员国，世界银行的全部产权属于会员国。按照《世界银行章程》，其最高权力机构是理事会。一般而言，理事会理事为会员国的财政部部长或发展部部长，他们每年在世界银行集团和国际货币基金组织理事会年会期间召开一次会议。由于理事会每年只召开一次会议，因此理事会授权常驻世界银行的25名执行董事负责该机构的日常运作。世界银行的借贷双方主要是会员国，一般以国家和政府为单位。

在教育领域，世界银行更多是作为资金支持方，为了得到更多、更专业的技术支持，世界银行特别重视与联合国教科文组织的合作关系，为此还专门签署了合作协定（1964年），前者负责出资，后者负责提供教育专家和技术支持。联合国教科文组织内部还专门设立了一个教育资助部，作为由世界银行资助的联合国教科文组织分支机构，负责协调工作。与联合国教科文组织一样，近年来世界银行与非政府组织的合作也越来越密切。

尽管都属于联合国系统，但与联合国教科文组织和世界银行这类联合国专门机构完全不同，联合国儿童基金会是联合国下属的一家基金会。虽然在全世界范围内享有盛誉，但它并没有国际条约的缔结权。联合国儿童基金会的最高决策机构是执行理事会，其成员由36个国家的代表组成，其中非洲8席、亚洲7席、拉丁美洲和加勒比地区5席、东欧4席、西欧和其他发达地区12席，每三年改选一次。联合国儿童基金会的授权机构是联合国大会和联合国经济和社会理事会，联合国儿童基金会必须向其报告中长期发展规划、年度报告和预算执行报告。联合国开发计划署和世界银行是联合国儿童基金会的重要财政来源，联合国教科文组织等国际教育组织则为其提供专业技术支持。联合国儿童基金会还通过37个发达国家的联合国儿童基金会全国委员会筹款，并与各国政府、非政府组织、个人

① 详见《联合国教科文组织组织法》。

开展广泛合作。

作为国际规则的执行者，国际公务员是指受雇于联合国及其下属机构的正式人员，他们使用联合国通行证。国际公务员在完成国际任务时不论国籍均应保证其中立性。《联合国宪章》第100条明确规定："秘书长及工作人员履行自己的职务时不得请求或接受本组织以外的任何政府或当局的指示，并应避免一切与其国际公务员地位不符之行动。秘书长及工作人员对本组织负责，联合国各会员国应承诺尊重秘书长及工作人员责任的国际性，决不设法影响其责任之履行。"（联合国，1945）国际组织职员根据相关国际法享有各项特权与豁免权。目前没有统一的国际公约来规定国际公务员的特权与豁免权，各个国际组织有关国际公务员的规定各有特色。

就联合国教科文组织而言，对其国际公务员的规范性文件除了《联合国宪章》《联合国专门机构特权和豁免权公约》之外，还有《法兰西共和国政府与联合国教育、科学及文化组织关于教科文组织总部以及该组织在法国境内享受特权与豁免权之协定》。同时，联合国教科文组织《组织法》明文规定："秘书处由总干事及所需工作人员组成，总干事应按《工作人员条例》任用秘书处工作人员。任用人员时应首先考虑保证其在忠诚、效率及业务能力方面达到最高标准，并力求地理分配广泛。总干事及工作人员之责任应纯属国际性质，履行职务时不得寻求或接受任何政府或本组织以外其他当局之指示，并应避免任何可能妨碍其国际官员地位之行为。本组织之各会员国承担责任，尊重总干事及工作人员所负职务之国际性质，不在其履行职责时设法施加影响。"（联合国教科文组织，2002）[17-18]

联合国与联合国教科文组织在相关文件中提出逐步建立统一的国际公务员制度，包括共同的人事标准、办法及安排，以避免在聘用条件方面出现严重不一致的情况，避免在招聘人员方面进行竞争，并便于联合国系统间人员的交流与互换。此外，联合国与联合国教科文组织就聘用问题，包括服务条件、任期、工作人员类别、薪资级别及津贴、享受退休及养恤金之权利以及工作人员条例及服务细则进行协商，以便就此类问题尽可能取得一致。

框 5-2　联合国教科文组织制定并遵循的国际规则类型

- 内部议事规则，如《大会议事规则》和《执行局议事规则》；
- 涉外合作规则，如与世界银行的专门协定；
- 人事制度管理规则，如国际公务员管理规则。

第二节　世界贸易组织《服务贸易总协定》的相关规则

虽然与世界银行有着同等的法律和组织地位，但世界贸易组织是一个“合约性”组织，不同于联合国和联合国教科文组织等以宪章或组织法为法律基础的组织。

世界贸易组织在组织方面的“合约性”特点，导致它最基本的决策原则是“协商一致”。但是，由于几乎不可能在任何问题上都达到协商一致，所以世界贸易组织采用的表决机制是“一个成员一票”的多数票决制度。此外，与世界银行基于股权的“加权多数投票制”不同，世界贸易组织投票表决所需的大多数是指世界贸易组织全体成员的大多数，而不仅仅是指出席某项会议的实际成员的大多数。

协商一致的取得显然不容易，往往需要艰苦而漫长的谈判。以中国为例，加入世界贸易组织的谈判前后经过了 15 年之久。1984 年 11 月，中国获得了世界贸易组织的前身关贸总协定（GATT）的观察员地位；1986年7月，中国正式提出恢复关贸总协定缔约国地位的申请；直至2001年11月，中国才正式加入世界贸易组织，并签署了一系列文件，其中最重要的包括《关于中华人民共和国加入的决定》《中华人民共和国加入议定书》《中国加入工作组报告书》，以及一系列具体领域的承诺减让表与相关附件。①

在世界贸易组织的《服务贸易总协定》中，有关服务贸易的分类采用了《联合国中心产品分类系统》（CPC），这个分类系统将服务部门分为12大类，其中11类是明确的分类，第12类为“其他服务”，教育服务是其中的一类。教育服务属于《服务贸易总协定》具体减让表的一部分。根据《服务贸易总协定》的规定，除了“行使政府职权时提供的服务”之外，其他服务都是它所规定的范围。易言之，《服务贸易总协定》中教育服务的范围指的是除政府完全资助的教育活动外，凡收取学费、带商业性的教育活动均属教育服务范畴。

由于国际教育服务贸易是世界贸易组织整个国际服务贸易的重要组成部分，因此，世界贸易组织《服务贸易总协定》关于服务贸易的基本原则，同样也适用于国际教育服务贸易（靳希斌，2004）：

（1）最惠国待遇原则：一个成员可以维持一项不符合最惠国待遇原则的措施，即豁免其根据服务贸易最惠国待遇原则所承担的各项义务。在世界贸易组织协议生效后，一个成员可以适用一项新的豁免，并且豁免期可长达十年。

（2）一般例外原则：允许世界贸易组织成员为了维护公共道德和公共秩序以及保护人类、动物和植物的生命或健康的需要而运用各种豁免措施，但这些豁免措施不能在具有相同条件的世界贸易组织成员之间造成有意的或不公正的歧视，或者对服务贸易，包括国际教育服务贸易，构成一

① 承诺减让表与相关附件涉及对货物贸易、服务贸易、知识产权和解决争端机制等方面的看法和具体减让情况。在所签署的减让表中，教育服务的减让表是其中一个重要的组成部分。

种变相的限制。

（3）国民待遇原则：如果对国内相同的教育服务或教育服务提供商给予形式上有差别的待遇，这种做法同样适用于任何其他世界贸易组织成员的相同的教育服务或教育服务提供商。

（4）逐步自由化原则：各世界贸易组织成员有权根据本国的政策目标决定承诺开放的教育服务项目，在国际教育服务贸易自由化进程中，应当对成员的国内政策目标及其所有的或单个的教育服务部门发展水平予以适当的尊重。由于发展中国家教育服务开放部门少、贸易自由化程度低，可按其具体发展状况灵活对待，逐步扩大市场准入。

（5）关于“承诺的修改或撤销”问题：各世界贸易组织成员有权提出对本国在国际教育服务上所做的承诺做出修改，但需要在自承诺生效之日起已过三年的任何时间里，修改或撤销其减让表中的任何承诺。

《服务贸易总协定》遵循世界贸易组织的基本原则，规定成员通过谈判与协商消除彼此分歧，鼓励各成员政府下放办学权力，逐步取消限制性的教育法律与法规，开放教育市场，最终在世界范围内形成自由开放的教育市场。但是，由于各成员在服务贸易自由化方面的认识存在相当大的分歧，更由于服务业与主权密切相关，因此在具体减让表上参加承诺的国家不多，保留最惠国待遇豁免的国家很多。所以，世界贸易组织的多数成员为了规避经济全球化对教育的直接影响，在教育服务贸易减让表上签字的并不多。实际上，与其他服务领域相比较，教育服务领域可说是承诺减让的成员国最少的部门之一。

我国对教育服务贸易的承诺是部分承诺，即有限度的开放。就教育服务项目而言，对两类教育未做承诺，即有两类教育未纳入对外开放的教育服务贸易项目：一类是义务教育，国家规定的九年义务教育都不纳入对外开放的教育服务贸易领域；另一类是特殊教育，如军事、警察、政治和党校教育。除上述两大类教育外，我国在如表 5-1 所示的五类教育领域上做出了承诺，允许外方提供教育服务。虽然只是部分承诺，但在教育服务贸易上所做的承诺，可视为教育国际化的重要一步。

表 5-1　中国签署的教育服务贸易减让表

部门或分部门	市场准入限制	国民待遇限制	其他承诺
（不包括特殊教育服务，如军事、警察、政治和党校教育） A. 初等教育服务（不包括国家义务教育） B. 中等教育服务（不包括国家义务教育） C. 高等教育服务 D. 成人教育服务 E. 其他教育服务（包括英语语言培训）	（1）不作承诺 （2）没有限制 （3）将允许中外合作办学，外方可获得多数拥有权 （4）除水平承诺中内容和下列内容外，不作承诺： 外国个人教育服务提供者受中国学校和其他教育机构邀请或雇用，可入境提供教育服务	（1）不作承诺 （2）没有限制 （3）不作承诺 （4）资格如下： 具有学士或以上学位； 且具有相应的专业职称或证书； 具有两年专业工作经验	

注：服务提供方式：（1）跨境交付；（2）境外消费；（3）商业存在；（4）自然人流动。

资料来源：国家教育发展研究中心专题组．关于 WTO 教育服务贸易的背景资料［N］．中国教育报，2002-05-11（1）．

国际服务贸易有着与国际货物贸易不同的贸易形式。根据世界贸易组织《服务贸易总协定》，国际服务贸易主要有以下四种贸易形式：

（1）跨境交付（cross-border supply），指从一成员方境内向任何其他成员方提供服务（这种服务不构成人员、物质或资金的流动，而是通过电讯、邮电、计算机网络实现的服务，如视听、金融信息等）。对教育来说，主要是提供远程教育课程与教育培训服务。

（2）境外消费（consumption abroad），指在一成员方境内向任何其他成员方的服务消费者提供服务。在教育方面，主要指一方国家公民到另一国去留学进修和接受外国留学生等。

（3）商业存在（commercial presence），指一成员方的服务提供者在任何其他成员方境内建立商业机构为消费者服务。对教育来说，主要指一方国家的教育机构到另一国去开设学校和其他教育机构，从事教育培训等活动。

（4）自然人流动（presence of natural persons），指一成员方的服务提供者在任何其他成员方境内通过自然人存在提供的服务（如一国的医生、教授、艺术家到另一国从事个体服务，有别于移民）。对教育而言，主要指一国公民到另一国从事专业教学培训工作。

由于《服务贸易总协定》采用的是肯定式的承诺方式，因此，只有在减让表中列出的承诺才需要减让，如果减让表中没有列明，则表示该成员对此部门或分部门没有做任何减让承诺，而且这由成员自主决定。在服务贸易中，各国之间的贸易壁垒主要表现在两个方面：一是市场准入，即境外的服务提供者能否进入本国市场，能否获得和本国同类服务提供者一样的待遇，也就是“最惠国待遇”；二是国民待遇，即境外服务提供人员能否到本国的服务部门工作，有什么限制。从各国承诺减让表的具体结构看，不论是水平承诺还是部门承诺，都具体列明了各国的某一服务领域或具体部门在市场准入和国民待遇方面对上述四种服务提供方式的承诺减让情况，有时也包括该领域中可能存在的附加承诺。

一般来说，承诺项目中会有三种情况出现：“没有限制”“不作承诺”和“有限制”。其中，“没有限制”和“有限制”都属于“约束承诺”，即减让表中有关领域的服务在各种提供方式方面所获得的待遇将不低于减让表中列明的水平，除非该成员已被列于最惠国待遇的豁免清单中；“不作承诺”则意味着该成员不承担任何义务，保留充分的自由（见表5-2）。

表5-2　世界贸易组织关于服务贸易提供方式的界定及中国的承诺

	一般定义	教育领域定义	中国承诺
跨境交付	指一成员方在其境内向其他成员方境内提供服务	远程教育、数字教育、虚拟大学和教育机构等	不作承诺
境外消费	指在一成员方境内向任何其他成员方的服务消费者提供服务	学生到境外留学、进修、接受培训等	没有限制

续表

	一般定义	教育领域定义	中国承诺
商业存在	指一成员方的服务提供者在任何其他成员方境内建立商业机构为消费者服务	课程专营权/特许权（课程授权）、设立分校、联合课程/学分转移、双联课程、海外办学	允许中外合作办学
自然人流动	指一成员方的自然人在任何其他成员方境内提供服务	教育专业人员到境外进行教育教学活动	有限定资格的境外个人教育服务提供者应中国学校或教育机构聘用或邀请，可来中国提供教育服务

资料来源：国家教育发展研究中心专题组．关于 WTO 教育服务贸易的背景资料［N］．中国教育报，2002-05-11（1）．

由于我国对跨境交付的教育服务未作承诺，因此对外国机构通过远程教育和函授等方式提供的教育服务，可自主地决定尺度，不受世界贸易组织协议的约束；由于对教育服务贸易中的境外消费没有限制，中国公民出境留学不受限制，世界贸易组织其他成员方的公民入境留学和进修也不受限；在商业存在方面，中国仅允许中外合作办学，但未承诺给予其国民待遇；对于自然人流动，中国不仅有前提要求，而且有受中国学校和其他教育机构聘用或邀请的资格要求。

总之，教育服务贸易方面的承诺对中国的教育服务具有直接约束力，中国教育也因此被纳入了全球服务贸易市场。同时，教育服务贸易方面的承诺也会带来诸如学历互认、人才流失、境外教育冲击等诸多问题的挑战，尤其是其中的学历互认问题涉及学制安排、学位制度、培养质量、课程体系和师资状况等一系列与国际接轨的问题。值得注意的是，世界贸易组织的运行是基于规则而非强权，权利与义务的平衡是其重要特点（国家教育发展研究中心专题组，2002）。因此，发展中国家要加强学习掌握国际规则，健全法律法规，才能积极有效地迎接教育国际化带来的挑战。

第三节　国际教育合作项目的运作与管理规则

中国参与的国际教育合作项目主要有三类：一是中国与教育领域的专业性国际组织（即联合国教科文组织）以及其他相关的国际组织之间的合作项目；二是中国与其他国家所开展的双边教育合作项目；三是近年启动的中国地方对外教育合作项目。

一般而言，联合国教科文组织是全球最大的教育领域专业性国际组织，主要为国际教育合作项目提供智力与技术支持。世界银行和联合国儿童基金会是国际教育合作项目的重要发起者和组织者，也是主要的资金支持方。联合国儿童基金会的教育项目通常局限在基础教育领域，而联合国教科文组织的教育项目所涉及的范围最为广泛，合作方也最多。以国际教育合作项目的资助力度看，世界银行所资助的国际教育合作项目最为突出，由于其合作项目强调“教育与经济增长的紧密联系”，因而在国际合作项目的运作与管理方面有很强的代表性。

一、多边性的国际教育合作：项目的基本流程

世界银行通常把一个项目的全过程称为项目周期，整个项目周期主要包括六个步骤，即项目鉴定、项目准备、项目评估、项目谈判、项目执行和监督、项目评价。这几个步骤相互联系、互为基础，从而确保项目的顺利实施（见图 5-3）。

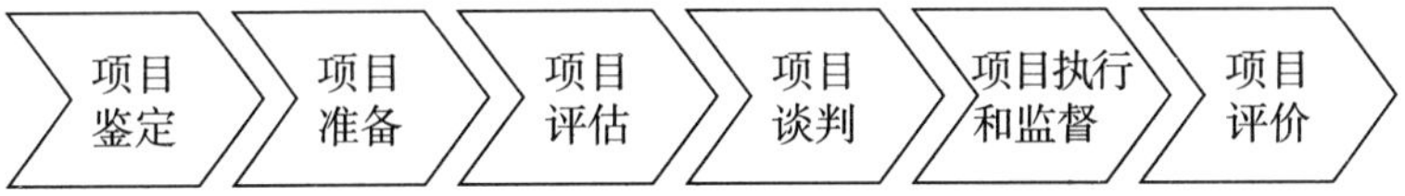

图 5-3　世界银行的合作项目周期

（1）项目鉴定：也称“预评估”。这一阶段的任务是选择项目，既要评估当事国对项目的兴趣程度，也要分析项目是否符合当事国的教育和经济发展计划，一般还会要求当事国提交关于教育与职业教育培训体系的调研报告。此外，世界银行鼓励成员国积极制定本国的规划，并为此提供相关的协助。例如世界银行曾多次派团来华考察，提供了大量的考察报告，协助对关键性问题进行研究，并参照国际经验提出可供选择的解决方案。

（2）项目准备：主要从技术上、组织上、经济上和财务上进行项目准备。这项工作主要由借方负责，在特殊情况下世界银行也可代为负责。准备阶段所需的资金和技术可以通过世界银行的贷款解决。

（3）项目评估：对项目的技术、组织、经济和财务四个方面做出评价。如果项目符合贷款标准，便提出一份作为可行性研究的“绿皮报告书”和一份作为同意贷款通知的“灰皮报告书”。

（4）项目谈判：一般由借贷双方代表以及双方的法律专家参加，世界银行的《贷款协定和担保协定通则》和《贷款协议通则》是主要的规范性文件。协议文本一般包括偿贷、项目执行、其他条款、协议的补充办法、协议生效日期、借款人信息以及若干附件等。

（5）项目执行和监督：借款国负责项目的执行和经营，时间是从决定投资开始到投产为止。世界银行要求项目要有准确的记录和定期的报告，并根据借款国提供的项目进度报告委派工作人员到项目现场进行定期的检查和监督。此外，世界银行在项目采购和支付方面也有极其严格的规定。

（6）项目评价：也称“后评估”。世界银行在项目贷款全部发放完毕后两年对其进行总结性评估。一般先由世界银行的项目主管人员准备“项目完成报告”，然后由执行董事会主席指定的“业务评议局”对项目成果进行全面评价。

就项目执行而言，以世界银行与中国政府合作贷款项目“职业教育改革项目”为例，世界银行主要通过年度执行报告和重点评估检查对项目进行管理和监督，其基本程序是：通过中国政府上报的项目年度执行计划了解项目的年度进展；每年根据项目的年度执行报告确定一些重点检查领域，并进行现场评估；通过专家组的活动掌握项目执行的相关信息。总之，世界银行主要负责项目的监督、管理与检查，教育部负责项目的具体执行和内部监督管理，项目开展省（市）负责有关项目学校信息的收集和整理，项目学校负责完成世界银行对项目的具体要求，项目专家组负责协调、咨询和部分管理工作。通过上述机构的工作，世界银行可以掌握项目的具体执行情况，为评估项目的效益和调整相关的执行计划提供基本依据，从而确保了项目活动的顺利开展。

二、双边性的国际教育合作：基本规则

在双边合作领域，中国与欧盟、东盟等区域性国际组织开展了各种类型的教育交流与合作项目。这些教育交流与合作项目大体上可以区分为两类：一是教育援助项目，二是教育合作项目。两类项目因为基本属性的不同而涉及不同的管理规则。

（一）教育援助项目

教育援助项目在中国改革开放初期相对多见，至今仍有许多教育援助项目。这类项目既包括中国作为受援国接受的教育发达国家提供的双边教育援助项目，也包括中国随着自身的经济发展，向教育欠发达国家提供的教育援助项目。前者例如，中欧商学院项目（CEIBS）、中欧高等教育合作项目（HECP）、中欧欧洲研究中心项目（ESCP）、中欧基础教育合作项目（BECP）和中欧职业教育合作项目（VECP）等。后者例如，中国对非洲国家的教育援助、中国对东盟国家的教育援助和中国对阿拉伯国家的教育援助等。

受援类教育合作项目的管理一般要依据资助国有关对外援助项目的管理规则以及中国（通过对口管理部门）与资助国有关部门签署的双边协议。在对外教育援助方面，中国设立了若干教育援助基地，近年来又开始在国际组织设立信托基金，通过多边性国际组织的平台实施对外教育援助项目，这是一种新的尝试。一般而言，尽管各个资助国对外教育援助项目

的管理规则有所不同，但大体包括以下一些管理原则：第三方管理主体、配套式投入、成文法管理和国际组织信托基金。

（二）地方性的国际教育合作项目

地方性的国际教育合作项目是指我国的地方教育主管部门和高等院校与国外的地方教育主管部门和高等院校合作开展的国际教育合作项目。这类国际教育合作项目主要依据双边协议或协定开展，其类型和性质各有不同，但其中所涉及的管理规则主要包括对等投入与收益等。

中国目前在对外教育交流与合作领域也启动了多项基于地方合作的项目，最典型的就是孔子学院项目。经过几年的摸索，中国的孔子学院项目已经确立和发展了一套管理规则，主要包括：竞争性选择、对口型实施、配套式投入和可持续发展。中国孔子学院项目的成功开展为中国进一步开拓地方和校际教育交流与合作提供了许多有益的经验，值得我们认真总结，并在国际上广为宣传，希望能够为世界范围内国际教育交流与合作的规则的制定提供良好的中国实践范例。

第六章

国际教育规则的应对与优化

从国家整体战略的角度看，正确应对国际教育规则，就是响应和落实“统筹国内国际两个大局”的号召。习近平 2014 年 11 月出席中央外事工作会议时指出，“中国与世界的关系在发生深刻变化，我国同国际社会的互联互动也已变得空前紧密，我国对世界的依靠、对国际事务的参与在不断加深，世界对我国的依靠、对我国的影响也在不断加深。我们观察和规划改革发展，必须统筹考虑和综合运用国际国内两个市场、国际国内两种资源、国际国内两类规则”（佚名，2014b）。

回顾历史，中国在应对国际教育规则方面已经积累了丰富的经验；考察当下，中国在参与制定国际教育规则的进程中还能够发挥更大的作用；展望未来，中国将以自身教育发展的成功经验丰富国际教育规则的内容。归根结底，正确认识和全面理解国际教育规则是为了正确应对国际教育规则。这意味着“通晓国际教育规则”不仅是为了更好地掌握现代教育发展的一般规律，推动中国教育事业的发展，而且是为了“优化国际教育规则”，改变中国与其他发展中国家类似的“在参与国际规则制定中表现出来的高意愿与低能力的问题”（薛澜，俞晗之，2012），提升参与能力，将中国教育发展的成功经验融入国际教育规则，从而提升中国教育经验的国际影响力，为世界教育事业的发展做出自己的贡献。

第一节　中国应对国际教育规则的历史经验

一、中国与联合国教科文组织的关系演进

对于任何国家而言，加入某个国际组织绝非像发表声明或签订协议那样简单，而是要经历一个相对复杂和漫长的过程。只有在这样一个过程中，特定的国家才会真正参与这个国际组织，并在这种参与进程中互相进行协商，并完成制度建构。老一代中国问题专家哈罗德·杰克逊（Harold K. Jackson）和麦克·奥克森伯格（Michel Oksenberg）在分析中国加入国际货币基金组织时指出，尽管有许多反复，某些阶段也可能同时发生，但整个过程大体可以分为次序相连的四个阶段，即接触（engagement）、最初参与（initial participation）、相互调整（mutual adjustment）和成熟参与（mature participation）（Jackson，Oksenberg，1990）[107]。

上述分析也同样适用于中国与联合国教科文组织关系的发展历程（见图6-1）。中国是联合国教科文组织的初始成员国之一，并一直积极参与该组织的相关活动。新中国成立后，中国一度被排除在联合国体系之外，直到1971年，新中国恢复了在联合国和联合国教科文组织等专门机构的合法席位。一般而言，中国与联合国教科文组织的关系也经历了四个发展阶段：（1）接触与初步参与期（国民政府时期，1945—1949年）；（2）中国重返联合国教科文组织后的最初适应期（1971—1985年）；（3）相互调整的全面学习期（1985—1999年）；（4）深度参与的成熟伙伴期（1999年以来）（谢喆平，2010）[39]。

考察中国与联合国教科文组织的关系史可以发现，双方关系的建构并非一蹴而就，也非一帆风顺。同时，中国参与联合国教科文组织的动机、基本态度和行动模式也并非一成不变。具体而言，1971年中国重返联合

国和联合国教科文组织，有着当时国际与国内的多重因素，符合主权国家参与国际组织的一般规律，也具有深远的政治意义。具体考察中国重返联合国教科文组织的历史过程可以发现，在重返该组织之后的 1971—1978 年，除了参加其政治性会议外，中国对其业务活动基本上采取一种不参加和不介入的态度。

图 6-1　中国与联合国教科文组织的关系演进过程

1978 年以后，中国开始广泛参与联合国教科文组织主要领域的业务活动。这种态度和行为的变化，正是源于中国国内政策发生重大转折。对于 1978 年开始实行改革开放战略的中国而言，联合国教科文组织为中国提供了一种以稳妥方式接触外部世界、参与国际体系的可能与机会。同时，中国也接受和认同联合国教科文组织在教育、科学、文化和传播等领域的权威地位。正如中国联合国教科文组织全国委员会所指出的那样，“中国面对改革、发展的艰巨重任，既需要资金和设备，也需要吸收借鉴新的思想、观念，探寻自己的发展道路。作为国际智力合作机构的教科文组织恰恰可以在后一方面提供帮助和支持”（中国联合国教科文组织全国委员会秘书处，1991）。也正是在1978年之后，中国与联合国教科文组织的关系发生了重大变化，双方于1978年和1985年先后两次签署了若干合作备忘录，1979年，中国又根据联合国教科文组织《组织法》成立了副部级的中国联合国教科文组织全国委员会，由教育部归口管理，成员单位包括28个国家职能部门，同时向联合国教科文组织总部派出常驻代表团和工作人员。1984年，联合国教科文组织在北京设立了科技办事处，后拓展为东亚地区办事处。这些都为中国与联合国教科文组织关系的进一步发展提供了良好的条件。

二、中国参与联合国教科文组织活动的历史经验

回顾中国与联合国教科文组织关系的发展历史，我们可以发现许多有益的历史经验（见图6-2）。具体包括如下几个方面。

（一）以主办活动带动参与程度

1971年重返联合国和联合国教科文组织之后的大约10年间，中国主要参加相关的政治性会议，对于其业务活动则很少参与，更不要说主办相关的活动。这种状况一直到1978年之后才开始改变。1978年党的十一届三中全会确立了中国的改革开放战略，邓小平同志在同年夏天会见联合国教科文组织总干事姆博时明确指出："有条件地吸收世界上一切先进科学技术成果，勇敢地向国际上一切先进的东西学习。和你们这样的组织合作，我们将采取积极的态度。我们可以派工作人员去，可以参加你们举办的国际学术活动。你们的组织可以派专家来华讲学，办训练班。"（中国联合国教科文组织全国委员会秘书处，1991）这一谈话确立了中国对于联合国教科文组织这类专业性国际组织所持的政策，其中所提的"学习"取向更成为此后中国参与国际组织活动的一项重大原则。在过去的30多年里，中国积极参与联合国教科文组织的相关活动，先后承办了许多重要的活动，包括联合国教科文组织全民教育高层会议、联合国教科文组织亚太地区教育革新为发展服务计划年会、九个人口大国全民教育部长级会议、亚太地区扫盲会议、全球大学创新联盟亚太地区年会、国际职业技术教育大

会、亚太地区承认高等教育学历文凭地区公约委员会会议、国际高等教育资格与文凭互认研讨会、世界语言教育大会、国际教育信息化大会等等，极大地提升了我国参与联合国教科文组织活动的程度与水平。

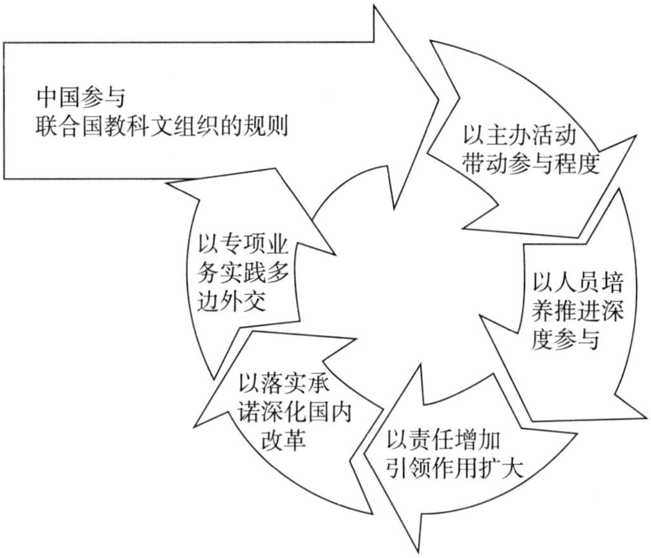

图 6-2　中国参与联合国教科文组织的历史经验

（二）以人员培养推进深度参与

中国联合国教科文组织全国委员会和中国常驻联合国教科文组织代表团是中国与联合国教科文组织沟通与联系的重要纽带，并通过大量国际合作项目在中国的开展培养了一大批熟悉国际规则的高层次人才。以科技领域为例，通过联合国教科文组织的六大政府间合作计划（政府间海洋委员会、国际水文计划、人与生物圈计划、国际地质对比计划、综合信息计划、政府间信息学计划）在中国的“落地”，许多合作项目在国家海洋局、水利部、中国科学院、国土资源部、科技部的协调下得以实施。但是在这一过程中，中国向联合国教科文组织输出的观念、主张和建议相对较少，更多的是通过派遣专家、官员和学者参与相关计划、活动和会议接受大量国际信息为我所用。1975—1983 年，中国科技情报所通过向联合国教科文组织派出进修人员以及邀请专家来华举办讲习班，为中央相关部委、各省市及大专院校的情报科研机构培训了200多名情报学科人员（芦垚，山旭，2013）[14]经过与国际海洋学界的多年隔离之后，中国海洋学界通过参与联合国教科文组织政府间海洋委员会和海洋科学处举办的各种会议和活动，较好地掌握了国际海洋研究的前沿发展，从而确定了中国的海洋研究重点。通过了解和申报世界自然遗产和文化遗产以及非物质文化遗产，中国传统的“文物保护”概念逐渐演变成为“遗产保护”概念，文化部甚至据此设立了非物质文化遗产保护司，各省、市、自治区文化厅也设置了相应的非物质文化遗产保护处。此外，通过参加联合国教科文组织“人与生物圈计划”，中国开展了资源与环境的早期研究活动，并培养了一批自然保护专业的科技人员。上述交流活动直接推动了中国相关学科的建设与发展。

联合国教科文组织以其国际智力合作组织的特质，与中国共同构建了一个独特的传授与学习的互动框架。在这个进程中，联合国教科文组织首先为中国提供了多个可以进行学习的“机会窗口”，进而又在中国的主动参与下建构了包括“传授者-学习者”的学习框架。在这一框架中，通过人员与信息的交流，联合国教科文组织在教育、科学和文化领域所提出的一系列先进理念逐步为中国所熟知。

（三）以责任增加引领作用扩大

随着时间的推移，这种“传授-学习”机制逐渐发生了变化，中国开始竞选联合国教科文组织高层职位、主办高级专业会议、成立研究培训机构（如国际泥沙研究培训中心、国际农村教育研究与培训中心、国际工程知识中心、亚太地区世界遗产中心等数个联合国教科文组织二类中心）、出资在联合国教科文组织设立奖项（如孔子教育奖、亚太地区教育创新文晖奖等）和奖学金等。① 这些新的变化一方面展示了中国既往的学习成果，同时也表明这一“传授-学习”机制逐渐由单向学习走向双向互动。

---

① 2014年习近平总书记在联合国教科文组织总部演讲时宣布，把通过该组织向包括非洲国家在内的发展中国家提供的长城奖学金名额由每年25人扩大为75人。

中国不仅对接受外来先进理念和经验抱有强烈的兴趣，而且还结合本国实际将这些先进理念和经验内化到本国的教育发展之中，并在此基础上创造出新的中国经验，为国际教育改革与发展做出了自己的贡献。随着责任的增加，中国在联合国教科文组织中开始发挥越来越大的作用。

（四）以落实承诺深化国内改革

自中国恢复在联合国教科文组织的合法席位以来，中国政府参与讨论并签署了一系列的国际公约、宣言和行动计划，内容涉及全民教育、职业技术教育、高等教育、成人教育和终身学习等领域。深化与落实相关的国际承诺有助于我国的教育理念、政策和制度与国际接轨，也有助于促进国内的教育发展与改革。例如，中国政府对国际社会倡导的全民教育做出了庄严承诺，并体现在国家发展战略之中，包含基本普及九年义务教育和基本扫除青壮年文盲的“两基”工作取得了举世瞩目的成就，联合国教科文组织所倡导的幼儿保育与教育、可持续发展教育、国际理解教育、职业技术教育、教师教育、信息通信技术在教育中的运用、高等教育质量保障与文凭互认、终身学习、跨境高等教育等也成为我国深化教育改革与发展的重要领域。

（五）以专项业务实践多边外交

胡锦涛同志在党的十七大报告中明确指出：“中国的发展离不开世界，世界的繁荣稳定也离不开中国。”（胡锦涛，2007）结合多边外交工作，特别是对联合国教科文组织的工作，走和平发展的道路是在新的历史时期做出的符合历史潮流和我国人民利益的正确选择。中国在国际组织内的地位明显提升，发挥的建设性作用越来越多，这些与综合国力的不断提高是密不可分的，也有利于从国际层面维护国家的根本利益。

在过去的十几年中，我们利用联合国教科文组织这一多边舞台积极宣传我国和平发展的外交方针和共建和谐世界的主张，通过各类教育合作项目践行多边外交，得到了各国的广泛认同与赞赏。在教育方面，我们把全民教育作为我国与该组织合作的重点，我国在全民教育方面所取得的成就也被联合国教科文组织视为发展中国家的一个样板。2005 年我国成功举办了全民教育高层会议，温家宝总理出席并指示要进一步开展与联合国教科文组织全面、持久的合作。2007 年，我国又成功承办了亚太地区扫盲会议，为世界全民教育的发展注入了新的活力。2006 年起，我国出资设立了“联合国教科文组织孔子教育奖”，这是首次以中国人命名的国际教育奖项，受到了各会员国和国际组织的称赞。在科学技术合作方面，我国的国土资源、海洋、地矿、水利以及环境与生态保护等部门和相关科研单位深入参与到了联合国教科文组织的各种国际合作计划中，使我国的声音得以传播，我国的利益得到维护和拓展。在文化方面，我国积极申报世界文化和自然遗产，有力地促进了我国世界遗产和非物质文化遗产保护和管理工作。

第二节　加强与相关国际组织的合作

正确应对国际教育规则，对于当下的中国而言，就是要在以往合作的基础上进一步加强与教育领域相关的国际组织，特别是联合国教科文组织的合作，以国际先进经验开拓思路，创新落实《教育规划纲要》。具体而言，主要涉及下述几个方面。

一、优化顶层设计与完善改革方案

扩大教育开放是《教育规划纲要》的重要内容，是建设教育强国、人力资源强国和创新型国家的迫切要求。从历史上看，早在改革开放初期，邓小平同志就高瞻远瞩地提出教育要“面向现代化、面向世界、面向未来”，这一重要思想为我国教育对外开放指明了方向，教育领域的改革开放也成为我国改革开放事业的重要组成部分。就现实而言，扩大教育开放是我国深化教育改革的时代要求。据统计，改革开放以来，出国留学人数呈现出持续增长的态势，2014 年我国出国留学人员总数为 45.98 万人，同比增长了 11.09%。从 2000 年到 2014 年，15 年间中国留学人员人数增长迅猛，年均增长率接近 22%。从 1978 年到 2014 年年底，各类出国留学人员总数达 351.84 万人。（教育部，2015）截至 2014 年，中国留学回国累计总人数已达 180.96 万人次，占出国留学累计总人数的 51.4%（辛闻，2015）。留学回国人员已成为推动我国社会经济发展的一支重要力量。目前在中国留学的各国留学生有 36 万人（佚名，2014a）。在促进我国同世界各国教育交流与合作的过程中，联合国教科文组织等国际组织发挥了极其重要的作用。

国际组织是世界各国交流与合作的平台，参与国际组织的多边合作一直是我国对外教育合作的重要部分。长期以来，中国已经与 28 个国际组织建立了良好的合作关系，其中包括联合国教科文组织、世界银行、欧盟、亚太经合组织、东盟、世贸组织以及经合组织。这些国际组织开展的国际项目对于我国教育改革与发展产生了重要的影响。当前，随着世界政治和经济的交流日益密切，教育国际化已成为时代发展的必然要求。教育开放不仅能使我们更加清醒地认识到自身存在的不足，而且还可以借鉴别国的成功经验完善我国的教育改革方案，通过改革与发展逐步缩小我国与世界发达国家的教育差距。

二、借鉴先进理念与推进教育公平

保障公民受教育权和推进教育公平是每个主权国家的共同目标，也是国际组织的共同期待。自成立以来，联合国教科文组织针对教育公平问题已推动制定了一系列的国际公约，并与其他国际组织共同开展了一系列全球性的行动。1948 年签署的《世界人权宣言》指出：人人都有受教育的权利，基础教育是免费的和义务的，高等教育也要根据成绩向公民开放（UN，1948）。1989 年缔结的《儿童权利公约》再次重申了所有儿童均享有受教育权。1976—1990 年间缔结的许多国际条约和公约均提到消除一切形式对妇女、儿童和残疾人的教育歧视现象。联合国《千年发展目标》提出普及小学教育，确保所有男童和女童都能完成全部小学教育课程。2015

年世界教育论坛达成的《仁川宣言》提出了未来15年的教育目标是“实现包容和公平的全民优质教育和终身学习”，与联合国拟议的可持续发展目标4“为所有人确保包容、公平的优质教育并促进终身学习机会”互为呼应。

除联合国教科文组织外，其他许多国际组织也为促进世界各国的教育公平做出了大量的努力。例如，联合国儿童基金会先后开展了“重返校园运动”和“爱生学校”项目，帮助受灾难影响的国家开展教育重建，积极参与寻找失学儿童，并帮助他们重返校园。世界银行已经为许多国家，尤其是发展中国家提供了必要的资金支持，用于扩大基础教育入学率、缩小地区间教育差距、提高教育质量等，中国中西部地区也从中受益。2003年，“世界银行贷款/英国政府赠款西部地区基础教育发展项目”在我国正式启动，项目总投资达1.473亿美元，其中世界银行贷款1亿美元，主要用于支持四川、云南、广西、宁夏、甘肃五省（区）基础教育，其中涵盖了乡村中小学校舍等其他教学硬件设施建设以及中小学校长及教师的培训活动（世界银行，2010）。通过这些项目的实施，各级政府部门的教育管理人员以及从事教育研究的专家学者能够学习到国际组织中的先进管理经验和教育理念，有利于提高他们对教育公平的认识以及教育管理与研究水平。

三、引进先进思想技术与提高教育教学质量

国际组织倡导的教育理念与原则以及开展的全球教育行动，有利于会员国逐步将教育政策的重心从关注教育投入和入学机会向关注教育质量和教育公平转变。历经新中国成立后数十年的努力，我国的教育事业取得了令人瞩目的成就，并基本实现了数量上的发展和普及。然而，与世界发达国家相比，我国教育质量和教育公平的整体状况仍然有很大的发展空间。

在目前的全球化进程中，国际组织在推动各国提升教育质量和教育公平的过程中发挥着越来越重要的影响。它们提出的一些政策和理念推动了

世界很多国家的教育改革与发展。例如，欧盟于2001年发布的《学校教育质量报告》（*European Report on Quality of School Education*）列出了评价教育质量的16个标准，涵盖了学业成就、完成学业和升学、学校教育监测、资源和结构四个方面（European Commission，2002）[2]，对欧盟成员国的教育决策产生了很大的影响。世界银行倡导的知识经济和创新能力得到了各国政府的重视。有学者认为，世界银行对教育的影响更多体现在作为一个“理念的传播者”，而不仅仅是作为一个教育援助机构（Jones，Coleman，2005）[94]。经合组织一直致力于国际教育质量的提升，比如该组织的国际性教育成就测试等重要活动，尤其是其中影响最大的“国际学生评价项目”和“国际成人素养调查”。这两项国际评估项目，特别是前一个项目的数据分析对各参与国教育政策制定与调整以及教育改革起到了重要的导向作用，极大地推动了参与国基础教育质量的改善和提高。此外，作为“标准的制定者”，联合国教科文组织所制定的教育标准（如全民教育六个目标和四大指数、全民教育国家监测工具、基础教育质量评估的15项指标等等）为我国落实《教育规划纲要》要求的“制定国家教育质量标准”提供了重要的依据和参照。

第三节 积极参与国际教育规则制定

国际规则的政策平台是国际组织，但政策过程往往由各国（地区）政府主导（薛澜，俞晗之，2012）。正确应对国际教育规则，无疑还包括以中国的经验推动国际教育规则的进一步发展和完善，使中国在教育领域对世界也有较大的贡献。对此，我们有必要制定相关的国家战略，有意识地采取相关行动。具体而言可以包括以下几个方面（见图6-3）。

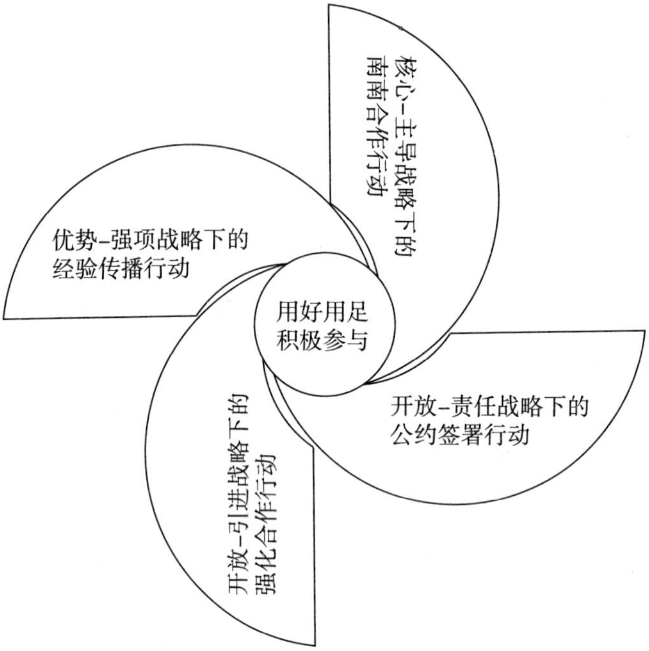

图 6-3　中国参与国际组织的综合战略

一、优势-强项战略下的经验传播行动

近 20 年来，联合国教科文组织联合联合国儿童基金会、联合国开发计划署、世界银行等国际组织在世界范围内推动“全民教育”运动，倡导和践行“全纳教育”，特别为“冲突中”和“冲突后”国家、灾后重建国家的儿童、边缘化的儿童、女童、农村儿童、有特殊学习需求的儿童提供平等的基础教育入学机会，近年又致力于消除教育质量中的不平等现象，并为此呼吁会员国政府加强政治责任感，增加公共教育经费投入，把教育公平与可持续的社会、经济、环境与文化发展密切联系起来，极大地促进了世界各国，特别是发展中国家教育的发展与普及。

国际组织在许多国家都设有分支机构和办事处，联合国教科文组织甚至规定各会员国均要设立全国委员会，对口协调本国与联合国教科文组织相关的事务，这为国际组织与会员国的合作提供了强大的组织保障和制度保障。经过近 40 年的发展，中国联合国教科文组织全国委员会已经成为联合国教科文组织中最强的全委会之一，在其协调下，中央和地方政府相关部门和机构参与了联合国教科文组织各业务领域的大量合作项目与活动，促进了中国与世界各国在教育领域的相互交流与经验传播，在推动中国教育走向国际化的同时，也向国际社会提供了来自中国的教育发展有益经验。

二、核心-主导战略下的南南合作行动

应充分利用联合国教科文组织所积极倡导的“南南合作”框架，扩大在国际教育规则中的话语权和影响力，争取在 21 世纪新的国际教育规则的制定过程中发挥更加积极和建设性的作用。近年来，中国政府与联合国教科文组织签订了“信托基金合作计划”和“联合国教科文组织/中国/非洲 20+20 大学合作项目”，应该充分利用这个机会掌握中非/南南合作规则制定的主动权，确保这些项目的实施体现平等互利、优势互补、互相学习、讲求成效、可持续的原则。

要进一步加强与联合国教科文组织已有的南南合作机构的合作，如联合国教科文组织设在埃塞俄比亚的一类机构“国际非洲能力建设所”、设在布基纳法索的二类中心“妇女-女童教育中心”以及“非洲教育发展协会”等，使中非/南南教育合作的国际规则符合发展中国家的自身特点，不断总结以往合作的成功经验和失败教训，使得我们在教育领域的南南合作项目和对非合作项目走上一条更加可持续的发展道路。

我们应利用联合国教科文组织为促进世界全民教育目标的实现而设立的“九个发展中人口大国”平台和机制，使它成为南南合作的范例，成为教育领域国际规则的重要推进者和实践者。九个发展中人口大国已成为发展中国家实现全民教育目标的“战略伙伴”，它们一方面引领世界全民教育运动的发展，另一方面又为欠发达和最不发达国家开展全民教育提供长期的支持。与此同时，九个发展中人口大国还开创了“南南北三角合作模式”，使得国际社会能够在共同的教育国际规则基础上，共同推动全球各

国教育的改革与发展，为促进世界的和平与发展做出各自的贡献。2014年11月在巴黎联合国教科文组织大会第37届会议期间举行了首次里程碑式的金砖五国（巴西、俄罗斯、印度、中国和南非）教育部长会议，与会的各国教育部部长一致同意在教育领域建立一个常设合作机制，与教科文组织合作通过协调行动和宣传来推动全球教育发展。

三、开放-责任战略下的公约签署行动

随着国际交流的不断深入，一个负责任的大国应当积极参与相关国际公约的制定与签署，在共同遵守国际规则的基础上促进各国教育的共同发展。联合国教科文组织是联合国系统中负责国际和地区高等教育学历、文凭和学位互认公约缔结的唯一专门机构，该公约体现了高等教育领域的国际规则和质量规范，而且对缔约国有法律约束力。我国在1983年就成为联合国教科文组织《亚洲和太平洋地区承认高等教育学历、文凭和学位的地区公约》缔约国之一。针对高等教育的新变化和新趋势，地区各缔约国对原公约进行了修订，并重新签署，公约改名为《亚太地区承认高等教育资历公约》。新公约的缔约国大会于2011年11月25日在日本东京召开，中国教育部副部长杜玉波代表中国签署了该公约。2014年我国正式批准了该公约，成为第一个批准该公约的国家。高等教育学历、文凭和学位的相互承认对促进高等教育学术流动、消除教育服务贸易的技术壁垒、推动知识与人才流动将发挥越来越重要的作用。经修订的公约更加完善，对亚太地区跨境高等教育合作、建立学历认可合作机制产生了积极的影响。

四、开放-引进战略下的强化合作行动

根据《教育规划纲要》要求，加强与国际组织的合作，积极参与全球性和区域性的多边教育合作，搭建高层次国际教育交流与合作的政策对话平台，积极参与和推动国际组织教育政策、规则和标准的研究和制定，能有效地提升我国的国际地位、影响力和竞争力。就切实推动我国教育的国际化和促进教育公平而言，加强与国际组织的合作有以下五个方面的重要

作用：(1) 能够以多种形式引进和利用境外优质教育资源，包括项目资源、人力资源以及教学资源等；(2) 能够全面提高国际教育交流与合作水平，包括扩大国家间的学历学位互认，加强与国外高水平大学的合作，拓展教育交流合作的范围，在各级学校中加强国际理解教育，推动教育的跨文化交流，增进学生对不同国家、不同文化的认识和理解；(3) 能够有效地推动我国高水平教育机构到海外办学，广泛开展国际合作和教育服务；(4) 有助于促进教育公平；(5) 有助于提高教育质量。在已有的国际教育交流与合作经验以及中国教育发展所取得的巨大成就的基础上，中国教育一定会更加国际化，也一定会对国际教育规则的发展做出自己独特的贡献。

第四节　适应和运用国际教育规则的若干行动计划

正确地应对国际教育规则，意味着要在教育实践中有意识地采取具体的行动。为此，特提出下列行动计划与设想。

一、积极加入和有效落实国际教育公约

国际公约是指国家间有关政治、经济、文化、教育、技术等方面的多边条约，对缔约国具有约束力。公约通常为开放性的，非缔约国可以在公约生效后的任何时候加入。有的公约由专门召集的国际会议制定，经由会员国依据其各自的宪法程序决定是否批准或是否加入。联合国宪章和联合国系统制定的有关国际公约对缔约国政府教育法规和政策的制定具有指导作用。

由联合国教科文组织主导并组织会员国制定的国际教育公约，或反映联合国有关公约（如《公民权利与政治权利国际公约》）的规则精神，

或是就重大教育问题专门制定的（如《反对教育歧视公约》《承认高等教育学历、文凭和学位的地区公约》）。尽管这些公约涉及不同教育领域，但其基本规则主要与教育目标、政策、内容、组织结构、受教育权利、教育质量、教育内容、教育结构、教育资源合理配置、学生有个性的全面发展、师生的跨境流动等密切相关，这些国际公约对于我国教育法规和政策的制定具有重要的价值。作为会员国，我国已经批准、核准、接受、加入了一些国际教育公约，另有些公约还没有批准或加入。为此，应着力开展以下几项工作：

第一，积极研究已经签署的公约，确保这些公约的内容对我国的适切性和执行的可行性。我国对《儿童权利公约》在教育领域的实施，多年来一直通过“联合国儿童基金会-中国教育合作项目”进行。该公约中有关儿童教育权利平等、儿童个性与身心的“最充分发展”、儿童价值观的培养等，不但与我国促进教育公平、提高教育质量和培养学生全面发展的方针、政策完全一致，而且通过项目（如“爱生学校”）的有效实施，已经对我国基础教育实践和地方社会发展产生了广泛而积极的影响。

第二，在深入研究的基础上，以更加主动积极的态度促成加入还未批准加入的国际教育公约。比如，联合国教科文组织《反对教育歧视公约》，旨在取消基于种族、肤色、性别、语言、宗教、政治或其他见解、国籍或社会出身、经济条件的任何排斥限制、特惠或其他不平等待遇。虽然我国认同反对教育歧视的国际规则，但对于因“宗教、政治或其他见解”等产生的“歧视”与有关国家会有不同的理解，对有关条款的执行会有条件的限制，所以至今尚未批准加入该公约，但这不应影响我国更积极地参与国际社会关于实施该公约的对话和讨论，更不排斥在有关条款做合理修改后积极考虑加入该公约。

第三，发起或修订区域教育公约。人类进入 21 世纪以后，不少重大教育问题被“全球化”，需要制定全球适用的国际规则加以规范才能解决，我国可以根据问题的国际普遍性和我国的教育执法、教育治理经验，考虑发起某个领域的国际或地区教育公约，或提议修订已有公约中的相应条款。比如，如何在国际“反恐”中保障学校安全和儿童生命安全的问题，如何在资源开发和环境保护过程中保障儿童营养、食品安全和身体健康的问题，如何在信息通信技术日益广泛地应用于教育的过程中保障网络安全和虚拟社会和谐，使儿童免受恐怖、色情和不健康价值观传播之害等等，都有制定相应公约或补充修订已有公约中的有关条款的必要性和可行性。

第四，继续研究如何改进我国已经批准或加入的有关国际公约或协定的有效实施。对于我国已经批准、核准、接受或加入的有关国际公约或协定，要根据签约后的实施情况和新的社会、经济、文化和教育实际需要，加强持续深入的研究，不断改进公约或规则的实施，以保证我国在国际公约实施中的话语权、主动权，使我国更多地得益于有关公约规定的国际规则，转变我国的弱势与被动地位。

二、积极培养各级国际组织职员

《教育规划纲要》提出要加强“培养通晓国际规则、具有国际视野的国际化人才”。对于更好地利用联合国教科文组织等多边国际舞台、应对国际教育规则，提升我国教育国际竞争力、影响力来说，最迫切、最能产生实效的无疑是“加大国际组织职员的培养力度”。

国际职员，亦称国际公务员，是指在联合国及其他国际组织中工作的各类人员，受国际组织行政负责人领导，为全体会员国服务。自我国恢复在联合国教科文组织的席位以来，我国对该组织的贡献不断增加，影响日益扩大，同时缴纳的会费也显著增加。到 2015 年，我国每年缴纳教科文组织会费占教科文组织会员国会费的 5.148%，名列第六位，是发展中国家中缴纳会费最多的一个国家。因此我国在联合国教科文组织的国际职员配额也从 20 世纪 90 年代的 8 名增加到 17 或 18 名。但是这个人数与我国的政治、经济大国地位相比仍然极不相称，我国在派出具有国际工作经验和相应专业素质的国际组织职员方面还是捉襟见肘，后备队伍还不强。如何加大国际组织职员培养力度，已成为我国在多边外交中建立国际教育舞台的重大挑战。

2015年我国首次与联合国教科文组织合作签署了初级项目官员（JPO）协议，由国家资助选派2名年轻专家赴联合国教科文组织遗产中心和社科部门工作；此外，还首建了公派实习生项目，为期半年到一年，通过国家留学基金委向该组织总部和地区办事处选送了近20名在读或刚刚毕业的学生。

（一）建立通过多边合作培养国际化人才的培养体系

从宏观和全局的高度，搞好总体规划，制定并推动实施国际化人才工程，加强宏观指导。各系统、各部门结合实际，准确把握国际化人才需求的发展趋势，建立和完善责任制，加强对实施过程的组织管理，使人才工作更具有前瞻性和创新性。

建立通过多边合作培养国际化人才的社会体系，运用经济和法律手段引导全社会参与多边合作培养国际化人才，鼓励和支持社会力量参与国际化人才的培养，激励社会兴办相关教育。强化用人单位在通过多边合作培养国际化人才中的主体地位。鼓励企业挖掘内在潜力培养自己的国际化人才。努力形成政府、企业、教育单位共同投入的通过多边合作培养国际化人才的投入机制与收益分享机制。

（二）建立和完善多边合作导向的国际化人才培养模式

一要强化正规学校中的国际教育与国际组织研究，在有基础的高校开展试点。教育部门应借鉴国际经验，在基础教育和高等教育中尝试进行多边合作，重视对学生的全球意识、国际化观念的培养，鼓励学生到国外学习。同时，加强对教师队伍国际化意识和全球视野的培养等等。

二要加强培养方式的实践性。国际化人才培养应坚持学习与实践相结合、培养与使用相结合的原则，进一步拓宽国（境）外培训渠道，选派各级各类人才到国际组织进行实习实践，促进人才在实践中不断增长知识、扩大视野、提升能力。加强国际交流与合作，聚合优秀人才，带动国际化人才的培养。强化国际交流与合作项目对国际化人才培养的作用。鼓励和支持高层次人才参加国际合作项目。积极发展与科技、经济先进国家的合作与研究，采取课题招标、协作攻关、项目合作、讲学指导、访问交流等多种形式培养国际化人才。

三要“走出去”与“请进来”相结合。联合优势力量和资源，为培养国际化人才建立高水平、国际化的平台。邀请国际组织中有决策权的高级职员、境外公共管理部门的行政官员、优秀的企业经营管理者、相关专业的学者进行专题研讨与交流。

四要规范和促进国际人才中介机构的发展。发展市场中介机构在国际化人才培养和引进中的主体作用。促进行业协会、学会与国际通行行业评价体系的接轨，引进国际专业技术行业的认证标准，加快国内专业技术人才执业资格与国际专业协会执业资格的接轨，加速人才国际化进程。

（三）大力营造有利于国际化人才成长的机制和环境

建立以公开、平等、竞争、择优为导向，有利于国际化人才快速成长的选人、用人机制；制定能充分体现国际化人才价值的薪酬机制。努力为他们发挥作用创造良好的工作环境、和谐融洽的人际环境、民主活泼的学术环境、比较舒适的生活环境和尊重理解的社会环境；激发他们的创新欲望，激励他们的创新热情，激活他们的创新潜能；激发高级人才国际化的主动性和积极性。

一是要提高公众认识。让公众了解国际组织，认识中国在国际组织中占有一席之地、扩大国际话语权和影响力的重要意义。

二是要加强关于国际组织的研究。在有基础的相关高校进行试点，在现有的国际关系领域课程体系中，加入或增加国际组织相关课程，同时要注意培养优秀师资，大力增强研究能力。

三是要完善国际组织后备人才库。为加强中国与联合国及其他国际组织的合作，适应国际组织招聘国际职员的需要，及时推荐有竞争力的国际职员候选人，中国国际职员服务中心在有关部门的大力支持下，建立了“中国国际职员后备人员库”。中国国际职员后备人员库面向联合国及其他国际组织，为中国政府各部门推荐国际职员候选人提供服务，为国际组织在华招聘国际职员服务。中国国际职员服务中心根据国际组织招聘人员的需要，按照“公开、平等、竞争、择优”的原则，不定期地组织公开招考国际职员后备人员。公开招考依据联合国国家竞争考试的要求和国际组织任职条件，由中国国际职员服务中心和人事部人事考试中心组织实施，面向社会，严格考试，平等竞争，择优选拔。考试和考核合格者将进入中国国际职员后备人员库，并发给后备人员证书。中国联合国教科文组织全委会也已通过多种途径多次推荐中青年专业人员竞聘国际职员，或以借调形式派往联合国教科文组织有关部门工作。国家人事和相关部门应当和国际组织沟通，尽量将后备人员分批次纳入后备人员库。应当根据各个国际组织的实际需求，进行分门别类的考前培训指导，有目的地进行储备。另外学员个体应当加强学习，提前掌握在国际组织工作所需要的知识和技能。

四是要在国家层面转变观念，积极应对。首先，实现由批评者到参与者的角色转换。对于以美国为首的西方国家主导的国际组织，长时间内我们国内一些人曾经持批评的立场。但是，全球化的大潮要求我们进一步利用外部资源，进一步对外开放，因而中国的参与战略不能仅仅停留在有无参与兴趣、参与要求和参与可能上，而应改变观察外部世界的视角和心态，转换自身角色定位，不能否定甚至拒绝可以利用的外部机制，对现存国际机制和国际组织不合理成分应当有所认识，但不能以偏概全，而应当积极参与国际组织的有关活动。其次，重点转换，由单纯注重政治性国际组织，转向重视经济、教育、文化类国际组织，全面提升国家形象。中国恢复在联合国安理会常任理事国席位，是中国政治地位获得国际承认的标志，但是，虽然我们经济实力突出、联合国会费不断增加，但我们在国际舞台的发言权和能力仍然有待进一步提升。根据对国际环境的分析和判断，中国在传统国际经济分工中处于弱势地位。我们同时也发现，中国面对着经济全球化带来的难得的历史机遇，新技术革命改变了国际分工的原有规律，传统的理念不再适应新的发展势头，传统的外向合作思路必须加以改进，工作重点应当及时转换，注意利用国际组织平台、加强同国际组织关系应当成为新时期中国参与国际组织工作的重点策略。最后，对区域合作和机制建设由消极向积极方向转变，加强与东盟、东南亚教育部长会议等地区性国际组织的合作。中国在处理东亚地区一体化和经济合作方面，由强调双边合作开始朝着多边参与的政策转换，而这一发展趋势仍待加强。

三、积极利用信托基金项目

信托是普通法对世界法律制度的重要贡献之一，它起源于英国中世纪的土地用益关系，即土地所有人将土地交付他人占有、使用，但是约定土地收益度给原土地所有人指定的收益。因此，所谓信托即指财产所有人基于信任将财产交给受托人占有、使用、处理，但是约定将收益交给特定的人或用于实现特定的目的的制度。因此，信托可以理解为信托委托人将信托财产交给了信托受托人，信托受托人虽然取得了所有权，却不享有为自己的利益或按自己的意志来支配的权利，只有为信托委托人或其指定的其他人利益，按照信托委托人的意愿来支配他人财产的义务。

（一）信托基金与联合国教科文组织

联合国教科文组织作为一个国际智力合作组织，通常会争取包括信托基金在内的预算外资源，作为实现目标的手段之一。为筹集多种形式的“预算外资金”，以支持教、科、文、传播等部门的计划活动，联合国教科文组织总部设有“预算外经费处”，其职能就是与国际、地区、国家的政府与非政府组织洽谈包括信托基金在内的预算外经费，并负责签署有关法律文书，负责预算外经费的合理使用、监督和向经费提供者提供基金执行报告。在《保护和促进文化表现形式多样性公约》第十八条“文化多样性国际基金”还有这样详细的规定：(1) 兹建立“文化多样性国际基金”(以下简称“基金”)。(2) 根据联合国教科文组织《财务条例》，此项基金为信托基金。(3) 基金的资金来源为：缔约方的自愿捐款；联合国教科文组织大会为此划拨的资金；其他国家、联合国系统组织和计划署、其他地区和国际组织、公共和私人部门以及个人的捐款、赠款和馈赠；基金产生的利息；为基金组织募捐或其他活动的收入；基金条例许可的所有其他资金来源。(4) 政府间委员会应根据下文第二十二条所述的缔约方大会确定的指导方针决定基金资金的使用。(5) 对已获政府间委员会批准的具体项目，政府间委员会可以接受为实现这些项目的整体目标或具体目标而提供的捐款及其他形式的援助。(6) 捐赠不得附带任何与本公约目标不相符的政治、经济或其他条件。(7) 缔约方应努力定期为实施本公约提供自愿捐款。(UNESCO，2005a)

（二）中国政府向联合国教科文组织提供的信托基金

中国政府和联合国教科文组织设立的首个信托基金起源于 2011 年 8 月该组织总干事与中国国家主席胡锦涛所进行的会面。

2011 年 8 月 11 日，胡锦涛主席在深圳会见联合国教科文组织总干事博科娃时，对联合国教科文组织的作用做了高度概括："联合国教科文组织是教育、科学、文化等领域最大的政府间国际组织，成员众多，影响面广，对促进世界各国教育普及提高、科技发展进步、文化传承创新做了许多创新工作，发挥了重要作用。中国高度重视同联合国教科文组织的合作，积极支持和广泛参与联合国教科文组织的合作，积极支持和广泛参与联合国教科文组织开展的全民教育、保护世界文化和自然遗产等工作。"博科娃则表示，中国作为联合国教科文组织的重要成员，积极参与该组织开展全民教育等活动，特别是在支持发展中国家发展方面同联合国教科文组织进行了很好的合作，联合国教科文组织对此表示赞赏和感谢，希望双方进一步加强合作（吴绮敏，2011）。

此后，伊琳娜·博科娃总干事于 2012 年 3 月 2 日会见了在巴黎出席联合国教科文组织第 189 届执行局会议的中国教育部副部长、中国联合国教科文组织全国委员会主任郝平，并签署了《中国–联合国教科文组织教育发展信托基金合作协议框架》。协议框架规定设立一项总额达 800 万美元的信托基金，支持联合国教科文组织的主要优先事项——全民教育，用于未来四年支持非洲教育的发展，特别是非洲教师的发展。博科娃说，该协议是该组织与中国签署的首个基金合作协议，并高度赞扬中国在全民教育领域取得的重大成就，她相信，"携手共进可以改变世界"。郝平对博科娃为推动联合国教科文组织改革所做出的努力以及新推出的行动路线图给予积极评价，并希望通过改革使联合国教科文组织在其职责范围内发挥更大作用。他表示，“信托基金”只是一个开端，希望信托基金的设立可以成为与联合国教科文组织合作的一个范例。中国将一如既往地支持联合国教科文组织围绕核心业务开展工作。（石序，2012）

由此可以看出，“信托基金”是加强中国与联合国教科文组织多边合作的一个重要形式，是促进中国对联合国教科文组织做出更大贡献、扩大中国国际影响力的重要途径。通过信托基金项目主导国际规则的形成，提高我国在多边国际舞台的话语权，为国家发展服务，为世界和平服务，既是重大的机遇，也是全新的挑战。

由于教育部门是联合国教科文组织最大的一个部门，“全民教育”又是跨部门的“优先计划”，所以得到的信托基金也最多。从基金数目来说，日本政府是教育信托基金的主要提供者，2004 年为规划和实施“联合国教育为可持续发展服务十年”（2005—2015 年），日本政府曾向联合国教科文组织提供 500 万美元基金。不少欧洲国家如德国、丹麦、挪威、意大利等也是信托基金的积极提供者。联合国教科文组织亚太地区办事处及地区教育局也得到了不少用于教育计划的信托基金，如日本政府自 20 世纪 80 年代起就多次提供信托基金用于支持扫盲、普及初等教育、职业教育、社区学习中心等，2002—2006 年，曾提供 200 万美元信托基金用于支持“信息通信技术在教育中的应用”，用于该领域的教师培训、课程开发、教育政策信息数据库的建设。韩国政府多年提供少量的信托基金用于国际理解教育。提供教育信托基金的也有亚太地区以外的非政府机构，如比利时私立大学鲁汶工学院，其 2002—2004 年提供的数万美元信托基金用于信息通信技术，支持联合国教科文组织倡导的“21 世纪四大学习支柱的课程开发与教师培训”。

在我国政府此次以信托基金形式支持联合国教科文组织计划活动的带动下，我国的私营部门如海南航空集团与慈航基金会、伟东教育云、深圳市政府也先后捐资在教育部门设立了信托基金项目，支持该组织在亚洲和非洲的妇女女童教育、教育信息化和高等教育。在此之前，除连续增加作为会员国的会费以外，我国还以其他形式从资金上支持该组织，包括捐资设立“孔子教育奖”“文晖教育创新奖”和连续多年为“亚太教育创新为发展服务计划”（UNESCO APEID）提供自愿捐款。

（三）建立信托基金的意义与作用

首先，促成“对外教育援助”向“平等伙伴合作”模式的转变。传统的“对外教育援助”关系中，“援助方”一般都是发达国家或少数新兴工业化发展中国家，而“受援方”通常是教育不发达或欠发达的发展中国家，因此，这种“对外教育援助”反映了双方的不平等；“援助方”还往往在援助计划，在资金使用内容、重点、执行方式、软硬件建设比例、援助国专家派遣等方面提出附带条件，将西方或发达国家的教育主张、理念、改革路径等强加在受援国方面，同时使资金以多种不同形式和途径回流至援助国。这种带殖民主义或新殖民主义色彩的“对外教育援助”早已违背了联合国倡导的新国际秩序及其主权国一律平等的基本原则。自20世纪90年代中后期以来，特别是进入21世纪后，一种全新的、以双方平等互利为原则、以共同发展为目标的“发展伙伴”关系模式及国际教育合作模式已经出现。在这种创新模式的建立过程中，联合国教科文组织一向积极倡导的“南南合作”模式发挥了积极影响，起了很大作用。联合国教科文组织是南南合作最积极的倡导者，它自1945年成立之日起就致力于南南合作，即发展中国家之间的合作。南南合作是“一种关键性的发展模式”，自21世纪初以来，南南合作已变得越来越重要，它可以使发展更加有效。

其次，为南南合作树立榜样和范例。南南合作是两个或两个以上的发展中国家通过知识、技能、资源和技术专长实现各自或共同的发展目标的一个过程。“南部”国家基于共同的社会经济、政治发展议程，有很多重要的经验教训可以分享交流。南南合作的原则是友爱、平等、团结；它是一个多维度的过程，在合作范围上可以是双边的也可以是多边的；在性质上可以是次地区、地区、跨地区的；它是对传统的“南北合作”的重要补充，它构成了发展中国家之间为实现共同目标而建立的团结机制。

南南合作起源于第二次世界大战后的民族解放与反殖民主义运动。为了迎接当代社会、经济、技术和政治的共同挑战，南南合作不断发展。目前南南合作的重点是使发展中国家成为其他所有行动者的有效伙伴，以实现国际社会共同的发展目标，比如联合国“千年发展目标”、G7七国和中国在“哈瓦那行动计划”① 和“多哈行动计划”② 中所提出的目标。

大部分南南合作研究都强调，发展中国家由于相近的社会经济条件，迫切需要互相学习彼此的经验，提高自身能力以满足共同的发展目标。南南合作的大会敦促联合国发挥主动的促进作用。1992年联合国经济及社会理事会和与联合国系统各机构和致力于发展问题的所有合作伙伴给予发展中国家技术合作以“第一位考虑”；1995年联合国大会通过决议案，号召发展中国家技术合作提出“更战略的导向”，集中关注将对主要发展中国家产生“重大发展影响”的优先问题和紧迫问题，而其中就包括教育。联合国贸易和发展会议和联合国开发计划署则对促进“发展中国家技术合作”和“经济合作与发展”负有特别责任。在原联合国秘书长安南的倡议下，联大在2003年决定将每年的12月19日定为南南合作日。在联合国教科文组织内部，教育领域的南南合作表明，地区和分地区组织已逐渐成为南南合作的重要渠道。从联合国教科文组织实施教育合作项目的历史可以看出，教育领域的南南合作远在“南南”倡议之前就一直在实施之中。近年由该组织委托的一项研究提出：联合国教科文组织在促进教育领域南南合作的背景下，应促成教育体系的和谐化以满足全球化世界的需要；加强与地区和次地区组织的合作，以建立更广泛的合作伙伴关系，集中应对发展中国家共同的优先问题；在国际社会中扮演更积极主动的组织者、创新者、促进者角色，以使南南合作更有效。

因此，中国与联合国教科文组织的信托基金计划可以作为南南合作的范例，根据南南合作原则，创建为共同的发展目标而进行教育领域平等互

① 由2000年在哈瓦那举行的“第一届南方峰会”通过。

② 由2005年在多哈举行的“第二届南方峰会”通过。

利合作的新模式，可以为已有的南南教育合作国际规则注入新的内容，可以为南南教育合作国际规则的有效实施提供有普遍意义、有推广价值的成功案例和实践经验。

最后，通过中非合作为南南合作的国际规则提供合作成效的证据。中非教育合作源远流长，但是在我国积极开展多边外交和促进南南合作的背景下，中非教育合作在新的历史起点上有了新的内容和形式。中国政府向联合国教科文组织的非洲教育活动提供的支持始于2005年在北京召开的世界全民教育高层会议，温家宝总理代表中国政府在开幕式上宣布捐赠100万美元，通过联合国教科文组织设在埃塞俄比亚的联合国教科文组织国际非洲能力建设所，以及设在布基纳法索的女童和妇女教育国际中心，支持非洲地区的全民教育，特别是教师培训，该项捐赠于2007年开始实施（佚名，2005）。

2005年在世界全民教育高层会议前夕举行的中非教育部长会议，成为教育界领导者和决策者推动中非教育合作的里程碑。2010年5月15日，国务委员刘延东与联合国教科文组织总干事博科娃在北京签署《中国政府与联合国教科文组织合作谅解备忘录》，双方承诺“进一步提升目前的合作水平，建立新的合作模式，发展建设性的伙伴关系”，其中在双方合作重点中特别就中非/南南合作达成了谅解。双方认识到在联合国教科文组织活动中“非洲优先”和“性别平等”战略的重要性并付诸行动，特别是通过南南合作或南北合作的方式。中国提出，向联合国教科文组织提供100个为期四年的全额奖学金名额，用于非洲的教育和科研人员的能力建设，优先考虑妇女和女童。双方还提出，共同实施中非“20+20大学合作计划”，由中国出资在巴黎于2011年共同举办联合国教科文组织-非洲-中国大学校长研讨会。

2011年10月在巴黎举办的上述研讨会促进了“联合国教科文组织-中国-非洲”三方合作的新尝试，也是扩大中非高等教育交流合作的新起点。研讨会以提高中非大学毕业生就业能力、促进“联合国教科文组织-中国-非洲”高等教育务实合作为主题，具有建设性和开创性，有利于加强中非在高等教育领域长期、稳定、平等互利、全面合作的新型伙伴关系，是中国对南南合作的有力推动，是教育领域国际合作的创新模式。

2010 年起，在我国教育部支持、商务部资助下，华东师范大学面向非洲和其他发展中国家举办“国际教育领导和政策”的教育专业硕士学位教育，旨在为非洲培养具备扎实专业知识和掌握政策分析技能的教育决策者和领导者，同时开展非洲校长培训。

与此同时，来华的非洲留学生人数不断增加，合作领域不断拓展，合作方式日益多样。2014 年 3 月 27 日国家主席习近平首次访问了巴黎联合国教科文组织总部并发表演讲。为了表示对非洲的支持和帮助，习主席在演讲中提出通过联合国教科文组织向包括非洲国家在内的发展中国家提供的长城奖学金名额每年增加 50 人，同时还将继续支持开展非洲信托基金的项目。这是联合国教科文组织近 70 年历史上的中国国家主席首次到访，其历史和现实意义毋庸置疑。事实表明，中非教育合作一方面遵循和体现了南南合作国际规则，另一方面又可通过新的以支持非洲教育发展为主要内容的中国-联合国教科文组织信托基金合作，探讨在我国多边外交战略中能行之有效的新型国际规则。

参考文献

中文文献：

贝克，2011. 国际关系与国际法学者视野下的“国际规则”［J］. 刘志云，编译. 国际关系与国际法学刊（00）：272-292.

陈乃林，2001. 面向21世纪中国终身教育体系研究［M］. 北京：高等教育出版社.

高志敏，2003. 关于终身教育、终身学习与学习化社会理念的思考［J］. 教育研究（1）：79-85.

国家教育发展研究中心专题组，2002. 关于WTO教育服务贸易的背景资料［N］. 中国教育报，2002-05-11（1）.

赫梅尔，1983. 今日的教育为了明日的世界［M］. 王静，赵穗生，译. 北京：中国对外翻译出版公司.

何齐宗，2008. 教育的新时代：终身教育的理论与实践［M］. 北京：人民出版社.

胡锦涛，2007. 高举中国特色社会主义伟大旗帜 为夺取全面建设小康社会新胜利而奋斗：在中国共产党第十七次全国代表大会上的报告［Z］.

教育部，2015. 2014年度我国出国留学人员情况［EB/OL］.［2015-03-05］. http：//www. moe. edu. cn/publicfiles/business/htmlfiles/moe/s5987/201503/184499. html.

靳希斌，2004. 国际教育服务贸易研究：规则解读与我国的承诺［J］. 北京师范大学学报（社会科学版）（1）：14-19.

朗格让，1988. 终身教育导论［M］. 滕星，等译. 北京：华夏出版社.

联合国，1945. 联合国宪章［Z/OL］.［2014-10-07］. http：//www. un. org/chinese/aboutun/charter/charter. htm.

联合国，2000. 联合国千年宣言［Z/OL］.［2014-10-05］. http：//www. un. org/

chinese/ga/55/res/a55r2. htm.

联合国，2007. 联合国系统示意图［EB/OL］.［2014-09-30］. http：//www. un. org/chinese/aboutun/unchart 2007. html.

联合国教科文组织，2001. 教育：财富蕴藏其中［M］. 联合国教科文组织总部中文科，译. 北京：教育科学出版社.

联合国教科文组织，2002. 联合国教育、科学及文化组织组织法［Z］// 联合国教科文组织. 联合国教育、科学及文化组织大会手册. 巴黎：联合国教科文组织.

联合国教科文组织，2012. 2012 年开放教育资源巴黎宣言［EB/OL］.［2014-10-21］. http：//www. unesco. org/new/fileadmin/MULTIMEDIA/HQ/CI/CI/pdf/Events/Chinese_Paris_OER_Declaration. pdf.

联合国教科文组织，2013a. 教师信息和通信技术能力框架［Z/OL］.［2014-11-06］. 北京师范大学教育学部教育技术学院，译. http：//unesdoc. unesco. org/images/0021/002134/213475C. pdf.

联合国教科文组织，2013b. 联合国教科文组织教师信息与通信技术能力框架：本土化修订指南［Z/OL］. 联合国教科文组织国际农村教育研究与培训中心，联合国教科文组织教育信息技术研究所，译.［2014-11-06］. http：//unesdoc. unesco. org/images/0022/002241/224188C. pdf.

联合国教科文组织，2015. 利用信息通信技术支持实现 2015 年后教育议程［EB/OL］.［2015-10-21］. http：//unesdoc. unesco. org/images/0023/002323/232379c. pdf.

联合国教科文组织国际教育发展委员会，1996. 学会生存：教育世界的今天和明天［M］. 华东师范大学比较教育研究所，译. 北京：教育科学出版社.

联合国教科文组织统计研究所，2013. 国际教育标准分类法 2011［Z/OL］.［2014-11-06］. http：//unesdoc. unesco. org/images/0021/002191/219109c. pdf.

梁西，2001. 国际组织法：总论［M］. 修订第五版. 武汉：武汉大学出版社.

梁西，2011. 梁著国际组织法［M］. 杨泽伟，修订. 第六版. 武汉：武汉大学出版社.

卢建平，2008. 张彭春和《世界人权宣言》［N］. 南方周末，2008-12-25.

卢垚，山旭，2013. 联合国教科文组织的中国角色［J］. 瞭望东方周刊（43）：14.

诺瓦克，2010. 国际人权制度导论［M］. 柳华文，译. 北京：北京大学出版社.

石序，2012. 中国同联合国教科文组织签署合作协议加强合作［EB/OL］.［2012-

09-21]. http://edu. china. com. cn/2012-09/21/content_26593747. htm.

史静寰，邵建林，2014. 西方教育学百年史论［M］. 北京：人民教育出版社.

世界银行，2010. 中国：西部地区基础教育项目［EB/OL］.［2014-10-05］. http://www. shihang. org/zh/news/feature/2010/09/24/china- basic-education-western-areas-project.

王晓辉，谷小燕，翁绮睿，2012. 国际教育规则与全球教育治理［J］. 中国人民大学教育学刊（1）：124-137.

王正青，2009. 社会冲突中的和平教育［J］. 教育学术月刊（10）：10-12.

吴绮敏，2011. 胡锦涛会见联合国教科文组织总干事［N］. 人民日报，2011-08-12（01）.

谢喆平，2010. 中国与联合国教科文组织的关系演进［M］. 北京：教育科学出版社.

辛闻，2015. 中国留学发展报告：国外研究生就业质量高于国内［N/OL］.［2015-10-21］. http://news. china. com. cn/world/2015-10/21/content_36854027. htm.

薛澜，俞晗之，2012. 政策过程视角下的政府参与国际规则制定［J］. 世界经济与政治（9）：28-44.

佚名，2005. 温家宝出席第五届全民教育高层会议并发表讲话［N/OL］.［2005-01-28］. http://news. xinhuanet. com/edu/2005-11/28/content_3847643_1. htm.

佚名，2014a. 习近平：留学工作要适应国家发展大势［N/OL］.［2014-12-13］. http://news. xinhuanet. com/politics/2014-12/13/c_1113631292. htm.

佚名，2014b. 习近平出席中央外事工作会议并发表重要讲话［EB/OL］.［2014-11-29］. http://news. xinhuanet. com/ttgg/2014-11/29/c_1113457723. htm.

张民选，2010. 国际组织与教育发展［M］. 上海：上海教育出版社.

中国联合国教科文组织全国委员会秘书处，1991. 中国与联合国教科文组织合作的回顾与展望：纪念党的十一届三中全会召开暨中国教科文组织全国委员会成立20周年［Z］. 北京.

中国联合国教科文组织全国委员会秘书处，2005. 中国全民教育国家报告［R］. 北京.

周作翰，张英洪，2006. 当代中国农民的受教育权［J］. 湖南文理学院学报（社会科学版），31（1）：25-31.

外文文献：

EUROPEAN COMMISSION, 2000. European Report on Quality of School Education: Sixteen Quality Indicators [R]. Brussels: European Commission.

HUTCHINS R M, 1969. The Learning Society [M]. New York: The New American Library.

IBE, 1975. Recommendation to the Ministries of Education Concerning the Changing Role of the Teacher and Its Influence on Preparation for the Profession and On-service Training [Z]. The 35th Session of International Conference on Education, Geneva.

IBE, 1996. Declaration of the 45th session of the International Conference on Education [Z]. The 45th Session of International Conference on Education, Geneva.

ILO, 1975. Human Resources Development Convention [Z]. Geneva.

ILO, 2004. Human Resources Development Recommendation [Z]. Geneva.

JACKSON H K, OKSENBERG M, 1990. China's Participation in the MP, the World Bank, and GATT: Toward a Global Economic Order [M]. Ann Arbor: The University of Michigan Press.

JONES P W, COLEMAN D, 2005. The United Nations and Education: Multilateralism, Development and Globalization [M]. London and New York: RoutledgeFalmer.

KANWAR A, UVALIĆ-TRUMBIĆ S, BUTCHER N, 2011. A Basic Guide to Open Educational Resources (OER) [M]. Vancouver: Commonwealth of Learning & UNESCO.

MULLIS I V S, MARTIN M O, KENNEDY A M, et al., 2009. PIRLS 2011 Assessment Framework [Z]. Amsterdam: IEA.

MUSSET P, 2009. Initial Teacher Education and Continuing Training Policies in a Comparative Perspective: Current Practices in OECD Countries and a Literature Review on Potential Effects [M]. Paris: OECD.

OECD, 2003. Education at a Glance: OECD Indicators [M]. Paris: OECD.

OECD, 2005. Teachers Matter: Attracting, Developing and Retaining Effective Teachers [M]. Paris: OECD.

OECD, 2009. Working Out Change: Systemic Innovation in Vocational Education and Training [M]. Paris: OECD.

OECD，2012. PISA 2009 Technical Report [R]. Paris：OECD.

SCHULZ W，FRAILLON J，et al.，2008. International Civic and Citizenship Education Study：Assessment Framework [Z]. Amsterdam：IEA.

THE COUNCIL OF EUROPEAN UNION，2007. Conclusions of the Council and of the Representatives of the Governments of the Member States on Improving the Quality of Teacher Education [J]. Official Journal of the European Union. C 300/6：8.

THE COUNCIL OF EUROPEAN UNION，2009. Council Conclusions of 26 November 2009 on the Professional Development of Teachers and School Leaders [J]. Official Journal of the European Union. C 302/04：7.

UN，1948. The Universal Declaration of Human Rights [EB/OL]. [2014-09-30]. http：//www. un. org/en/documents/udhr/.

UN，1959. Declaration of the Rights of the Child [EB/OL]. [2014-09-30]. http：//www. un. org/cyberschoolbus/humanrights/resources/child. asp.

UN，1966a. International Covenant on Civil and Political Rights [EB/OL]. [2014-09-30]. http：//www. ohchr. org/en/professionalinterest/pages/ccpr. aspx.

UN，1966b. International Covenant on Economic，Social and Cultural Rights [EB/OL]. [2014-09-30]. http：//www. ohchr. org/en/professionalinterest/pages/cescr. aspx.

UN，1979. The Convention on the Elimination of All Forms of Discrimination against Women [EB/OL]. [2014-09-30]. http：//www. un. org/womenwatch/daw/cedaw/text/econvention. htm.

UN，1989. Convention on the Rights of the Child [EB/OL]. [2014-09-30]. http：//www. ohchr. org/en/professionalinterest/pages/crc. aspx.

UN，1999. Declaration on a Culture of Peace [EB/OL]. [2014-09-30]. http：//www. un-documents. net/a53r243a. htm.

UN，2006. Convention on the Rights of Persons with Disabilities [EB/OL]. [2014-09-30]. http：//www. un. org/disabilities/convention/convention full. shtml.

UNESCO，ILO，2008. The ILO/UNESCO Recommendation Concerning the Status of Teachers (1966) and The UNESCO Recommendation Concerning the Status of Higher-Education Teaching Personnel (1997) with a User's Guide [Z]. Paris：UNESCO.

UNESCO，RAPPORT MONDIAL DE SUIVI SUR L'EPT，2005. Éducation Pour Tous-

L'exigence de Qualité [Z].

UNESCO, UNDP, UNICEF, et al., 2011. Joint Message from UNESCO, UNDP, UNICEF, ILO and Education International on the Occasion of World Teachers' Day [Z].

UNESCO, 1960. Convention Against Discrimination in Education [EB/OL]. [2014-09-30]. http://portal.unesco.org/en/ev.php-URL_ID=12949&URL_DO=DO_TOPIC&URL_SECTION=201.html.

UNESCO, 1989. Convention on Technical and Vocational Education [Z]. Paris: UNESCO.

UNESCO, 1993. Recommendation on the Recognition of Studies and Qualifications in Higher Education [Z].

UNESCO, 1998. World Declaration on Higher Education for the Twenty-first Century: Vision and Action [Z]. Paris: UNESCO.

UNESCO, 1999. Technical and Vocational Education and Training: A Vision for the Twenty-first Century: Recommendations to the Director-General of UNESCO [C]. Second International Cogress on Technical and Vocational Education, Seoul.

UNESCO, 2001a. Revised Recommendation Concerning Technical and Vocational Education [Z].

UNESCO, 2001b. UNESCO Universal Declaration on Cultural Diversity [EB/OL]. [2014-09-30]. http://portal.unesco.org/en/ev.php-URL_ID=13179&URL_DO=DO_TOPIC&URL_SECTION=201.html.

UNESCO, 2002. Education for Sustainability: From Rio to Johannesburg: Lessons Learnt from a Decade of Commitment [Z]. Paris: UNESCO.

UNESCO, 2003a. Convention for the Safeguarding of Intangible Cultural Heritage [EB/OL]. [2014-09-30]. http://www.unesco.org/culture/ich/index.php?lg=en&pg=00006.

UNESCO, 2003b. International Expert Meeting on UNESCO Programme Safeguarding of Endangered Languages Recommendations for Action Plans [N/OL]. [2014-09-30]. http://www.unesco.org/new/fileadmin/MULTIMEDIA/HQ/CLT/pdf/00117-EN.pdf.

UNESCO, 2003c. United Nations Decade of Education for Sustainable Development (2005-2014): Framework for a Draft International Implementation Scheme [Z]. Paris: UNESCO.

UNESCO，2004. EFA Global Monitoring Report 2005：Education for All：The Quality Imperative [M]. Paris：UNESCO.

UNESCO，2005a. Convention on the Protection and Promotion of the Diversity of Cultural Expressions [EB/OL]. [2014-09-30]. http：//portal. unesco. org/en/ev. php-URL_ID=31038&URL_DO=DO_TOPIC&URL_SECTION=201. html.

UNESCO，2005b. Regional Guidelines on Teacher Development for Pedagogy - Technology Integration (Working Draft) [Z/OL]. [2014-10-21]. http：//unesdoc. unesco. org/images/0014/001405/140577e. pdf.

UNESCO，2005c. United Nations Decade of Education for Sustainable Development (2005-2014)：International Implementation Scheme [Z]. Paris：UNESCO.

UNESCO，2006. EFA Global Monitoring Report 2007：Strong Foundation：Early Childhood Care and Education [M]. Paris：UNESCO.

UNESCO，2009a. Belém Framework for Action：Harnessing the Power and Potential of Adult Learning and Education for a Viable Future [Z]. Adopted at the Sixth International Conference on Adult Education (CONFINTEA Ⅵ).

UNESCO，2009b. Bonn Declaration [Z]. UNESCO World Conference on Education for Sustainable Development，Bonn.

UNESCO，2009c. Communiqué of 2009 World Conference on Higher Education：The New Dynamics of Higher Education and Research for Societal Change and Development [Z]. Paris：UNESCO.

UNESCO，2010a. ICT Transforming Education：A Regional Guide [Z/OL]. [2014-10-21]. http：//unesdoc. unesco. org/images/0018/001892/189216e. pdf.

UNESCO，2010b. Moscow Framework for Action and Cooperation：Harnessing the Wealth of Nations [Z].

UNESCO，2011a. EFA Global Monitoring Report 2011：The Hiden Crisis：Armed Conflict and Education [M]. Paris：UNESCO.

UNESCO，2011b. Transforming Education：The Power of ICT Policies [EB/OL]. [2014-10-21]. http：//unesdoc. unesco. org/images/0021/002118/211842e. pdf.

UNESCO，2012. Early Childhood Care and Education [EB/OL]. [2014-10-05]. http：//www. unescobkk. org/zh/education/efa/efa-goals/ early-childhood-care/.

UNESCO-BKK, 2012. About ECCE [EB/OL]. [2014 - 10 - 05]. http://www.unescobkk.org/zh/education/ecce/about-ecce/.

UNESCO-UIS, 2010. Global Education Digest 2010: Comparing Education Statistics Across the World [M]. Montreal: UNESCO-UIS.

UNESCO-UIS, 2011. Global Education Digest 2011: Comparing Education Statistics Across the World [M]. Montreal: UNESCO-UIS.

UNICEF, 2014. Early Childhood: The Big Picture [EB/OL]. [2014 - 10 - 05]. http://www.unicef.org/earlychildhood/index_bigpicture.html.

WORLD BANK, 2015. World Development Indicators 2015 [Z]. Washington, D. C.: World Bank.

WORLD COMMISSION ON ENVIRONMENT AND DEVELOPMENT, 1987. Our Common Future [M]. Oxford: Oxford University Press.

WORLD CONFERENCE ON SPECIAL NEEDS EDUCATION, 1994. The Salamanca Statement and Framework for Action on Special Needs Education [Z]. Paris: UNESCO.

WORLD EDUCATION FORUM, 2000. The Dakar Framework for Action [Z]. Paris: UNESCO.

WORLD SUMMIT ON THE INFORMATION SOCIETY (WSIS), 2003. Action Line C7: ICT Applications, E-Learning [EB/OL]. [2014-10-21]. https://www.itu.int/wsis/c7/e-learning/index.html.

附录1　国际教育规则相关术语

B

博洛尼亚进程（Bologna Process）

1999年6月欧洲29国教育部部长在意大利博洛尼亚大学举行会议，探讨建设欧洲高等教育区问题。与会部长共同签署了《博洛尼亚宣言》，并希望通过“博洛尼亚进程”在欧洲国家大学之间建立一个统一的学位体系，并使所有开设的专业均具有可比性。

C

残疾人权利

残疾人享有与健全人相同的权利，并以正式公民的身份生活，从而在获得同等机会的情况下，为社会做出宝贵贡献。

E

儿童权利

根据《世界人权宣言》的规定，儿童有权享受特别照料和协助，深信家庭作为社会的基本单元，作为家庭的所有成员、特别是儿童的成长和幸福的自然环境，应获得必要的保护和协助，以充分担负起他/她在社会上的责任，确认为了充分而和谐地发展其个性，应让儿童在家庭环境里，在幸福、亲爱和谅解的气氛中成长，考虑到应充分培养儿童可在社会上独立生活，并在《联合国宪章》宣布的理想的精神下，特别是在和平、尊严、宽容、自由、平等和团结的精神下，抚养他们成长。

F

非正规教育（non-formal education）

在个人终生学习的进程中对正规教育的附加、替代和/或补充，指通过教育提供者进行的制度化、有目的、有计划的教育。

非正式学习（informal learning）

根据联合国教科文组织的定义，指一切有意的或慎重的但不是制度化的学习形式。不具备正规或非正规教育那样的组织化和系统化。非正式学习可包括在家庭、工作场所、地方社区中心和日常生活中，基于自我导向、家庭导向或社会导向的学习活动。

G

国际法

适用于主权国家之间以及其他具有国际人格的实体之间的法律规则。

国际公民教育研究（International Civic and Citizenship Education Study，ICCS）

1999年开始的一项针对学校中的公民教育的国际教育成就评价研究，也是国际教育成就评价协会（IEA）第三次组织公民教育研究。其研究框架由四个内容领域（公民社会和系统、公民原则、公民参与、公民身份）、四个情感-行为领域（价值信念、态度、行为倾向、行为）和两个认知领域（认识、推理与分析）组成，它们彼此独立，又密切相关。

国际公约（international conventions）

各会员国在政府间国际组织的推动下，基于自愿和协商一致原则，在政治、经济、安全、教育、科技、文化、环境等领域达成共识的多边条约。国际公约通常是开放的，非缔约国可以在公约生效前或生效后的任何时候加入。国际公约的通过必须得到三分之二以上的会员国同意，需要得到会员国的批准、接受或加入。国际公约一旦获得通过，并得到会员国的批准，就会对会员国产生法律约束力。

国际教育标准分类法（International Standard Classification of Education，ISCED）

一个国际标准的有关教育体制、教育内容的概念体系和框架文件，用于对全世界各国家的教育体制进行统计和比较。它最早由联合国教科文组织在 20 世纪 70 年代初制定，1975 年在瑞士日内瓦获得国际教育会议的批准，1976 年发布第一个版本，并先后于 1997 年和 2011 年进行了修订。

国际教育成就评价协会（International Association for the Evaluation of Education Achievement，IEA）

最初是关于教育成就评价的国际共同研究规划的简称。1958—1962 年的 12 国试点研究结束后，该协会正式成立，总部设在瑞典斯德哥尔摩。

国际教育指标体系（International Education Indicator System）

国际教育指标体系是指国际组织为了收集、汇编和分析关于各国教育事业发展的数据而开发的由若干个相互联系的统计指标所组成的具有一定结构和层次的整体。国际组织使用教育指标体系来监测各国教育进展，总结促进教育公平和提高教育质量的良好经验，引导和辅助教育决策，启发和鼓励教育改革，并监督其成效。

国际劳工组织（International Labor Organization，ILO）

1919 年根据《凡尔赛和约》，作为国际联盟的附属机构而成立的国际组织，总部设在瑞士日内瓦。现为以国际劳工标准处理有关劳工问题的联合国专门机构。

国际理解教育（education for international understanding）

世界各国在国际社会的倡导下，以“国际理解”为教育理念而开展的教育活动。其目的是增进不同文化背景的、不同种族的、不同宗教信仰的和不同区域、国家、地区的人们之间相互了解和相互宽容；加强他们之间相互合作，以便共同认识和处理全球社会存在的重大共同问题；促使每个人都通过对世界的进一步认识来了解自己和了解他人。

国际学生评价项目（Programme for International Student Assessment，PISA）

经济合作与发展组织开展的国际教育成就评价研究。国际学生评价项目以纸笔测验测量15岁学生的阅读素养、数学素养和科学素养，从而了解学生是否为成年后的生活和学习做好了准备；并借助调查问卷，分析影响教育成就的因素，从而辅助教育决策。该项目于2000年首次举行，每三年举行一次。

国际数学与科学趋势研究（Trends in International Mathematics and Science Study，TIMSS）

由国际教育成就评价协会举办的国际教育成就评价项目，关注四年级和八年级学生的数学素养和科学素养。它始于1964年，现在每四年举行一次。

国际阅读素养进展研究（Progress in International Reading Literacy Study，PIRLS）

由国际教育成就评价协会主办的国际教育成就评价项目，关注小学四年级学生阅读素养。它始于2001年，每五年举办一次。

国际组织（international organization）

三个或三个以上国家（或其他国际法主体）为实现共同的政治经济目的，依据其缔结的条约或其他正式法律文件建立的有一定规章制度的常设性机构。

国际政府间组织（Inter-governmental Organization，IGO）

在条约和宗旨规定的范围内，享有参与国际事务活动的独立地位，具有直接承受国际法权利和义务的能力，而不受国家权力的管辖。

国际非政府组织（Non-governmental Organization，NGO）

非官方的、民间的组织，其成员不是国家，而是个人、社会团体或其他民间机构。国际非政府组织不是由各国政府派官方代表组成，而是由宗教、科学、文化、慈善事业、技术或经济等方面的民间团体组成。

H

和平文化教育

“和平教育”是化解矛盾冲突、建构人类永久和平的重要一环。它主要包含三个层次：“关于和平的教育”（education about peace）、“为了和平的教育”（education for peace）和“通过教育来实践和平”（peace through education）。

J

教育歧视

禁止任何人或任何一群人接受任何种类或任何级别的教育；限制任何人或任何一群人只能接受低标准的教育；对某些人或某群人设立或维持分开的教育制度或学校（为男女分设的学校、因宗教和语言分设的学校、私立学校的设立不包括在内）；对任何人或任何一群人加以违反人类尊严的条件。

建议（recommendations）

国际组织的大会对某些具体问题做国际协调时制定的准则和规范，它无须得到全体大会三分之二以上的国家通过，但必须得到简单多数会员国的通过。它是不需要会员国批准但希望会员国遵守的规则。建议因产生于国际组织的最高管理机构而被赋予了很大的权威性，它可以影响国家法律和实践的发展。虽然大会的建议不需要通过会员国的批准，但一旦大会通过，该建议对那些既不赞成也不批准的会员国也意味着一定的义务。

教育权利（educational right）

教育是一项基本人权。根据《世界人权宣言》，人人都有受教育的权利，教育应当免费，至少在初级和基本阶段应如此。初级教育应属义务性质。技术和职业教育应普遍设立。高等教育应根据成绩而对一切人平等开放。

经济合作与发展组织（Organization for Economic Co-operation and Development，OECD）

简称经合组织，成立于 1961 年，是由 34 个市场经济国家组成的政府间国际经济组织，总部设在法国巴黎，旨在共同应对全球化带来的经济、社会和政府治理等方面的挑战，并把握全球化带来的机遇。

K

可持续发展教育（education for sustainable development，ESD）

根据联合国教科文组织 2003 年的定义，可持续发展教育是一个学习如何在考虑到经济、生态和所有人公平的长远未来的前提下做出决策的过程……这代表着一种新的教育理念，帮助所有人更好地理解他们生活的世界，帮助他们解决贫困、过度消费、环境恶化、城市衰落、人口增长、健康、战争和侵害人权等威胁我们未来的既复杂又彼此关联的问题。这种教育理念强调用整体的、跨领域的方法，发展可持续的未来所必需的知识与技能，并且改变人们的价值观、行为和生活方式。

L

联合国儿童基金会（United Nations International Children´s Emergency Fund，UNICEF）

联合国于1946年12月创建联合国儿童基金会，为第二次世界大战后面临饥荒和疾病的欧洲儿童提供食品、衣物和卫生保健。1953年联合国大会无限期延长联合国儿童基金会的职权范围，使其成为联合国的永久组成部分。

联合国教科文组织（United Nations Educational，Scientific and Cultural Organization，UNESCO）

1946年11月4日成立，总部设在法国巴黎。它是联合国的一个专门机构，其宗旨是促进教育、科学、文化和传播领域的国际合作，以利于各国人民之间的相互了解，维护世界和平。现拥有195个会员国和10个准会员。

联合国开发计划署（United Nations Development Programme，UNDP）

1965年根据联合国大会决议而成立。其主要目的是帮助发展中国家提高其自然资源和人力资源的创造物质财富的能力。

联合国粮食及农业组织（Food and Agriculture Organization of the United Nations，FAO）

1945年成立，总部设在意大利罗马。它是一个联合国专门机构，其三个主要目标是消除饥饿、粮食不安全和营养不良，实现人人粮食安全是其工作核心。拥有194个会员国、2个准会员和1个会员组织，即欧洲联盟。

O

欧盟（European Union）

欧盟前身是欧洲共同体。1993年11月1日，《马斯特里赫特条约》正式生效，欧洲联盟正式成立。欧盟现拥有28个成员国，总部设在比利时首都布鲁塞尔。

P

普通教育（general education）

以升学为目标，以基础科学知识为主要教学内容的学校教育。

Q

千年发展目标（The United Nations Millennium Development Goals，MDGs）

千年发展目标指2000年9月8日联合国所有189个会员国（其中147个会员国由其国家元首或政府首脑直接代表）通过的《联合国千年宣言》（大会第55/2号决议）中的第三项承诺："发展与消除贫穷——千年发展目标"。它是会员国一致通过的一项旨在将全球贫困水平在2015年之前降低一半（以1990年的水平为标准）的行动计划，包括"消灭极端贫穷和饥饿""普及小学教育""促进男女平等并赋予妇女权利""降低儿童死亡率""改善产妇保健""与艾滋病病毒/艾滋病、疟疾和其他疾病做斗争""确保环境的可持续能力""全球合作促进发展"八个总体目标。

千年宣言（United Nations Millennium Declaration）

2000年9月8日联合国所有189个会员国（其中147个会员国由其国家元首或政府首脑直接代表）通过《联合国千年宣言》（大会第55/2号

决议)，宣言内载有许多具体承诺，目的是改善新世纪人类的命运。宣言包括会员国在“价值和原则”“和平、安全与裁军”“发展与消除贫穷”“保护我们共同的环境”“人权、民主和善政”“保护易受伤害者”“满足非洲的特殊需要”“加强联合国”八个方面的承诺。

全民教育（Education for All）

1990年3月召开的世界全民教育大会上由联合国教科文组织、联合国儿童基金会（UNICEF）等国际组织提出的教育思想，其目的是满足所有人的基本学习需求。

全民教育全球监测（EFA Global Monitoring）

为督促、激励和支持世界各国的全民教育行动，联合国教科文组织统计研究所建立了全民教育监察站，在达喀尔六大目标的基础上，建立适于统计分析和国际比较的监测指标体系，并实施监测。该监测始于2002年，基本上每年举行一次。

全纳教育（inclusive education）

1994年，联合国教科文组织在西班牙萨拉曼卡召开“世界特殊教育大会：入学与质量”，通过了《萨拉曼卡宣言》及《行动纲领》，其中正式提出“全纳教育”概念，其要旨是将有特殊教育需要的学习者纳入普通学校中，保障他们的受教育权，并且提供平等的较高质量的教育，借此消除教育中的排斥和隔离现象，使每个人的潜能得到开发，实现全民教育，增进人类福祉。

R

人权（human rights）

人权是使所有人享有基于自由、平等和尊严而塑造其生活的基本权利。

S

世界贸易组织（World Trade Organization，WTO）

1994年4月，在摩洛哥的马拉喀什市举行的关贸总协定乌拉圭回合部长会议决定成立更具全球性的世界贸易组织，以取代成立于1947年的关贸总协定。1995年1月，世界贸易组织正式成立，拥有160个成员国，总部设在瑞士日内瓦。

世界卫生组织（World Health Organization，WHO）

世界卫生组织是联合国的一个专门机构，总部设置在瑞士日内瓦，是国际上最大的政府间卫生组织，拥有194个成员国。其宗旨是使全世界人民获得尽可能高水平的健康。

世界银行（World Bank）

世界银行创立于1944年7月，是为发展中国家资本项目提供贷款的联合国系统国际金融机构。它是世界银行集团的组成机构之一，同时也是联合国发展集团的成员。世界银行的官方目标为消除贫困。根据其有关协定规定，其所有决定都必须旨在推动外商直接投资和国际贸易，以及为资本投资提供便利。

X

宪章与组织法（charters and constitutions）

确立国际组织的宗旨、机构设置、议事程序，规定会员国的责任、权利和义务。

学历互认

国家之间签订公约，在签约国获得的学位文凭可以自动在另一个签约国得到法律承认，无需办理申请认可手续。

学习型社会（learning society）

学习型社会最早由美国教育思想家、原芝加哥大学校长赫钦斯在1953年出版的《教育中的冲突》一书中提出。《学会生存——教育世界的今天和明天》提出，学习型社会可以“理解为一个教育与社会、政治与经济组织（包括家庭单位与公民生活）密切交织的过程”。在这个社会中，“每一个公民享有在任何情况下都可以自由取得学习、训练和培养自己的各种手段”。

Z

正规教育（formal education）

通过公共组织和被认可的私人团体进行的制度化、有目的、有计划的教育，它们的总和构成一个国家的正规教育系统。正规教育课程理应经相关的国家教育当局或任何其他与国家或地方的教育当局合作的相当的机构认可。

职业教育（vocational education）

主要为学习者掌握在某一特定的职业或行业或某类职业或行业从业所需的特有的知识、技艺和能力而设计的教育课程。这样的课程可能有基于工作的成分（例如实习、双轨制教育课程）。成功完成这类课程，授予认可的与劳务市场相关的职业资格证书，相关国家主管当局和/或劳务市场承认其职业定向。

终身教育（lifelong education）

1965年12月，保罗·朗格朗在联合国教科文组织于巴黎召开的“第三届促进成人教育国际委员会”上作了题为“终身教育”的学术报告，提出终身教育的概念。终身教育包含三层含义：从时间上看，教育应当贯串人的一生的整个过程；从空间上看，教育应该渗透到人的一生的各个方面，终身教育强调教育与生活的联系，它要求将学校教育、家庭教育和社会教育协调起来，将这些教育视为一个有机联系的整体，使教育形成空间上的整合；从教育的目的上看，终身教育尊重人的个性、独立性和主动性，重视人的全面而协调的发展和培养自我学习的能力。

终身学习（lifelong learning）

1976 年 11 月召开的联合国教科文组织第 19 次全体会议上通过的《关于发展成人教育的建议》中，与终身教育并列提出了终身学习的概念。1994 年在意大利罗马举行的首届世界终身学习会议所采纳的定义是："终身学习是 21 世纪的生存概念"，"终身学习是通过一个不断的支持过程来发挥人类的潜能，它激励并使人们有权利去获得他们终身学习所需要的全部知识、价值、技能与理解，并在任何任务、情况和环境中有信心、有创造地愉快地应用它们"。

附录 2　国际教育规则的重要文件概要介绍

1. 关于国际组织定位的文件

《联合国宪章》

（联合国，1945）

《联合国宪章》（*Charter of the United Nations*）于 1945 年 6 月 26 日由来自 50 个国家的代表在美国旧金山签署通过，于同年 10 月 24 日正式生效，标志着联合国的正式成立。《联合国宪章》被认为是联合国的基本大法，它既确立了联合国的宗旨、原则和组织机构设置，又规定了成员国的责任、权利和义务，以及处理国际关系、维护世界和平与安全的基本原则和方法。遵守《联合国宪章》、维护联合国威信是每个成员国不可推卸的责任。

从酝酿建立联合国到签署《联合国宪章》历时约四年。1941 年 6 月，英、美、法等国的代表在伦敦发表《同盟国宣言》，提出了维护和平、制止侵略和促成国际合作的原则。1941 年 8 月，美、英发表《大西洋宪章》，促进了国际反法西斯统一战线的形成。1942 年 1 月 1 日，中国、美国、英国、苏联等 26 国代表在华盛顿签订了《联合国家宣言》，表示支持《大西洋宪章》，并第一次使用“联合国”一词。1943 年 10 月 30 日，中、美、英、苏四国在莫斯科发表《普遍安全宣言》，声明有必要建立一个普遍性的国际组织，以维护国际和平与安全。1944 年 8—10 月，苏、英、美三国和中、英、美三国代表先后在华盛顿的敦巴顿橡树园举行会议，提出了组织联合国的方案，并拟定出《联合国宪章》的基本轮廓。1945 年 4 月 25 日，50 国代表开始在旧金山举行“联合国国际组织会议”，6 月 25 日一致通过了《联合国宪章》，并于次日举行签字仪式。

《联合国宪章》除序言和结语外，共分 19 章 111 条。《联合国宪章》规定，联合国的宗旨是“维护国际和平与安全”“制止侵略行为”“发展国家间以尊重各国人民平等权利自决原则为基础的友好关系”和“促成国际合作”等。《联合国宪章》规定，为实现上述宗旨，联合国及其成员国应遵循下列原则：联合国组织基于所有成员国主权平等；各成员国应忠实履行它们依宪章规定所承担的义务；各成员国应该以和平方法解决它们的国际争端；各成员国不得对别国使用武力或武力威胁；联合国对任何国家采取防止或强制性行动时，各国不得对该国提供协助；在维护国际和平与安全方面，联合国应要求非成员国遵循上述原则；联合国除执行决议外，不得干涉任何国家国内管辖的事项。《联合国宪章》强调安理会在维护世界和平与安全方面的权威性，规定只有安理会有权采取包括军事手段在内的一切必要措施维护世界和平与安全。而且强调只有所有非军事手段被证明无效时才可诉诸武力。国际法院规约是《联合国宪章》的组成部分。

《联合国宪章》的制定和联合国的诞生是现代国际关系史上的一件大事，也是“二战”后规划和平体制的一项重大成就，它表达了使人类不再遭受战祸的决心，并且为防止战争、维护和平建立起一套完整、可行的运作机制。

《联合国教科文组织组织法》

（联合国教科文组织，1945）

《联合国教科文组织组织法》（*The Constitution of UNESCO*）由 37 个国

家的代表于1945年11月16日在伦敦签署，1946年11月起生效，它标志着联合国教科文组织的成立。它规定了联合国教科文组织的使命、职能、活动领域和形式、会员国资格以及机构组成。

《联合国教科文组织组织法》开宗明义道：“战争起源于人之思想，故务虚于人之思想中筑起保卫和平之屏障。”因此，联合国教科文组织始终以通过教育、科学、文化、传播与信息，促进建设和平、消除贫困、可持续发展和文化间对话；实现高质量的全民教育和终身学习；动员可持续发展方面的科学知识和政策；应对新出现的社会和伦理挑战；促进文化多样性、文化间对话与和平文化；通过信息与传播，建立包容性的知识社会，以此作为自己的终极使命。为实现目标，联合国教科文组织设置了五大职能：思想实验室；标准制定者；信息交流中心；能力建设者；国际合作促进者。联合国教科文组织在其主管的教育、科学、文化、传播与信息等业务范围内设立了十多个政府间机构及大型合作计划，以推动国际智力合作。此外，联合国教科文组织还同世界上300多个在教育、科学、文化等领域有重要地位和影响力的非政府国际组织建立了正式（协作类、咨询类）关系或业务关系。联合国教科文组织的活动形式主要包括：制定国际准则性文件，如公约、议定书、建议书、宣言等；召开各类政府间国际会议；组织开展各类专业学术研究活动；出版各类图书、期刊、报告、文献、音像制品及电子制品；以专家咨询、设备支助等形式向会员国提供技术援助；举办培训、研修、实习等活动；向非政府国际组织提供支助；与会员国和地区性机构合作开展业务活动。

联合国教科文组织是与教育领域相关的最重要的政府间国际组织，也是联合国系统中唯一经会员国授权专门负责全球教育事务的政府间国际组织。联合国教科文组织通过的国际法律文件无疑具有最高的专业权威性和国际影响力，这些文件通常关注教育发展的全局性、整体性和关键性问题，联合国大会通过的有关教育问题的指导性意见也往往通过联合国教科文组织更加专业和详尽的法律文件得到具体的落实与实施。

2. 关于教育权利的国际规则文件

《世界人权宣言》

（联合国，1948）

《世界人权宣言》（*Universal Declaration of Human Rights*）是联合国大会于1948年12月10日以大会决议的形式（联合国大会第217号决议，A/RES/217）通过的一份旨在论述、倡导和维护人类基本权利的重要文献。尽管该文件是由联合国大会通过的一项宣言，在法理上讲并非强制性的国际公约，但它为此后的两份具有强制性的联合国人权公约《公民权利与政治权利国际公约》和《经济、社会与文化权利国际公约》奠定了坚实的概念基础和价值主张，因而国际社会通常会引述《世界人权宣言》中的内容作为普遍人权的原则性阐释。

《世界人权宣言》除序言外，正文包括30条42款。其中，第1—27条是有关具体人权的规定，大体上可以分为两大类。一类是公民及政治权利，主要涉及个人在社会和政治生活中应享有的各种自由和平等权利。另一类则是经济、社会、文化权利，包括“每个人作为社会的一员，有权享受社会保障，并有权享受他的个人尊严和人格的自由发展所必需的经济、社会和文化方面各种权利的实现，这种实现是通过国家努力和通过国际合作并依照各国的组织和资源情况”，“人人有权享受为维持他本人和家属的健康和福利所需的生活水准，包括食物、衣着、住房、医疗和必要的社会服务；在遭到失业、疾病、残废、守寡、衰老或在其他不能控制的情况下丧失谋生的能力时，有权享受保障”。

按照公认的理解，《世界人权宣言》继承和吸收了世界人类文化遗产中有关自由、平等、人权的一般观念，特别是近现代国家有关人权的立法和实施经验，标志了第二次世界大战结束后世界人民争取、维护人权的强烈愿望和认识水平。相对于世界各国当时已有的人权立法，《世界人权宣言》在许多原则问题上有更深刻的阐释，在许多具体规定上有更充实的界定，因而对人权的理论与实践做出了重大的贡献。这主要体现为《世界人权宣言》对人权主体的规定比过去更加全面和明确，真正体现了人人平等的原则；《世界人权宣言》对人权的具体规定比过去更为广泛，内容涉及人们社会实践、社会生活和社会关系的各个方面，丰富和发展了人权概念，因而对在世界范围促进人权建设具有更加积极的意义；《世界人权宣言》还将权利与义务联系起来，力求权利与义务的均衡性；《世界人权宣言》还要求建立一种使其所载的权利和自由得以充分实现的“社会的国际的秩序”。正是在这些原则论述和具体规定的基础上，后来联合国又进一步通过了《经济、社会与文化权利国际公约》和《公民权利与政治权利国际公约》，这两个公约与《世界人权宣言》一起构成了公认的“国际人权宪章”。而后两个公约在序言中都强调：“按照世界人权宣言，只有在创造了使人可以享有其经济、社会及文化权利，正如享有其公民和政治权利一样的条件的情况下，才能实现自由人类享有免于恐惧和匮乏的自由的理想。”

《世界人权宣言》还强调了受教育权是基本人权之一。该宣言的第二十六条分三款载明：“人人都有受教育的权利，教育应当免费，至少在初级和基本阶段应如此。初级教育应属义务性质。技术和职业教育应普遍设立。高等教育应根据成绩而对一切人平等开放。”“教育的目的在于充分发展人的个性并加强对人权和基本自由的尊重。教育应促进各国、各种族或各宗教集团间的了解、容忍和友谊，并应促进联合国维护和平的各项活动。”“父母对其子女所应受的教育的种类，有优先选择的权利。”正是由于《世界人权宣言》的这些论述，教育超越了以往从属于社会特权、归类为工具性质的界说，而被赋予了基本人权的地位。因此，《世界人权宣言》成为国际教育规则的根本性文件之一，成为各国教育发展均需遵奉的原则。

《公民权利与政治权利国际公约》

（联合国，1966）

《公民权利与政治权利国际公约》（*International Covenant on Civil and Political Rights*）是联合国在《世界人权宣言》的基础上于1966年12月16日通过的一项公约，1976年3月23日正式生效。该公约的起草主要是源于《联合国宪章》所宣布的原则和《世界人权宣言》所倡议的思想。

《公民权利与政治权利国际公约》全文共有53条。其具体内容包括：第1条做出有关自决权的规定；第2条至第5条规定了缔约国的一般性义务；第6条至第27条规定了公民享有的权利和自由，主要涉及生命权，免于酷刑，免于奴役，不受任意逮捕、拘役的自由，被剥夺自由时的权利，迁徙及出国和回国自由，公正审判权，禁止追溯性处罚，法律人格权，私生活、家庭、住房或通信不受任意干涉的自由，宗教信仰自由，言论和见解自由，禁止鼓吹战争及民族、种族或宗教仇恨，和平集会的权利，结社自由，婚姻自由，儿童权利，选举权和被选举权等参政权利，法律面前一律平等，少数人的权利等；第28条至第45条确定人权事务委员会为条约的监督机构，并规定其职能和程序；第46、第47条规定该公约不得解释为有损联合国机构责任或所有人民享受天然资源和财富的固有权利；第48条至第53条涉及该公约的加入、生效、修改等技术性问题。此外，该公约还有两项任择议定书，分别是关于设立个人来文申诉机制的《公民权利与政治权利国际公约任择议定书》和《公民权利与政治权利国际公约旨在废除死刑的第二任择议定书》，缔约国可自行决定是否加入上述议定书。根据该公约规定，设立人权事务委员会作为监督机构。

《公民权利与政治权利国际公约》第四部分的第24条专门论述了儿童的权利："一、每一儿童应享受家庭、社会和国家为其未成年地位给予的必要保护措施，不因种族、肤色、性别、语言、宗教、政治、国籍或社会出身、财产或出生而受任何歧视。二、每一儿童出生后立即加以登记，并应有一个名字。三、每一儿童有权取得一个国籍。”第26条规定：“所有人在法律面前平等，并有权受法律的平等保护，无所歧视。在这方面，法律应禁止任何歧视并保证所有人得到平等和有效的保护，以免受基于种族、肤色、性别、语言、宗教、政治或其他见解、国籍或社会出身、财产、出生或其他身份等任何理由的歧视。”第27条规定：“在那些存在着人种的、宗教的或语言的少数人的国家中，不得否认这种少数人同他们的集团中的其他成员共同享有自己的文化、信奉和实行自己的宗教或使用自己的语言的权利。”

《经济、社会与文化权利国际公约》

（联合国，1966）

《经济、社会与文化权利国际公约》（*International Covenant on Economic, Social and Cultural Rights*）是联合国在《世界人权宣言》的基础上于1966年12月16日通过的一项人权公约，1976年1月3日正式生效。《经济、社会与文化权利国际公约》第一次以法律形式对经济、社会及文化权利加以确认，推动了发展中国家倡导的民族自决权等集体人权的形成、发展和完善，突破了西方国家只承认个人人权，片面强调公民权利和政治权利的传统人权观的局限，反映了广大发展中国家要求同等重视两类人权的强烈呼声，是一项具有积极意义的国际人权文书。

《经济、社会与文化权利国际公约》共31条。第1条规定所有人民都有自决权。第2条至第5条规定了缔约国的一般性义务。第6条至第15条为该公约的实质条款，具体规定了各项权利：工作权；享受公平与良好工作条件、同工同酬（特别是男女同工同酬）、晋升及带薪休假等休息权；自由组织和参加工会的权利、罢工权；享受社会保障的权利；婚姻自由、家庭权和妇女儿童权益；为自己及家庭获得相当的生活水准的权利，包括足够的食物、衣着和住房等；享有最高的体质和心理健康权利；受教育权；享受科学文化生活的权利等。第16条至第25条主要就缔约国向联合国秘书长提交公约执行报告做出规定。第26条至第31条涉及公约的加入、生效、修改、文本等方面的规定。根据公约规定，经理事会决定设立了“经济、社会及文化权利委员会”作为监督机构，负责审议各缔约国定期提交的公约执行情况报告，评估缔约国执行公约的情况，提出改进工作的建议，形成“结论性意见”。

《经济、社会与文化权利国际公约》第13条用较大的篇幅对教育做了详细的论述：“一、本公约缔约各国承认，人人有受教育的权利。二、本公约缔约各国认为，为了充分实现这一权利起见：初等教育应属于义务性质并一律免费；各种形式的中等教育，包括中等技术和职业教育，应以一切适当方法，普遍设立，并对一切人开放，特别要逐渐做到免费；高等教育应根据成绩，以一切适当方法，对一切人平等开放，特别要逐渐做到免费；对那些未受到或未完成初等教育的人的基础教育，应尽可能加以鼓励或推进；各级学校的制度应积极加以发展，适当的奖学金制度应予以设置，教员的物质条件应不断加以改善。三、本公约缔约各国承担，尊重父母和（如实用时）法定监护人的下列自由：为他们的孩子选择非公立的但系符合于国家所可能规定或批准的最低教育标准的学校，并保证他们的孩子能按照他们自己的信仰接受宗教和道德教育。四、本条的任何部分不得解释为干涉个人或团体设立以及管理教育机构的自由，但以遵守本条第一款所述各项原则及此等机构实施的教育必须符合国家所可能规定的最低标准为限。”第10条第三款特别提到了对儿童的特殊保护：“三、应为一切儿童和少年采取特殊的保护和协助措施，不得因出身或其他条件而有任何歧视。儿童和少年应予保护免受经济和社会的剥削。雇佣儿童做对他们的道德或健康有害或对生命有危险的工作或做足以妨害他们正常发育的工作，依法应受惩罚。各国亦应规定限定的年龄，凡雇佣这个年龄以下的童工，应予以禁止和依法应受惩罚。”

《维也纳宣言和行动纲领》

（联合国，1993）

《维也纳宣言和行动纲领》（*Vienna Declaration and Programme of Action*）是1993年6月25日在180多个国家的代表参加的世界人权会议上一致通过的一项人权文件。它是西方发达国家与发展中国家相互合作和妥协的产物，在一定程度上反映了占世界人口绝大多数的广大发展中国家的意愿，为各国在此后一个时期开展国际合作、实现《联合国宪章》所规定的保护人权和基本自由的目标奠定了基础。

《维也纳宣言和行动纲领》重申坚决维护《联合国宪章》和《世界人权宣言》所载的宗旨和原则，并决心迈出新的一步，更努力、持续地从事国际合作和团结，使人权事业取得实际的进展。宣言首先指出，所有人民均拥有自决权，同时强调人民的自决权利，不得被解释为授权或鼓励采取任何行动去全面或局部地解散或侵犯主权和独立国家的领土完整或政治统一。宣言重申发展权是一项普遍的、不可分割的权利，是基本人权的一个组成部分。宣言给予了种族关系上的不平等和歧视以特别的重视。宣言还对妇女的权利，在民族、种族、宗教和语言上属于少数人的权利，土著人民权利、儿童权利、残疾人权利、难民权利、属于脆弱群体的人的权利、最贫困者的权利，以及恐怖主义、贩卖毒品和武装冲突中对于平民，特别是妇女、儿童、老人和残疾者的人权的侵犯表示了关注，呼吁联合国和各国政府加强努力，促进国际合作，采取积极措施，促进和保护所有这些人权。宣言还就人权教育、向联合国的人权活动提供更多资源、人权领域的区域安排、非政府组织在促进人权活动中的作用等问题阐述了世界人权会议的考虑。

为了实施上述该宣言所阐明的原则和履行其中的承诺，世界人权会议在行动纲领部分从增强联合国系统内人权方面的工作的协调、平等、尊严和容忍，合作、发展和加强人权，人权教育及执行和监测办法等五个方面提出了一系列政策、建议和要求。行动纲领提出，必须开展人权教育、培训和宣传，呼吁所有国家和机构将人权、人道主义法、民主和法治作为学科列入所有教育机构的课程，要求联合国系统的咨询服务和技术援助方案能够按照各个国家的要求，帮助他们开展人权领域的教育和培训活动。

《消除对妇女一切形式歧视公约》

（联合国，1979）

《消除对妇女一切形式歧视公约》（*The Convention on the Elimination of All Forms of Discrimination against Women*）是1979年12月18日由联合国第34届大会180号决议通过，1981年9月正式生效的。该公约是联合国为消除对妇女的歧视、争取性别平等制定的一份重要的国际人权文书，确立了妇女在政治、法律、工作、教育、医疗服务、商业活动和家庭关系等各方面的权利。

《消除对妇女一切形式歧视公约》全文共30条，对“对妇女的歧视”做出了定义，全面禁止对妇女进行歧视。第二部分指出为了消除在政治和公共生活中对妇女的歧视，国家应尽的义务。第三部分则规定禁止在经济、社会和文化生活中对妇女进行歧视。第四部分强调妇女在法律面前与男子平等，包括婚姻法和家庭法。此外，第6条专门规定了消灭贩卖妇女、强迫妇女卖淫、对她们进行剥削的行为。第14条指出要促进农村妇女的权利。

《消除对妇女一切形式歧视公约》第10条专门阐明妇女在教育方面应享受的权利：各缔约国应当采取一切措施，消除对妇女的歧视，并保证妇女在教育方面享有与男子平等的权利，特别是在男女平等的基础上保证：在各种教育机构，不论其在农村或城市，职业和行业辅导、学习的机会和文凭的取得，条件相同，在学前教育、普通教育、技术、专业和高等技术教育以及各种职业训练方面，都应保证这种平等；课程的选择、考试、师资的标准、校舍和设备的质量相同；为消除在各级和各种方式的教育中对男女任务的任何定型观念，应鼓励实行男女同校和其他有助于实现这个目的的教育形式，并特别应修订教科书和课程，修改教学方法；领受奖学金和其他研究资助金的机会相同；接受成人教育，包括成人识字和实用识字教育的机会相同，特别是为了尽早缩短男女之间存在的教育水平上的一切差距；减少女生退学率，并为过早离校的女童和妇女提供各种补救方案；积极参加运动和体育的机会相同；有接受特殊教育性辅导的机会，以保障家庭健康和幸福，包括关于计划生育的知识和辅导在内。

《儿童权利公约》

（联合国，1989）

儿童权利公约（*Convention on the Rights of the Child*）由1989年11月20日第44届联合国大会第25号决议通过，1990年9月2日生效。该公约旨在保护儿童权益，为世界各国儿童创建良好的成长环境。

该公约包括序言和三部分正文，除序言外，分为54条119款和两个《任择议定书》。公约序言强调，《联合国宪章》以及联合国《世界人权宣言》所载明的一切权利和自由，不因种族、肤色、性别、语言、宗教、政治或其他见解、国籍或社会出身、财产、出生或其他身份等而有任何区别；同时，儿童有权享受特别照料和协助，深信家庭作为社会的基本单元，作为家庭的所有成员、特别是儿童的成长和幸福的自然环境，应获得必要的保护和协助，以充分担负起它在社会上的责任，确认为了充分而和谐地发展其个性，应让儿童在家庭环境里，在幸福、友爱和谅解的气氛中成长，应充分培养儿童可在社会上独立生活，在和平、尊严、宽容、自由、平等和团结的精神下，抚养他们成长。这些就是起草和签署《儿童权利公约》的基础。

《儿童权利公约》正文中的前41条即所谓“实质性条款”，论述18岁以下的儿童的各项人权及其内涵，强调这些权利必须得到重视和保护，必须依据公约的指导原则去实践。接下来的第42条至第45条，主要载明各国政府的义务，包括推广公约的原则、公约的实行、透过政府监督推进儿童权利的过程，使大众都能了解政府各机关的职责之所在。最后的第 46 条至第 54 条主要囊括了经由政府签署及批准之过程和指定联合国秘书长为该公约的保管人等内容。

根据公认的理解，《儿童权利公约》包括了与儿童权利有关的四大原则和四大权利。这“四大原则”包括：（1）儿童最大利益原则——任何事情凡是涉及儿童的必须以儿童权利为重；（2）尊重儿童权利与尊严原则——尊重儿童的生存和发展的权利；（3）无歧视原则——不管儿童的社会文化背景、出身高低、贫富、男女、正常儿童或残疾儿童，都应该得到平等对待，不受歧视和忽视；（4）尊重儿童观点的原则——任何事情只要涉及儿童，应当听取儿童的意见。而“四大权利”是指：（1）生存权利——为此有权接受可达到最高标准的医疗服务；（2）保护权利——防止儿童受到歧视、虐待及疏忽照顾，尤其是那些失去家庭的儿童和难民儿童；（3）发展权利——每位儿童都有权接受一切形式的教育，以此培育儿童的身体、心理、精神、道德及社交发展；（4）参与权利——儿童有参与社会生活的权利，并有权对影响他们的任何事情发表意见。

《儿童权利公约》对于儿童的教育问题给予了高度的关注。该公约正文中的第 28 条至第 29 条专门论述了儿童的受教育权，要求缔约国实现全面的免费义务小学教育，发展不同形式的中学教育，包括普通和职业教育，从而使所有儿童均能享有和接受这种教育，并采取适当措施，诸如实行免费教育和对有需要的人提供津贴；根据能力以一切适当方式使所有人均有受高等教育的机会；能得到教育和职业方面的资料和指导；采取措施鼓励学生按时出勤和降低辍学率。这种受教育权还涉及了学校实行校纪约束的原则即“符合儿童的人格尊严及本公约的规定”。公约还强调，教育儿童的目的应当是：“最充分地发展儿童的个性、才智和身心能力；培养对人权和基本自由以及《联合国宪章》所载各项原则的尊重；培养对儿童的父母、儿童自身的文化认同、语言和价值观、儿童所居住国家的民族价值观、其原籍国以及不同于其本国的文明的尊重；培养儿童本着各国人民、族裔、民族和宗教群体以及原为土著居民的人之间谅解、和平、宽容、男女平等和友好的精神，在自由社会里过有责任感的生活；培养对自然环境的尊重。”

正是《儿童权利公约》有关儿童教育问题的上述规定以及其他各项关于儿童权利的论说，进一步强调了教育权作为基本人权的主张，突出了儿童作为教育事业的主要受益者的主体地位，细化了儿童应当享有的教育权利的一系列具体的规定，因而《儿童权利公约》成为国际教育规则最重要的基础性文件之一。

《残疾人权利公约》

（联合国，2006）

《残疾人权利公约》（*Convention on the Rights of Persons with Disabilities*）是2006年12月31日由第61届联合国大会第168号决议通过的一项旨在维护残疾人权利与尊严的人权公约，并于2007年3月30日提供开放签字，共有146个缔约国，获得了90个缔约国的批准。中国政府于2007年3月签署，2008年6月批准了该公约。

《残疾人权利公约》共有50个条款，涉及性质、宗旨、缔约国义务、残疾人各项权利和监督机制，以及对“残疾人”的定义。“残疾人”包括肢体、精神、智力或感官有长期损伤的人，这些损伤与各种障碍相互作用，可能阻碍残疾人在与他人平等的基础上充分和切实地参与社会。该公约规定：各缔约国应当采取一切适当的立法、行政和其他措施保障残疾人人权和基本自由，保障其经济、社会和文化等方面的权利；各缔约国应当采取适当措施，确保残疾人在与其他人平等的基础上，无障碍地使用交通工具，利用信息通信技术和系统，以及其他设施和服务；各缔约国应采取适当措施保障残疾人享有生命权、获得司法保护、免受酷刑和虐待、迁徙自由和享有国籍、参与政治和公共生活等权利；各缔约国应采取适当措施保障和促进残疾人获得教育、健康、康复、就业、社会保障、参与文化体育生活等权利；在该公约生效时应当成立残疾人权利委员会，并对其组成方式和议事规则做了规定；各缔约国应当承担的履约义务；该公约的生效、修改和退出程序等。

《残疾人权利公约》的第24条专门论述了残疾人的教育权利：(1) 缔约国确认残疾人享有受教育的权利，确保在各级教育实行包容性教育制度和终身学习，以便最充分地发展残疾人的个性、才华和创造力以及智能和体能，使所有残疾人能切实参与一个自由的社会。(2) 为了实现这一权利，缔约国应当确保：残疾人不因残疾而被排拒于普通教育系统之外，残疾儿童不因残疾而被排拒于免费和义务初等教育或中等教育之外；残疾人可以在自己生活的社区内，在与其他人平等的基础上，获得包容性的优质免费初等教育和中等教育；提供合理便利以满足个人的需要；残疾人在普通教育系统中获得必要的支助，便利他们切实获得教育；按照有教无类的包容性目标，在最有利于发展学习和社交能力的环境中，提供适合个人情况的有效支助措施。(3) 缔约国应当使残疾人能够学习生活和社交技能，便利他们充分和平等地参与教育和融入社区。为此目的，缔约国应当采取适当措施，包括：为学习盲文，替代文字，辅助和替代性交流方式、手段和模式，定向和行动技能提供便利，并为残疾人之间的相互支持和指导提供便利；为学习手语和宣传聋人的语言特性提供便利；确保以最适合个人情况的语文及交流方式和手段，在最有利于发展学习和社交能力的环境中，向盲、聋或聋盲人（特别是儿童）提供教育。(4) 为了帮助确保实现这项权利，缔约国应当采取适当措施，聘用有资格以手语和（或）盲文教学的教师，包括残疾教师，并对各级教育的专业人员和工作人员进行培训。这种培训应当包括对残疾的了解和学习使用适当的辅助和替代性交流方式、手段和模式、教育技巧和材料以协助残疾人。(5) 缔约国应当确保，残疾人能够在不受歧视和与其他人平等的基础上，获得普通高等教育、职业培训、成人教育和终身学习。为此目的，缔约国应当确保向残疾人提供合理便利。

《反对教育歧视公约》

（联合国教科文组织，1960）

《反对教育歧视公约》（*Convention against Discrimination in Education*）是1960年12月14日由联合国教科文组织大会第11届会议通过的旨在消除教育歧视、维护公民受教育权利的一项国际公约，1962年5月22日正式生效。中国政府尚未签署和批准该公约。

《反对教育歧视公约》全文共19条。第1条对“教育歧视”做了全面的定义：“教育歧视”是指禁止任何人或任何一群人接受任何种类或任何级别的教育；限制任何人或任何一群人只能接受低标准的教育；对任何人或任何一群人加以违反人类尊严的条件。第2条列举了不构成教育歧视的案例，如对某些人或某群人设立或维持分开的教育制度或学校（为男女分设的学校、因宗教和语言分设的学校、私立学校的设立不包括在内）。

第3条规定了各国消除教育歧视的义务。各缔约国应“废止含有教育上歧视的任何法律规定和任何行政命令，并停止含有教育上歧视的任何行政惯例；必要时通过立法，保证在学校招收学生方面，没有歧视；在学费和给予学生奖学金或其他方式的协助以及前往外国研究所必要的许可和便利等事项时，除了以成绩或需要为基础外，不容许公共当局对不同国民给予不同的待遇；在公共当局所给予学校的任何形式的协助上，不容许任何纯粹以学生属于某一特殊团体这个原因为基础而定的限制或特惠；对在其领土内居住的外国国民，给予与本国国民一样的受教育机会”。

第4条规定了为促进教育上的机会平等和待遇平等，各国应履行的义务：“使初级教育免费并成为义务性质；使各种形式的中等教育普遍设立，并对一切人开放；使高等教育根据个人成绩，对一切人平等开放；保证人人遵守法定的入学义务；保证同一级的所有公立学校的教育标准都相等，并保证与所提供的教育的素质有关的条件也都相等；对那些未受到或未完成初级教育的人的教育以及他们根据个人成绩继续接受的教育，以适当方法加以鼓励和推进；提供师资训练，无所歧视。”

第5条论述了教育必须尊重少数民族、不同宗教团体、家长和学生个性化发展的自由。第6条至第19条则规定了各缔约国的参与规则以及公约本身的修订和生效等。

联合国教科文组织通过的《反对教育歧视公约》是专门针对教育领域的歧视而颁布的一项公约，是各缔约国开展教育工作不得不遵守的“宪章”，也是衡量各国是否违反歧视原则的重要标准。

3. 关于全民教育的国际规则文件

《世界全民教育宣言》

（联合国教科文组织、联合国开发计划署、
联合国儿童基金会、世界银行，1990）

《世界全民教育宣言》（*World Declaration on Education for All*），全名为《世界全民教育宣言：满足基本的学习需要》（*World Declaration on Education for All: Meeting Basic Learning Needs*），于1990年3月9日在泰国宗滴恩召开的世界全民教育大会（World Conference on Education for All）上获得通过。世界全民教育大会由联合国教科文组织、联合国开发计划署、联合国儿童基金会、世界银行联合举办，18个国家政府及国际组织也提供了赞助。155个国家的政府、20个政府间组织、150个非政府组织共派出约1500名代表、观察员和专家参会。

《世界全民教育宣言》的序言中说到，虽然早在1948年诞生的《世界人权宣言》已经提出“人人享有受教育的权利”，但是直到1990年，全世界仍有1亿多儿童没能接受初等学校教育，超过9.6亿成年人是文盲，其中约三分之二是女性，普及基础教育和成人扫盲的任务依然艰巨。站在20世纪的末尾，面向即将到来的崭新的21世纪，世界全民教育大会的与会代表一致认为：教育是所有人共同享有的基本权利；教育有助于维护世界的安全、健康、繁荣和环境友好，并促进社会、经济、文化发展，增进国家间的容忍和合作；教育是个人与社会发展的关键必要因素；传统知识和文化遗产有其存在的价值和功效，能够定义和推动发展；总体来看，教育严重地供不应求，必须提高质量，并在全球普及；基础教育是接受更高等教育、提高科技素养和能力的基础，也是自力更生发展的基础；为了迎接巨大且复杂的挑战，有必要向当代人及下一代人传递扩大了的基础教育的设想以及我们对基础教育的义务。因此，大会通过并公布了《世界全民教育宣言》。

《世界全民教育宣言》正文共三个部分，10条24款。

第一部分是全民教育的目的。第1条开宗明义地指出，全民教育的目的就是满足基本的学习需要，每个人无论老少都应从满足基本学习需要的基础教育中获益。所谓基本的学习需要，既包括必要的学习工具，也包括基本的学习内容，这些工具和内容是人类生存、充分发展其能力、有尊严地生存和工作、充分参与发展事业、提高其生活质量、做出正式决策，并持续学习所需要的。

第二部分是扩大的视野和更新的承诺，包括第2条至第7条。关于基础教育的扩大的视野包括：普及入学机会与促进公平；关注学习；拓宽基础教育的途径和范围；改善学习环境；加强合作。

第三部分是全民教育的要求，包括第8条至第10条。首先，建立支持性的政策环境，提供社会、文化、经济等方面的支持政策，加强教育政策改革和制度建设；其次，加强物质资源和人力资源的流动；最后，维护全球稳定，建立国与国之间公平的经济关系，避免和化解冲突。

《世界全民教育宣言》标志着人类重新认识教育在个人发展和社会转型中的关键作用，为人类教育事业发展提供了广阔而全面的新视野，并明确提出了在全世界范围实现全民教育的目标。自公布以来，《世界全民教育宣言》为各国政府、国际组织、教育与人类发展问题专业研究团体设计并实施改进基础教育的政策提供了最权威的指导。

《满足基本学习需要的行动纲领》

（联合国教科文组织、联合国开发计划署、联合国儿童基金会、世界银行，1990）

《满足基本学习需要的行动纲领》（*Framework for Action to Meet Basic Learning Needs*）是在1990年3月召开的世界全民教育大会闭幕会议上，与《世界全民教育宣言》一起通过并公布的，其副标题是“执行世界全民教育宣言的指导纲领”（Guidelines for Implementing the World Declaration on Education for All）。

该纲领旨在成为政府、国际组织、双边援助机构、非政府组织和其他承诺实现全民教育目标的组织制定各自行动计划的参考与指南。纲领主体分三个部分，分别阐述三个层面的合作行动框架：国家层面的优先行动、地区层面的优先行动和全世界层面的优先行动。

在国家层面，要求各国：评估教育需求，做出行动规划；营造支持性的政策环境；设计改进基础教育的政策；提高管理、分析和技术方面的能力；调动信息与沟通的渠道；建立合作关系，使资源流动。

在地区层面，要求：交流信息、经验和专业知识；采取联合行动。

在全世界层面，要求：在国际环境中合作；提高国家的能力；为国家和地区行动提供长期的持续的支持；磋商政策议题。

在全文的末尾，列出了20世纪90年代落实《世界全民教育宣言》的时间表：

1990—1991年是预备阶段，各政府及组织完善各自满足基本学习需要的行动计划；采取行动创造支持性的政策环境；设计增进基础教育质量、平等和效率的政策；设计利用信息和传媒满足基本学习需要的手段；资源流动，建立合作伙伴关系。

1990—1993年，国际的发展机构根据其长期、可持续地支持国家和地区行动计划的承诺，制定20世纪90年代的政策和规划，同时相应地提高对基础教育的资金和技术援助。在地区和全世界层面，合作者们加强和利用现有的磋商合作机制，制定监控行动进程的步骤。

1990—1995 年，实施行动计划的第一阶段。国家协调机构监控实施进展，对规划做出适当调整。地区与国际支持行动也都付诸实施。

1995—1996 年，政府及组织开展中期评估。政府、组织和发展机构开展地区和全世界层面的综合政策评估。

1996—2000 年，实施行动计划的第二阶段。发展机构根据需要调整规划，并相应提高对基础教育的援助。

2000—2001 年，政府、组织和发展机构评估成果，开展地区和全世界层面的综合政策评估。

《达喀尔行动纲领》

（联合国教科文组织，2000）

《达喀尔行动纲领》（*Dakar Framework for Action*），副标题“全民教育：实现我们的集体承诺”（Education for All：Meeting Our Collective Commitments），于 2000 年 4 月 26—28 日在塞内加尔共和国首都达喀尔召开的世界教育论坛（World Education Forum）上获得通过。这份文件明确了全民教育的六大目标。164 个国家政府在论坛上承诺在 2015 年之前实现这六个目标。

《达喀尔行动纲领》分四个部分：第一部分是“达喀尔行动纲领”；第二部分是“补充说明”，较为详细地陈述了 2000 年全世界全民教育的成就和面临的挑战、未来的全民教育目标及实施策略；第三部分是“地区性行动纲领”，包括撒哈拉以南非洲、南美洲、阿拉伯国家、亚洲及太平洋地区、欧洲与北美、九个人口大国（E9）全民教育的地区性会议报告；第四部分是 1990 年《世界全民教育宣言》全文。

《达喀尔行动纲领》重申了《世界全民教育宣言》的基本观点，并提出了新的更高的目标——不仅要实现教育平等，还要使每个人都能接受高质量的教育。

164 个国家的政府共同承诺，在 2015 年之前，实现以下六项全民教育目标：(1) 扩大和改进综合幼儿保育与教育，特别是对于最脆弱和最处境不利的儿童；(2) 确定到 2015 年，所有儿童，特别是女童、处于恶劣环境中的儿童和少数族裔儿童，进入优质的、免费的、义务的初等教育并完成学业；(3) 确定所有青少年和成人的学习需求通过平等地加入适合的学习与生活技能项目而被满足；(4) 2015 年，实现成人识字率增长 50%，特别是女性，以及所有成人平等进入基础和继续教育；(5) 通过确保女童完全和平等地进入优质基础教育并取得学历，2005 年消除初等和中等教育中的性别差异，2015 年达到性别平等；(6) 全面提高教育质量，确保其卓越，以便所有人都取得可识别和可衡量的学习成果。

《达喀尔行动纲领》提出，各国应在 2002 年以前加强或制定本国的行动规划，并在 2015 年之前实现全部的全民教育目标。特别是要关注一些特殊领域的问题：如艾滋病、早期教育、学校健康、女童与女性教育、成人扫盲、冲突和紧急情况下的教育。

达喀尔世界教育论坛是一次承前启后的会议，总结了 1990 年以来全民教育的进展，了解和总结全民教育现存的问题和未来要迎接的挑战，对全民教育的理念做出澄清，并进一步发展，全面清晰地重新表述了全民教育目标，调整了全民教育的行动规划，标志着全民教育进入了崭新的发展阶段，也为 21 世纪的全民教育提供了根本性的行动指南。

《仁川宣言》

（联合国教科文组织等，2015）

联合国教科文组织牵头，与联合国儿童基金会、世界银行集团、联合国人口基金、联合国开发计划署、联合国妇女署、联合国难民事务高级专员办事处于 2015 年 5 月 19—22 日在韩国仁川市举办了 2015 年世界教育论坛。来自 160 个国家的 1600 余名与会代表讨论通过了关于 2030 年教育愿景的《仁川宣言》。

宣言以“2030年教育：实现包容和公平的全民优质教育和终身学习”为主标题，由“序言”“走向2030年：新的教育愿景”和“实施我们的共同议程”三个部分组成，共20条。其中，第1条至第4条为序言，该部分重申了始自1990年宗滴恩并延续至2000年达喀尔之后25年世界全民教育运动的愿景，总结了2000年以来在实现全民教育目标和与教育相关的千年发展目标方面取得的进展和经验教训，讨论了拟议的2030年可持续发展目标4（“为所有人确保包容、公平的优质教育并促进终身学习机会”），即未来教育议程以及行动框架。第5条至第11条全面概括了“走向2030年：新的教育愿景”，新愿景强调“教育是一项公益事业、基本人权和确保实现其他权利的基础”，全民终身学习是新的教育议程的出发点，包容和公平是基础，优质教育和改善学习成果是未来的工作重心，性别平等、教师、职业技术教育与培训、高等教育和研究包括信息通信技术的应用均为组成部分，受危机冲突影响地区的儿童、青年和成人的学习需求为重要的关注群体。在扩大教育机会方面，提出确保提供至少9年甚至12年“免费、公立、公平、优质、学有所获的中小学教育”，鼓励至少一年的“免费、义务、优质的学前教育”；性别平等、教师依然重要。第12条至第20条为实施我们的共同议程：呼吁各国政府和官方发展援助机构增加教育供资，支持议程的实施；继续委托联合国教科文组织“履行其牵头和协调2030年教育议程的职责”；“建立综合性的国家监测和评估系统”，在《全民教育全球监测报告》的基础上继续出版独立的《全球教育监测报告》（GEMR）；一致同意在2015年11月联合国教科文组织大会第38届会议期间举办的特别高层会议上通过和启动《2030年教育行动框架》。

4. 关于全纳教育的国际规则文件

《萨拉曼卡宣言》及《行动纲领》

（联合国教科文组织，1994）

《萨拉曼卡宣言》（*The Salamanca Statement*）及《行动纲领》是1994年6月7—10日在西班牙萨拉曼卡召开的“世界特殊教育大会：入学与质量”上获得通过的文件。92个国家政府和25个国际组织的代表出席了会议。《萨拉曼卡宣言》副标题是“特殊教育的原则、政策与实践”。宣言中首次正式提出“全纳教育”概念，指出全纳的学校是“与歧视相斗争、建立全纳社会和实现全民教育的最有效手段”。

《萨拉曼卡宣言》提出全纳教育的五项原则：(1) 每个儿童都有基本的受教育权，必须给予他们机会，使他们实现和保持适当水平的学习；(2) 每个儿童都有着独特的特征、兴趣、能力和学习需求；(3) 设计教育体系和实施教育项目的时候，都应当考虑到这些特征和需求的广泛的多样性；(4) 有特殊教育需要的人们必须能够进入普通学校，而学校应当去适应他们，采用以儿童为中心的教学法，满足他们的需求；(5) 全纳的普通学校是消除歧视态度、建立友好社区、营造全纳社会、实现全民教育最有效的手段；而且，这些学校向大多数儿童提供有效的教育，还能提高整个教育体系的效率，其中主要是成本效益。

《行动纲领》的全称是《特殊教育的行动纲领》（*Framework for Action on Special Needs Education*）。其内容包含一篇简介和三个章节。

简介开宗明义地指出，编写《行动纲领》的目的是对政府、国际组织、国家援助机构、非政府组织和其他践行《萨拉曼卡宣言》的团体提供政策说明和行动指导。

第一章题为“特殊教育的新思想”，全面阐述了全纳教育和全纳学校的含义与原则。多国的经验表明，全纳学校能够使有特殊教育需要的少年儿童获得完整的教育过程和社会融合。全纳学校的基本原则是所有儿童应当共同学习。同时，全纳学校要识别学生们多样化的学习需求，并给予恰当的回应。

第二章题为“国家层面的行动指南”，分七个方面：第一，政策与组织，即按照全纳、融合、参与的原则改革教育政策，调整教育体制；第二，学校因素，包括提高课程灵活度、加强学校管理、共享信息与开展研究；第三，补充和培训教育工作者；第四，外部支持服务，指校外机构对学校教育和有特殊教育需要的学生提供支持；第五，优先的领域，包括幼儿教育、女童教育、成年生活的准备、成人教育与继续教育；第六，社区视野，指全纳教育需要家庭支持、社区参与、志愿者组织的奉献，以及公众的认识与了解；第七，资源需求，全纳学校的建设必须成为一项关键政策，并因此获得充分的资源。

第三章题为“地区与国际层面的行动指南”，主要阐述了国际合作的原则与策略。

《萨拉曼卡宣言》及《行动纲领》是全世界特殊教育发展的里程碑，标志着分隔的、封闭的、特别的特殊教育转向融合的、开放的、普通的全纳教育。全纳教育思想的提出，也使得全民教育从其思想内涵上真正成为面向所有人的教育。

《全纳教育政策指南》

（联合国教科文组织，2009）

《全纳教育政策指南》（*Policy Guidelines on Inclusion in Education*）是2008年11月联合国教科文组织在日内瓦召开的国际教育会议上，经与会代表讨论形成的有关全纳教育的政策建议。

《全纳教育政策指南》主体分为两大部分。第一部分是“全纳教育：原理与发展”。该文件首先重申了全纳是“一个通过提高学习、文化和社群的参与度解决和回应全体学习者的多样化的学习需求的过程，在教育内部，并通过教育减少排斥”，指出只有使所有普通学校都变成“全纳”的，一个“全纳”的教育体制才得以建立。接下来，文章提出“全纳与质量相辅相成”的理念——从短期效果来看，提高入学率很可能让教育质量遇到危机，但权衡两者的长期策略必将成功。最后，从以往经验看，全纳教育的成本效益是一个重要的问题。要实现全纳教育，政府、教育机构甚至家长都承担了较大的资金压力。文章提出要把有限的资源用于提高教育质量，并采用复式教学等办法节约开支，提高成本效益。

第二部分是“让政策向前进”。一些关键的改革步骤包括：开展现状分析；传播理念；建立关于全纳的优质教育一致的概念；通过国际会议、宣言和建议为全纳教育立法；支持地方的能力建设；开发测量全纳的优质教育的有影响力的方法；开发校本的或以社区为本的机制，识别失学儿童，设法帮助他们上学；帮助教师理解其在教育中的角色，并理解课堂上的多样性不是问题，而是机遇。

总之，《全纳教育政策指南》更加具体细致地提出了全纳教育政策改革的策略和建议，是各国政策制定者、教师和学习者、社区领导者及其他公民采取策略、努力实现全民教育的重要参考资料。

5. 关于终身教育的国际规则文件

《汉堡成人学习宣言》与《未来议程》

（联合国教科文组织，1997）

1997 年 7 月 14—18 日，联合国教科文组织在德国汉堡召开了第五届国际成人教育大会。会议以“成人学习：21 世纪的关键”为主题，目标是从全民终身教育的角度，阐明成人教育的重要性，动员世界各国政府和有关方面力量从全民终身教育角度推动成人教育和继续教育的发展，就未来的政策和行动方针提出建议，促进成人教育的国际合作。会议通过了《汉堡成人学习宣言》（*The Hamburg Declaration on Adult Learning*，简称

《汉堡宣言》）和《未来议程》（*The Agenda for the Future*）。前者是一项政策性文件，后者为包括具体行动建议的工作计划。

这两份文件总结了历次国际成人教育会议的成果，并且对成人教育的未来做了充分的阐述。文件明确指出：为了构筑一个面向21世纪的学习社会，就必须建立终身学习体系，必须继续发挥成人教育的作用，必须把正规教育与非正规教育结合起来。

《汉堡成人学习宣言》提出的成人教育定义是：成人教育是指整个正规和非正规的不断学习过程，通过这个学习过程，被所属社会视为成年的人们增长能力，丰富知识，提高技术或专业资格，或者被指明新的方向，以满足自身和社会的需求。

《汉堡成人学习宣言》阐述了成人教育的意义、内涵、使命、组织形式等。宣言认为，以经济全球化和信息技术广泛应用为标志的“知识经济”社会正在出现，对经济社会结构、工作模式、生活方式以及国家作用等方面将产生巨大的影响。信息量的迅速膨胀，使获取和使用信息成为人们生存的重要能力。该宣言认为，唯有教育，特别是成人教育，是帮助人们面对这些变革的有效手段，是迈入21世纪的一把钥匙，应从目标、内容、方法方面重新认识成人教育。成人教育是一项个人权利，同时也是个人对社会和他人的一项义务。成人教育不仅是传统意义上的“第二次学习机会”或学习某种技能的手段，同时也是提高个人修养、塑造个性和公民意识，使人们平等和自主地参与社会和经济生活的需要。

《未来议程》是对《汉堡成人学习宣言》的进一步阐述，包括以下几个主题：成人学习与民主化——21世纪的挑战；改善成人学习的条件并提高质量；确保人人享有学习文化和接受基础教育的权利；成人学习与不断变化的职业界；成人学习与环境；健康和人口的关系；成人学习、文化、传媒和新信息技术；全民成人学习——不同群体的权利和愿望；成人学习的经济问题以及加强国际合作与团结。

6. 关于环境与可持续发展教育的国际规则文件

《贝尔格莱德宪章》

（联合国教科文组织、联合国环境规划署，1975）

《贝尔格莱德宪章》（*Belgrade Charter*）是联合国教科文组织和联合国环境规划署于1975年10月在贝尔格莱德举办的国际环境教育研讨会上通过的一份文件。来自65个国家的教育领导人和专家出席了会议，大会讨论了环境教育中存在的问题以及未来发展趋势。

《贝尔格莱德宪章》涉及环境教育的理论研究、发展规划、大众媒介的作用、人才培训、教材、资金、评估等，为环境教育的进一步发展提供了指导方针。基于环境教育对在生态平衡、人类素质、后代需求等基础上提高环境道德的重要性，《贝尔格莱德宪章》指出："要建立新的发展观和世界经济秩序，关键在于教育过程和教育系统的改革，这将十分需要学生与教师之间、学校与社会之间、教育系统与全社会之间建立一种新型的和卓有成效的相互关系。"

贝尔格莱德会议是有史以来级别最高的一次专门以环境教育为主题的国际性研讨会，《贝尔格莱德宪章》的通过为各国根据本国经济条件规划环境教育指出了方向，也为1977年第比利斯环境教育大会的召开做好了理论准备。

《第比利斯政府间环境教育宣言和建议》

（联合国教科文组织、联合国环境规划署，1977）

《第比利斯政府间环境教育宣言和建议》（*The Tbilisi Government Declaration and Recommendations on Environmental Education*）是联合国教科文组织和联合国环境规划署于1977年在格鲁吉亚共和国第比利斯市召开的环

境教育会议上通过的一份文件。联合国的66个成员国与会，会议充分肯定了《贝尔格莱德宪章》提出的环境教育目标，并对环境教育的理论和实践做了进一步探讨。

《第比利斯政府间环境教育宣言和建议》回顾了人类在过去几十年面临的环境问题以及未来的挑战，指出了开展环境教育的必要性以及对环境教育的要求：环境教育应该面向各个层次所有年龄的人，包括正规教育和非正规教育；环境教育应该是一种全面的终身教育，能够对这一瞬息万变的世界中出现的各种变化做出及时的反应；环境教育必须面向社会。为了实现上述目标，宣言进一步呼吁各成员国在上述目的和特点的基础上制定相关政策，将环境教育的主张、内容和活动引进到本国的教育制度中去；恳请教育当局促进和加强对环境教育的思考、研究和革新；敦促各成员国加强这一领域的合作，尤其是要加强工作经验、研究成果和文献资料的相互交流，促使自己的培训设施向别国的教师和专家开放；最后呼吁国际社会大力支持环境教育，为促进国际理解和人类的和平做出贡献。

《第比利斯政府间环境教育宣言和建议》的发表为各国开展环境教育提供了一个国际准则，会议的精神和建议成为日后各类环境教育的准则。它的通过是环境教育发展史上的一个里程碑，标志着人类的环境教育进入了一个崭新的阶段。

《我们共同的未来》

（世界环境与发展委员会，1987）

《我们共同的未来》（*Our Common Future*）是1987年2月在日本东京召开的第八次世界环境与发展委员会上通过，后又经第42届联大通过的一份有关人类未来的报告。联合国于1983年12月成立了由挪威首相布伦特兰夫人为主席的“世界环境与发展委员会”，对世界面临的问题及应采取的战略进行研究。

《我们共同的未来》首次提出“可持续发展”的概念，并给出了明确的定义：“既满足当代人的需求，又不对后代人满足其需求的能力构成危害的发展。”该报告分为“共同的关切”“共同的挑战”“共同的努力”三部分，集中分析了全球人口、粮食、物种和遗传资源、能源、工业和人类居住等方面的情况，并系统探讨了人类面临的一系列重大经济、社会和环境问题之后，鲜明地提出了三个观点：(1) 环境危机、能源危机和发展危机不能分割；(2) 地球的资源和能源远不能满足人类发展的需要；(3) 必须为当代人和下代人的利益改变发展模式。

《我们共同的未来》提出的“可持续发展道路”把人们从单纯考虑环境保护引导到把环境保护与人类发展切实结合起来，实现了人类有关环境与发展思想的重要飞跃。

《21世纪议程》

(联合国环境与发展大会，1992)

《21世纪议程》(*Agenda 21*) 是1992年6月3—14日在巴西里约热内卢召开的联合国环境与发展大会通过的一份长达800页的旨在鼓励发展的同时保护环境的全球可持续发展计划的行动蓝图，为确保地球未来的安全迈出了历史性的一步，是可持续发展所有领域全球行动的总体计划。

《21世纪议程》全文分为“序言”“社会和经济方面”“促进发展的资源保护和管理”“加强主要团体的作用及实施手段”四篇，共40余万字。第一篇包括：发展中国家加速可持续发展的国际合作和有关的国内政策、消除贫困、改变消费模式、人口动态和可持续能力、保护和增进人类健康、促进人类居住区得到可持续发展、将环境与发展内涵纳入决策过程等。第二篇包括：保护大气层、陆地资源的统筹规划和管理、森林毁灭的防治、防沙治旱、山区的可持续发展、促进农业和农村的可持续发展、生物多样性保护、生物技术的环境无害化管理、保护海洋资源、保护和管理淡水资源、有毒化学品的安全使用、危险废物管理、固体废物管理、放射性废物管理等。第三篇包括：为妇女采取全球性行动以谋求可持续和公平的发展、儿童和青年参与可持续发展、承认和加强土著居民及其社区的作用、加强非政府组织作为可持续发展合作者的作用、支持《21 世纪议程》的地方当局的倡议、加强工人和工会的作用、加强商业和工业的作用、科学和技术界、加强农民的作用等。第四篇包括：财政资源和机制、环境安全和无害化技术的转让、合作和能力建设、科学促进可持续发展、促进教育、公众意识和培训、促进发展中国家能力建设的国家机制和国际合作、国际体制安排、国际法律文书和机制、决策用的信息等。

这份报告虽然不具有法律约束力，却得到了世界各国的广泛认可。为了全面支持在世界范围内落实《21 世纪议程》，联合国大会于 1992 年成立了可持续发展委员会，负责监督并报告《21 世纪议程》和其他地球首脑会议的协议的执行情况，支持和鼓励政府、商界、工业界和其他非政府组织带来可持续发展所需要的社会和经济变化，帮助协调联合国内环境和发展的活动。中国政府派李鹏总理参加了 1992 年的联合国环境与发展大会，并做出了履行《21 世纪议程》的庄严承诺，并据此制定了《中国 21 世纪议程》作为中国可持续发展的总体战略来指导国民经济和社会的发展。《中国 21 世纪议程》于 1994 年 3 月 25 日在国务院第十六次常务会议上讨论通过，包括可持续发展总体战略与政策、社会可持续发展、经济可持续发展、资源的合理利用与环境保护四大部分。

《联合国气候变化框架公约》

（联合国环境与发展大会，1992）

《联合国气候变化框架公约》（*United Nations Framework Convention on Climate Change*）是由 1992 年 5 月的联合国大会通过的一项国际公约，1992 年 6 月在巴西里约热内卢召开的联合国环境与发展大会期间开放签署，1994 年 3 月 21 日正式生效。该公约是世界上第一个为全面控制二氧化碳等温室气体排放，以应对全球气候变暖给人类经济和社会带来不利影响的国际公约，也是国际社会在对付全球气候变化问题上进行国际合作的一个基本框架。

《联合国气候变化框架公约》由序言及 26 条正文组成，旨在控制大气中二氧化碳、甲烷和其他造成“温室效应”的气体的排放，将温室气体的浓度稳定在使气候系统免遭破坏的水平上。该公约对发达国家和发展中国家规定的义务以及履行义务的程序有所区别：要求发达国家作为温室气体的排放大户，采取具体措施限制温室气体的排放，并向发展中国家提供资金以支付他们履行公约义务所需的费用；发展中国家只承担提供温室气体源与温室气体汇的国家清单的义务，制定并执行含有关于温室气体源与汇方面措施的方案，不承担有法律约束力的限控义务。该公约提出了减少温室气体排放，减少人为活动对气候系统的危害，减缓气候变化，增强生态系统对气候变化的适应性，确保粮食生产和经济可持续发展的目标，并确立了五个基本原则：(1)“共同而区别”的原则，要求发达国家应率先采取措施，应对气候变化；(2) 要考虑发展中国家的具体需要和国情；(3) 各缔约方应当采取必要措施，预测、防止和减少引起气候变化的因素；(4) 尊重各缔约方的可持续发展权；(5) 加强国际合作，应对气候变化的措施不能成为国际贸易的壁垒。

《联合国气候变化框架公约》的第 6 条也提到了“教育、公众意识和培训”，要求各缔约国在国家一级并酌情在次区域和区域一级，根据国家法律和规定，并在各自的能力范围内，促进和便利：拟订和实施有关气候变化及其影响的教育及提高公众意识的计划；公众获取有关气候变化及其影响的信息；公众参与应付气候变化及其影响和拟订适当的对策；培训科学、技术和管理人员。在国际一级，酌情利用现有的机构，在下列领域进行合作并促进：编写和交换有关气候变化及其影响的教育及提高公众意识的材料；拟订和实施教育培训计划，包括加强国内机构交流或借调人员，特别是为发展中国家培训这方面的专家。

《可持续发展教育全球行动计划》

（联合国教科文组织，2013）

《可持续发展教育全球行动计划》是2013年联合国教科文组织大会第37届会议批准的，是联合国可持续发展教育十年（2005—2014年）的后续行动计划，标志着可持续发展教育对于可持续发展的经济、社会和环境的重要性得到了国际社会的广泛认同。

《可持续发展教育全球行动计划》的总体目标是“在教育和学习的各个层面和领域行动起来，加快可持续发展进程”。这一总体目标又被分解为两个目的：一是为教育和学习重新定位，使每个人都有机会获取能够为可持续发展做贡献的知识、技能、价值观和态度；二是在促进可持续发展的所有议程、计划和活动当中强化教育和学习的内容。《可持续发展教育全球行动计划》的重点是五个优先行动领域，以明确战略重点，让利益相关方承担义务：（1）政策支持；（2）全机构方法；（3）教育工作者；（4）青年；（5）地方社区。

《名古屋可持续发展教育宣言》

（联合国教科文组织，2014）

《名古屋可持续发展教育宣言》是于2014年11月在日本爱知县名古屋举办的世界可持续发展教育大会上一致通过的。该大会是在联合国可持续发展教育十年（2005—2014年）结束之际召开的，旨在通过该宣言“进一步加强和扩大可持续发展教育”，并再次确认“人是可持续发展教育的中心”。

该宣言由两大部分16条组成。其中，前半部分（第1条至第7条）回顾总结了联合国可持续发展教育十年取得的成就，确定和启动作为十年后续行动的《可持续发展教育全球行动计划》（GAP），它已得到联合国教科文组织大会第37届会议的批准，重申可持续发展教育是可持续发展的一个重要手段，也是包容性优质教育和终身学习不可或缺的一部分；后半部分提出与会各方应承担的责任义务和应做出的努力，明确了可持续发展教育的五个优先行动领域。

7. 关于语言与文化多样性教育的国际规则文件

《世界文化多样性宣言》及行动计划

（联合国教科文组织，2001）

《世界文化多样性宣言》（*Universal Declaration on Cultural Diversity*）是2001年由联合国教科文组织大会第31届会议通过的一份旨在保护语言与文化多样性的宣言。该宣言的起草缘于联合国教科文组织确信在相互信任和理解的氛围下，尊重文化多样性、宽容、对话及合作是国际和平与安全的最佳保障之一，希望在承认文化多样性、认识到人类是一个统一的整体和发展文化间交流的基础上开展更广泛的团结互助。该宣言附有行动计划要点，呼吁各国承诺采取适当措施，广泛宣传该宣言并促进其有效地实施。在世界文化多样性领域，该宣言所具有的广泛而重大的影响，为国际社会首次。

《世界文化多样性宣言》共12条，包括特性、多样性和多元化，文化多样性与人权，文化多样性与创作，文化多样性与国际团结四大主题。该宣言特别提倡在尊重母语的情况下，在所有可能的地方实现各级教育中的语言多样化，鼓励自幼学习多种语言。通过教育，培养人们对文化多样性积极意义的认识，并为此改进教学计划的制定和师资队伍的培训工作。在必要时，将传统的教学方法纳入到教学工作中，以保存和充分利用有关文化所特有的交流和传授知识的方法。促进“数字扫盲”，将信息传播技术作为教学计划中的学科和提高教学工作效率的教学手段，提高掌握这些新技术的能力。

《保护非物质文化遗产公约》

（联合国教科文组织，2003）

《保护非物质文化遗产公约》（*Convention for the Safeguarding of the Intangible Cultural Heritage*）是由联合国教科文组织2003年9月29日在巴黎召开的第32届会议上通过的一份旨在保护世界非物质文化遗产的国际公约。

《保护非物质文化遗产公约》共40条，涉及公约的总则、对“非物质文化遗产”的定义、非物质文化遗产委员会的成立及相关事宜、缔约国的责任与义务、国际援助的相关事宜，以及该公约的签署、批准、生效、修订和退出等。该公约所定义的“非物质文化遗产”指被各群体、团体，有时为个人视为其文化遗产的各种实践、表演、表现形式、知识和技能及其有关的工具、实物、工艺品和文化场所。非物质文化遗产具体包括：口头传说和表述，包括作为非物质文化遗产媒介的语言；表演艺术；社会风俗、礼仪、节庆；有关自然界和宇宙的知识和实践；传统的手工艺技能。该公约的宗旨是：保护非物质文化遗产；尊重有关群体、团体和个人的非物质文化遗产；在地方、国家和国际等层级提高对非物质文化遗产及其相互欣赏的重要性的意识；开展国际合作及提供国际援助。

该公约第14条专门阐述了如何通过教育、宣传和能力培养来保护非物质文化遗产。各缔约国应该通过向公众，尤其是向青年进行宣传和传播信息的教育计划，有关社区和群体的具体的教育和培训计划，保护非物质文化遗产，尤其是管理和科研方面的能力培养活动，以及非正规的知识传播等手段，使非物质文化遗产在社会中得到确认、尊重和弘扬。不断向公众宣传对这种遗产造成的威胁以及根据本公约所开展的活动。促进保护表现非物质文化遗产所需要的自然场所和纪念点的教育。

8. 关于和平文化与国际理解教育的国际规则文件

《关于促进国际了解、合作与和平的教育以及关于人权与基本自由的教育的建议》

（联合国教科文组织，1974）

《关于促进国际了解、合作与和平的教育以及关于人权与基本自由的教育的建议》是联合国教科文组织于1974年10月17日至11月23日在巴黎召开的该组织大会第18届会议上通过的一项建议，其目的在于通过教育促进国际理解、合作与和平，并促进对人权和基本自由的尊重。

该建议共有45条，对“教育”一词重新给出了定义，并阐述了“国际理解”“合作”与“和平”的关系，以及该建议适用的范围、对象、指导原则以及各会员国的义务。“教育”一词系指一种社会生活的全过程，通过这个过程，个人和社会群体学会在国家和国际社会范围内，并为着国家和国际社会的利益自觉地发展个人的能力、态度、技能和知识。“国际理解”“合作”与“和平”应被视为一个不可分割的整体，它以拥有不同社会和政治制度的国家和人民友好相处的原则和对人权与基本自由的尊重为基础。该建议适用于一切阶段和一切形式的教育，对象为：负责校内教育、校外教育和高等教育的当局、部门或机构；在青年和成人，诸如大学生和青年运动中开展教育工作的各种组织；学生家长协会；教师联合会以及其他有关方面。指导原则是：“各级各类教育应具有国际的内容和全球的视野，鼓励了解和尊重各国人民及其文化、文明、社会准则和生活方式的差异性”；“教育应该朝着两个方向努力，一是消除那些影响人类生存和福利的重大问题——不平等、不正义、以使用武力为基础的国际关系——长期存在并日趋严重的现象；一是寻求可能有助于解决这些问题的国际合作措施”。该建议的具体内容涉及从学前教育到高等教育，从普通教育到职业教育和教师教育的各级各类教育，此外还包括国际合作、研究和试验的开展。

《关于促进国际了解、合作与和平的教育以及关于人权与基本自由的教育的建议》虽然不像国际公约那样具有法律约束力，却成为“国际理解教育”和“和平文化教育”领域的经典文件，为后来《教育促进和平、人权和民主行动声明和一体化框架宣言》和《和平文化宣言和行动纲领》的颁布奠定了基础。

《和平文化宣言和行动纲领》

（联合国，1999）

《和平文化宣言和行动纲领》（*Declaration and Programme of Action on a Culture of Peace*）是由联合国于1999年10月6日第53届会议通过的一项为在新千年促进和加强和平文化而制定的行动计划。

《和平文化宣言和行动纲领》分为《和平文化宣言》和《和平文化行动纲领》两个部分。《和平文化宣言》共9条，阐述了“和平文化”的定义，要素，实施，政府、社会以及国际组织的相关责任和义务。“和平文化”是由一整套价值观、态度、传统以及行为方式和生活方式构成的，应该通过有利于促进个人群体和国家之间和平的价值态度行为方式和生活方式，实现更全面发展和平文化方面的进步。各级各类教育是实现和平文化的重要手段，特别是与人权相关的教育。联合国、政府、传播媒体、家长和教师、政界人士、记者、宗教团体和组织、知识界从事科学、哲学和创造性与艺术活动的人士、保健和人道主义工作者、社会工作者、各级管理人员以及非政府组织都应该在促进和平文化方面发挥应有的作用。

《和平文化行动纲领》阐述了该纲领的宗旨、战略、主要行动者以及具体的行动措施。《和平文化行动纲领》的落实需要联合国、联合国教科文组织、成员国政府以及民间组织之间的相互合作。纲领指出应该通过教育促进可持续的经济与社会发展，促进尊重所有人权、保障男女平等，促进民主参与，促进了解、容忍和团结，支持共同参与的传播以及信息和知识自由流通，促进国际和平与安全的行动并以此促进和平文化。

《和平文化行动纲领》专门阐述了如何通过教育来促进“和平文化”的实施：(1) 振兴国家努力和国际合作，促进实现普及教育的目标，以实现人、社会和经济发展，促进和平文化；(2) 确保儿童从幼年开始，就受益于有关价值观念态度行为模式和生活方式的教育，以使他们能本着尊重人的尊严、容忍和不歧视的精神和平地解决任何冲突；(3) 使儿童参与各项活动，向他们灌输和平文化的价值观念以及目标；(4) 确保妇女特别是女童有平等地接受教育的机会；(5) 鼓励修订课程包括教科书，同时铭记1995年联合国教科文组织国际教育局《第44届国际教育大会宣言》和《为和平、人权和民主的教育综合行动纲领》，联合国教科文组织应根据请求提供技术合作；(6) 鼓励和加强宣言所确定各行动者特别是联合国教科文组织的努力，以期培养有利于和平文化的价值观念和技能，包括在促进对话和达成共识方面的教育和培训；(7) 酌情加强联合国系统各有关实体在预防冲突和危机管理、和平解决争端，以及冲突后建设和平领域中的训练和教育；(8) 扩大高等教育机构，包括联合国大学和联合国教科文组织教席及大学姊妹学校项目在世界各地为促进和平文化而提出的各种倡议。

9. 关于教育信息化的国际规则文件

《巴黎开放教育资源宣言》

（联合国教科文组织，2012）

《巴黎开放教育资源宣言》(*Paris Open Educational Resources Declaration*) 是2012年在联合国教科文组织巴黎总部举办的世界开放教育资源大会上通过的一份文件。2002年，该组织发起了第一届全球开放教育资源论坛，在论坛上首次提出“开放教育资源”一词，指“以各种媒介（数字化或其他形式）为载体的教与学材料和研究材料，这些材料在公有领域提供，或以开放式许可授权的形式提供，允许其他人免费获取、使用、改编和重新发表，不加任何限制，或几乎没有任何限制。其中，‘开放许可授权’是在由相关国际公约界定的现有知识产权框架内提出的，它尊重作品作者的权利”。

该宣言重申了《世界人权宣言》中“人类皆有受教育的权利”，并提出了对开放教育资源的10点宣示，包括：提高对开放教育资源的认识，促进对开放教育资源的利用；为使用信息与传播技术创造有利环境；进一步制定有关开放教育资源的战略和政策；促进对开放许可授权的了解和应用；支持能力建设，促进优质学习材料的可持续开发；促进形成开放教育资源的战略联盟；鼓励用各种语言开发和改编以各种文化为背景的开放教育资源；鼓励对开放教育资源开展研究；便利开放教育资源的搜索、获取和共享；鼓励对利用政府资金开发的教育材料实行开放许可授权。

《巴黎开放教育资源宣言》为世界各国将开放教育资源法规化提供了理论依据和国际方向，在此之后，美、加等国均通过立法手段，切实保障了开放教育资源的利益相关方的诸项权益。

《青岛宣言》

（联合国教科文组织，2015）

《青岛宣言》（*Qingdao Declaration*）是2015年联合国教科文组织、中国教育部、中国联合国教科文组织全国委员会在青岛组织的“国际教育信息化与2015后教育大会”上通过的全球第一份与信息技术教育直接相关的宣言。

该宣言指出：“为了在2030年之前实现包容、公平的优质教育和终身学习这一目标，必须利用包括移动学习在内的信息通信技术，强化教育体系、知识传播、信息获取、优质和有成效的学习，提供更高效的服务”，通过对“获取与包容、开放教育资源和开放式解决方案、优质学习、终身学习的途径、在线学习的创新、在线学习的质量保证和认证、监测和评估、问责制和伙伴关系、国际合作”九个方面的阐释与建议，倡导信息与通信技术在教育中更加有效的使用，并呼吁联合国教科文组织根据2030年教育议程：(1) 设立国际基金，帮助发展中国家，特别是最不发达国家运用信息通信技术，实现其国家教育目标；(2) 建立教育信息化专业知识和知识共享的全球网络，包括联合国教科文组织支持的专业机构和中心，满足决策者、研究人员和教师这三种不同用户群体的需求；(3) 建立一个技术支持的教育创新方面良好做法和经验教训的信息交流中心。

《青岛宣言》的问世，为加强教育信息化的国际合作提供了理论框架和实践蓝本，为政府、行业合作伙伴、民间社会组织、教师和研究者的跨领域、跨部门的合作提供了方向。

10. 关于教育标准的国际规则文件

《国际教育标准分类法》

(联合国教科文组织，1976，1997，2011)

《国际教育标准分类法》(*International Standard Classification of Education*) 是一个有关教育体制和教育发展的概念体系和框架文件，用于对世界各国的教育体制和教育发展进行统计和比较。它最早由联合国教科文组织在20世纪70年代初制定，1975年在瑞士日内瓦举行的国际教育大会上获得会员国的批准，并于1976年根据1958年该组织大会第10届会议通过的关于国际教育统计标准的建议而制定、发布第一个正式版本。1978年这个文件在联合国教科文组织大会第20届会议上通过《修订的关于国际教育统计数字标准化的建议》时又得到了批准。

《国际教育标准分类法》经修订后，于1997年10月在联合国教科文组织大会第29届会议上通过了第二个正式版本。2011年11月，联合国教科文组织大会第36届会议上又通过了一个修订版本，这个最新版本的框架已在2014年付诸使用。

《国际教育标准分类法》可以用于多方面的教育统计，如在校生人数、投入教育的人力与财力以及国民的受教育水平等。由于《国际教育标准分类法》的各项基本概念和定义都普遍有效，不因各国教育系统的特殊情况而变化，因此，尽管各会员国教育制度和经济发展水平各不相同，但是都能用它来进行教育政策分析和教育决策。自《国际教育标准分类法》发布以来，联合国教科文组织下属的统计研究所一直都依据这一框架收集、汇编和发布世界各国教育事业发展统计数据。

1976年版的《国际教育标准分类法》采用三级编码，第一级编码是教育等级，第二级编码是教育学科领域，第三级编码是教育课程，因此每个教育课程都用三个数字来表示。1997年版《国际教育标准分类法》则根据教育课程的特征来划分教育等级，教育学科的分类则相对独立出来。2011年版《国际教育标准分类法》采用两个并行又彼此契合的教育等级编码系统，教育学科的分类法即将从《国际教育标准分类法》中完全独立出来。

11. 关于各级各类教育发展的国际规则文件

（1）学前教育

《日内瓦儿童权利宣言》

（国际联盟，1924）

1924年9月26日，国际联盟第五届大会通过《日内瓦儿童权利宣言》（*Geneva Declaration of the Rights of the Child*），又称《日内瓦宣言》（*Declaration of Geneva*）。《日内瓦宣言》中规定所有国家的男女都应承认人类负有提供儿童最好的东西之义务；同时不分种族、国籍或信仰，让所有儿童在下列各种事项中，都能获得保障，并承认这些事项为自己的义务。

《日内瓦宣言》的具体内容包括：(1) 必须提供儿童正常发展所需之物质上与精神上的各种需要。(2) 必须提供食物给饥饿的儿童，并提供生病的儿童所必要的治疗。身心发展迟缓的儿童，要获得适当的援助。对不良行为的儿童要给予改过自新的机会。孤儿和流浪儿亦应获得居住的场所，并得到适当的援助。(3) 遇到危难时，儿童应优先获得救济。(4) 儿童有独立维持生计的地位，因此要避免受到任何形式的压榨。(5) 儿童必须获得适当的培育，使其能够对全体人类有所贡献。

《日内瓦儿童权利宣言》是最早的关于儿童保育与教育的国际规则文件，申明了儿童应当享有的基本权利，为后来《世界人权宣言》《儿童权利公约》等国际规则文件的制定奠定了基础。

《儿童权利宣言》

（联合国，1959）

《儿童权利宣言》(*Declaration of the Rights of the Child*) 是在 1959 年 11 月 20 日召开的联合国大会上，以第 1386 (XIV) 号决议的形式通过的，是关于全世界儿童基本权利的国际规则文件。《儿童权利宣言》包括 10 条准则，规定了儿童应享有健康成长和发展、受教育的权利。宣言还指出，儿童在任何情况下都应首先受到保护和救济，不应受到任何形式的忽视、虐待和剥削。联合国大会发布这一宣言的目的是希望儿童能够享有该宣言中说明的各项权利和自由，享有幸福的童年，并号召所有父母和其他个人以及各类组织、各国政府按照该宣言的准则逐步采取立法和其他措施，以儿童利益最大化为原则，保障儿童的这些权益。

该宣言第 7 条准则集中阐述了儿童享有受教育的权利："原则七：儿童有受教育之权，其所受之教育至少在初级阶段应是免费的和义务性的。儿童所受的教育应能增进其一般文化知识，并使其能在机会平等的基础上发展其各种才能、个人判断力和道德的与社会的责任感，而成为有用的社会一分子。儿童的最大利益应成为对儿童的教育和指导负有责任的人的指导原则；儿童的父母首先负有责任。儿童应有游戏和娱乐的充分机会，应使游戏和娱乐达到与教育相同的目的；社会和公众事务当局应尽力设法使儿童得享此种权利。”

《儿童权利宣言》比 1924 年通过的《日内瓦儿童权利宣言》更加全面，但仍然不具有法律约束力。为此，1989 年 11 月 20 日，在《儿童权利宣言》通过 30 周年之际，联合国大会又通过了具有法律效力的《儿童权利公约》。

《莫斯科行动与合作纲领：善用国家的财富》

（联合国教科文组织世界早期幼儿保育和教育大会，2010）

联合国教科文组织于 2010 年 9 月 27—29 日在莫斯科以“建构国家财富”（Building the Wealth of Nations）为主题，召开首次“世界早期幼儿保育和教育大会”（World Conference on Early Childhood Care and Education），通过了《莫斯科行动与合作纲领：善用国家的财富》（*Moscow Framework for Action and Cooperation*：*Harnessing the Wealth of Nations*）。会议重申 1990 年《世界全民教育宣言》及 2000 年《达喀尔行动纲领》中针对幼儿保育与教育所做出的承诺，认为如果不能采取坚决的紧急行动，那么就很难在 2015 年实现全民教育目标 1（扩大幼儿保育与教育）。此外，本次会议还首次提出“幼儿保育与教育是为筑建国家财富而投资”。

《莫斯科行动与合作纲领：善用国家的财富》认为当前幼儿保育与教育面临以下挑战：第一，幼儿保育与教育政策并没有纳入所有的国家社会经济发展计划，也没有体现为一种综合的、协调一致的方式。第二，缺乏基础设施以及始终存在的文化和贫困所带来的障碍，剥夺了几百万边缘化儿童的幼儿保育与教育权。第三，各个层次以及各相关方面的能力不足削弱了幼儿保育与教育计划。

为应对这些挑战，《莫斯科行动与合作纲领：善用国家的财富》提出以下倡议：

第一，进行动员，对幼儿保育与教育做出更坚定的承诺。健全法律框架和实施机制。将幼儿保育与教育政策纳入人类和社会经济发展政策之中。除了中央及地方政府要通力合作外，政府部门、家长、家庭、小区、民间团体及企业也要共同分担责任。开展有实据的宣传，加强政治承诺。扩大幼儿保育与教育的范围，注意针对不同环境和不同收入群体的灵活性和适用性。特别重视胎儿和新生儿的状况。改善幼儿保育与教育期间以及向初等教育顺利过渡的方式。更好地对幼儿保育与教育进行可靠和及时的评估。加强对幼儿保育与教育计划的监测和评价并使之制度化。加强相关的研究能力，支持各地区的知识开发。

第二，进一步实施切实有效的幼儿保育与教育计划。采取措施战胜各种形式的歧视，实现全民教育目标和全纳教育。尊重文化多样性和语言多样性。提高和加强家长、家庭以及服务提供者的能力，提供有质量的保育与教育。根据儿童的特点改进课程设置和教学方法。侧重计划的成果，采用连贯一致的评估标准和方法。探索和利用信息与通信技术。将可持续发展教育作为有质量的幼儿保育与教育的核心内容之一。为有质量的幼儿保育与教育提供所需的人力和物力。加强能力建设，在一切相关领域提升能力。改善并扩展教师培训、资格认证及专业人员职业发展等方面的工作。巩固加强合作伙伴关系。积极促进民间组织和当地社区参与政策制定与实施，邀请国家和国际组织参与促进和支持性的工作。密切关注父母的呼声和意见。

第三，用好资源为幼儿保育与教育服务。增加预算拨款，重点关注0—8岁儿童。

第四，合作。确定有助于相互合作与交流的幼儿保育与教育计划编制的具体内容。呼吁各国与联合国教科文组织和其他国际组织一起动员国际捐助者。

（2）义务教育

《关于儿童生存、保护和发展的世界宣言》

（联合国，1990）

1990年9月30日，联合国世界儿童问题首脑会议在联合国总部举行。会议通过了《关于儿童生存、保护和发展的世界宣言》（*World Declaration on the Survival, Protection and Development of Children*）。70多个国家的元首或政府首脑以及数十个国家的外长出席会议。

《关于儿童生存、保护和发展的世界宣言》提出了20世纪90年代儿童生存、保护和发展的宗旨和任务、实现这些宗旨的战略，以及各级在行动与后续措施上所承担的义务。全文共五个部分：挑战、机遇、任务、承诺、下一步工作。在“承诺”部分，该宣言提出了保护儿童和改善生活的十点方案，主要内容包括：推动尽早批准和执行1989年第44届联合国大会通过的《儿童权利公约》；促进世界各国采取全国范围和国际性的行动，以增进儿童健康；保证儿童的生存、卫生和教育，以及保护他们免受暴力和剥削等方面的最低标准；努力加强妇女的作用和地位，促进负责任的生育数量、生育间隔、母乳喂养和母亲安全计划；尊重家庭在抚养儿童方面的作用，并支持父母、其他保育人员和社区对儿童从幼儿期至青春期的养育和照料；制定减少文盲、提供教育和就业机会的方案；改善生活在特殊困难环境中的儿童的命运；保护儿童免遭战争之灾祸；优先满足发展中国家，特别是最不发达国家儿童的生存和发展需求，增进儿童福利。

世界儿童问题首脑会议的宣言和行动计划，是20世纪90年代得到最严格监测和实施的国际承诺之一。各国每年举行国家一级的审查，并向大会提交进度报告。已举行了一次十年中期审查和一次广泛的全球性十年终期审查。十年终期审查包括在北京、柏林、开罗、加德满都和金斯顿举行的高级别区域会议。各方面的行动者参加了上述审查工作，其中包括儿童、青年组织、学术机构、宗教团体、民间社会组织、议会、媒体、联合国机构、捐助者以及主要的国家和国际非政府组织，以作为对各国政府努力的补充。

首脑会议和《儿童权利公约》的生效促进了给予儿童政治上的优先地位。155个国家制定了实施首脑会议目标的全国行动方案，做出了区域承诺。国际法律规定和机制加强了对儿童的保护。

“千年发展目标”

（联合国千年首脑会议，2000）

联合国千年发展目标（Millennium Development Goals，MDGs）是指2000年9月8日联合国所有189个成员国（其中147个成员国由其国家元首或政府首脑直接代表）通过的《联合国千年宣言》（大会第55/2号决议）中的第三项承诺：“发展与消除贫穷——千年发展目标”。它是成员国一致通过的一项旨在将全球贫困水平在2015年之前降低一半（以1990年的水平为基准）的行动计划。

千年发展目标共有八个方面，包括：(1) 消灭极端贫穷和饥饿：靠每日不到1美元维生的人口比例减半，挨饿的人口比例减半。(2) 普及小学教育：确保所有男童和女童都能完成全部小学教育课程。(3) 促进两性平等并赋予妇女权利：最好到2005年在小学和中学教育中消除两性差距，至迟于2015年在各级教育中消除此种差距。(4) 降低儿童死亡率：五岁以下儿童的死亡率降低三分之二。(5) 改善产妇保健：产妇死亡率降低四分之三。(6) 与艾滋病病毒/艾滋病、疟疾以及其他疾病对抗：遏止并开始扭转艾滋病病毒/艾滋病的蔓延，遏止并开始扭转疟疾和其他主要疾病的发病率增长。(7) 确保环境的可持续能力：将可持续发展原则纳入国家政策和方案；扭转环境资源的流失；无法持续获得安全饮用水的人口比例减半；到2020年使至少1亿贫民窟居民的生活有明显改善。(8) 全球合作促进发展：进一步发展开放的、遵循规则的、可预测的、非歧视性的贸易和金融体制，包括在国家和国际两级致力于善政、发展和减轻贫穷。满足最不发达国家的特殊需要，这包括：对其出口免征关税、不实行配额；加强重债穷国的减债方案，注销官方双边债务；向致力于减贫的国家提供更为慷慨的官方发展援助；满足内陆国和小岛屿发展中国家的特殊需要；通过国家和国际措施全面处理发展中国家的债务问题，使债务可以长期持续承受；与发展中国家合作，为青年创造体面的生产性就业机会；与制药公司合作，在发展中国家提供负担得起的基本药物；与私营部门合作，提供新技术，特别是信息和通信技术产生的好处。

通过《联合国千年宣言》的各项千年发展目标，是联合国历史上一件具有重大影响力的事件。它是全世界领导人为了解决和平、安全、发展、人权和基本自由等问题所做出的前所未有的一揽子允诺。自 2000 年千年发展目标启动以来，各国都在积极行动，力争将目标变为现实。各国领导人也保证要在广泛的领域建立全球合作，以实现这些普适性目标。联合国自身也通过多种形式引导和监测千年发展目标的实施情况。

围绕千年发展目标的进展情况，迄今已经发布了 13 份秘书长报告和 8 份《千年发展目标报告》。根据最新的进展报告，大多数千年发展目标框架下的具体目标可以在 2015 年实现，这显示出比 1990 年的普遍标准有明确及可度量的进步。2011 年的千年发展目标报告指出，尽管在实现千年发展目标方面已取得巨大进展，但由于进展未能顾及最弱势群体，要在 2015 年实现所有千年发展目标仍面临挑战。2015 年的千年发展目标最终报告称，千年发展目标催生了有史以来最为成功的脱贫运动，将成为拟于 2015 年 9 月通过的新的可持续发展议程的起点。该报告还称，15 年来，世界各国为实现 2000 年制定的千年发展目标付出的努力获得了初步的成功，即使是最贫穷的国家也能够取得进展。

《适合儿童生长的世界》

（联合国，2002）

2002 年 10 月 11 日联合国大会第 27 届特别会议以第 S-27/2 号决议的

形式通过《适合儿童生长的世界》(*A World Fit for Children*)。

《适合儿童生长的世界》分三大部分。

该文件第一部分是宣言。宣言呼吁社会全体成员一起开展一项全球运动，建立一个适合儿童生长的世界，并做出以下承诺：(1) 儿童第一，在所有关于儿童的行动中，将儿童的最高利益作为首要考虑。(2) 消灭贫穷，投资于儿童，消除童工现象。(3) 对所有儿童一视同仁。(4) 照顾每一个儿童，尽可能使儿童的生活有一个最好的开端。(5) 让所有儿童受教育，所有男孩和女孩都必须能获得并完成优质的免费义务初等教育。(6) 保护儿童不受伤害和剥削。(7) 保护儿童免受战争影响。(8) 防治艾滋病病毒/艾滋病。(9) 倾听儿童的意见和确保他们参与。(10) 为儿童保护地球，保护儿童，尽可能减少自然灾害和环境退化对儿童的影响。

第二部分是审查进展情况和经验教训。世界儿童问题首脑会议通过的《关于儿童生存、保护和发展的世界宣言》和《行动计划》是20世纪90年代得到最严格监测和实施的国际承诺之一。各国每年举行国家一级的审查，并向大会提交进度报告。秘书长关于世界儿童问题首脑会议后续行动的十年终期审查报告指出，1990—1999年是对世界儿童做出重大承诺但成就平平的十年。首脑会议和《儿童权利公约》的生效促进了给予儿童政治上的优先地位。批准、加入或签署《儿童权利公约》的国家数目达到了192个的纪录。155个国家制定了实施首脑会议目标的全国行动方案，做出了区域承诺。国际法律规定和机制加强了对儿童的保护。但是，首脑会议上在国家一级和国际一级承诺的资源没有全部兑现。每年有1000多万儿童死亡，虽然大部分是可以避免的死亡；仍然有1亿儿童失学，其中60%是女孩；1.5亿儿童营养不良；艾滋病病毒/艾滋病迅速蔓延，成为灾难；贫穷、排斥和歧视继续存在，社会服务投资不足。因此，还有很多工作要做。

第三部分是行动计划。行动计划明确了在保健、教育、保护和艾滋病防治四个主要领域保护儿童权益、改善儿童生存条件的原则和目标，以及今后定期审议上述目标执行情况的程序。根据行动计划，各国今后将加强国际合作，努力完成世界儿童问题首脑会议尚未实现的议程，确保《联合国千年宣言》中有关目标的实现。行动计划还就全球妇幼保健问题提出了明确的目标，要求各国在2015年前将婴儿死亡率、产妇死亡率、5岁以下儿童的死亡率和营养不良率，以及无法得到卫生饮用水的儿童的比率至少减少三分之一。在教育方面，行动计划要求各国加强投入，帮助弱势儿童接受基本教育。2005年前，在中小学就读生中实现男女比例均衡。2010年前，将小学适龄儿童辍学率减少一半。行动计划还在保护儿童不受虐待、暴力和剥削，减轻艾滋病对儿童的影响，以及为实现上述目标筹集资金方面制定了具体的措施。

（3）职业技术教育

《成人职业培训建议》

（国际劳工组织，1950）

1950年6月30日，在日内瓦召开的国际劳工组织第33届会议通过了第088号建议——《成人职业培训建议》［*Vocational Training（Adults）Recommendation*］。

建议提出了成人职业培训的三个原则：第一，研究、开展和发展成人职业培训，应当依据就业市场的形势和趋势、改进或提高生产率的努力，以及吸纳被培训人员进入适当职业的可能性；应当与雇主、工会组织合作。第二，培训应当尽量为成人提供关于他们正在学习的行业、希望被雇用的行业相关的背景知识，特别要从促进他们提高的角度出发。第三，失业成人的培训不应代替失业保险或者援助体系，但应当被用于通过为需要寻找适当职业的失业者提供培训来促进再就业。

建议指出，应当尽量为所有有需要的成人提供培训，包括针对产业工人(企业内外)、管理者、培训师资的培训。培训的组织应遵守以上原则，并参照本国的环境、不同经济部门的不同需求，以及工人们自己的兴趣和需求。

《职业培训建议》

（国际劳工组织，1962）

1962年6月27日，在日内瓦召开的国际劳工组织第46届大会通过了第117号建议——《职业培训建议》（*Recommendation Concerning Vocational Training*）。

建议提出职业培训的基本原则包括：培训本身不是目的，它是发展一个人职业能力的手段，使他用自己的能力为自己和社会做出最大贡献；职业培训应当发展人的个性；培训是一项独立完整的事业，其特征是由它的若干彼此关联的组成部分所决定的；职业培训贯串个人的全部职业生涯，其内容要依据劳动者作为个人和作为社会成员的需求而决定；职业培训应避免任何形式的歧视；职业培训需要所有相关个人和组织持续的合作。

在国家政策与行政管理方面，建议指出，每个国家都应当建立职业培训机构网，根据经济发展的需求，以及全国、地区或地方的整体就业形势来调整这个网络的规模、定位和课程，从而满足本国居民的培训需求；职业培训应当迎合所有经济活动部门的需求，以及不同能力、兴趣和所处环境的个体受培训者的需求；如果本国不具备建立完整全国网络的条件，则应当考虑与邻国合作建立共同的网络，或者建立一个或多个共同的培训体系。

建议提出国家要持续地为个人和机构提供关于每个行业培训机会的信息，包括培训的类型、学时、入学条件、培训特征、资金或其他形式的支持、结业考试情况等等。

建议还提出应为每个还没有进入劳动力市场的青年人提供职前准备的培训，介绍各类工作，但这种职前培训不能取代他们工作后的第一阶段培训。

关于职业培训的课程与教学，建议指出，培训课程应该在对每一行业进行系统分析的基础上进行设计，包括分析工作所要求的技能、知识、健康与安全因素等等，还要考虑到该行业的发展趋势和未来变革。培训课程应接受定期评估，保证其与时俱进。

建议特别提到正处在工业化进程中的国家如何开展职业培训。工业化中的国家应当主要针对发展培训体系开展工作，应把最主要的注意力放在建立本国当前和未来的人力资源储备上。这些国家应做好政策规划，特别要注意满足即将发展工业的农村地区人们的需求，以及希望成为工人的农民的需求。

此外，《职业培训建议》还包含关于企业内培训、学徒、快速培训、管理者培训、师资培训、国际合作等方面的政策建议。

《人力资源发展公约》

（国际劳工组织，1975）

1975年6月23日，国际劳工组织公布第142号公约，即《人力资源发展公约》（*Human Resources Development Convention*）。公约的主要内容有：(1) 每个成员国应当形成全面、相协调的针对职业指导和职业培训的政策和计划，并与公众就业服务紧密联系。政策和计划的制定要兼顾到每个国家的具体情况，要求在进行劳动力资源的开发中应该避免歧视。(2) 每个成员国应当建立开放、灵活和互补的普通、技术和职业教育、教育与职业指导、职业培训的体系。(3) 每个成员国应当逐渐扩大职业指导体系的范围，确保所有儿童、青年和成人能够获得全面的就业信息和广泛的指导。(4) 成员国应当逐渐延伸、适应和协调职业培训体系，满足所有经济部门、所有技能和责任水平的青年和成人的终身培训需求。(5) 政府应当与企业、工会组织合作制定职业指导和职业培训的政策和计划。

《人力资源发展建议》

（国际劳工组织，2004）

2004年，国际劳工组织根据国际经济形势的变化对《人力资源发展公约》做了一些修改，于2004年6月17日通过，形成国际劳工组织第195号建议——《人力资源发展建议：教育、培训与终身学习》（*Recommendation Concerning Human Resources Development: Education, Training and Lifelong Learning*），简称《人力资源发展建议》。

《人力资源发展建议》关注以下方面的问题：一是教育和就业前培训的重要性。提出教育和就业上岗之前的培训应该是作为人力资源发展政策的一部分。二是能力培养的问题。不仅仅是技能和知识很重要，同时，我们的知识和能力要和工作的环境结合起来。三是体面劳动和社会包容性方面的培训。强调弱势群体应该被社会人力资源体系涵盖进去，使其能够获得培训服务。四是关于技能承认和认证体系框架。人们都在不断地流动，并且改变他们的工作，这就必须使他们的能力经过认证，使得他们的雇主很清楚地了解他们有哪些基本的技能。五是重视培训机构对潜在的工人培训方面的作用。六是提供职业指导和培训支持。

《人力资源发展建议》倡导建立终身学习的培训体系。国际劳工组织支持从学校到工作的过渡，尤其在青年就业中要做到这一点。提倡建立灵活的学习系统，以应付瞬息万变的技能需求，包括不同学习者不同的学习需求、各异的学习方法和学习地点需求。建议政府、社团鼓励人们自我学习和利用信息技术交流。建议也强调了技能识别与鉴定的重要作用，特别是对一些管理人员开展人力资源开发与培训的研究工作。同时，还可以规范培训质量。因为人力资源在国家和区域间是流动的，如果能够对劳动者的技能做一个认证，就会方便他们的技能转移，还可以把他们的技能标准化，根据其所具有的技能等级给予相应的报酬。技能识别与鉴定可以在整个企业、行业和教育机构中激活人力资源流动，也能保持工人竞争力和给他们适当的奖励。

《关于技术与职业教育的建议》

（联合国教科文组织，1962）

及《修订的关于技术与职业教育的建议》

（联合国教科文组织，1974，2001）

1962年9月6日，联合国教科文组织大会第11届会议通过了《关于技术与职业教育的建议》（*Recommendation on Technical and Vocational Education*）。建议指出：职业教育是由学校或其他教育机构提供的旨在为工业、农业、商业和相关的服务业等领域提供人才准备的所有教育形式；职业教育分技术工人层次的教育、技术员层次的教育、工程师或工艺师层次的教育；认为技术与职业教育是整个教育的一个组成部分；认识到技术与职业教育是支撑现代文明和经济不断进步这个复杂结构的一个先决条件；建议会员国应在其各自的国家内采取立法或其他措施，使本建议提出的原则生效。

1974年11月19日联合国教科文组织第18届会议通过了《修订的关于技术与职业教育的建议》（*Revised Recommendation Concerning Technical and Vocational Education*），职业教育的内涵发生了变化："职业教育"是作为一个涉及教育过程方面的综合术语来使用的，所包括的除了普通教育外，还有技术和相关科学的学习，以及与经济和社会生活各部门的职业有关的实际技能、态度、理解力和知识。它可被进一步理解为：普通教育的一个组成部分；为某一职业领域做准备的一种手段；继续教育的一个方面。1999年4月在韩国首尔召开的联合国教科文组织第二届国际技术与职业教育大会通过第30C/14号决议，请总干事根据大会所指出的新趋势，拟订一份《修订的关于技术与职业教育的建议》，将新文本草案于2000—2001年度内送交各会员国讨论，并将该草案以及今后如何开展磋商落实此建议书提交该组织大会第31届会议通过。

2001年11月2日联合国教科文组织大会第31届会议通过了再次修订的《修订的关于技术与职业教育的建议》，职业教育的内涵更加丰富：它是普通教育的一个组成部分；是准备进入某一就业领域以及有效入职的一种手段；是终身学习的一个方面以及成为负责任的公民的一种准备；是有利于环境的可持续发展的一种手段；是促进消除贫困的一种方法。

《修订的关于技术与职业教育的建议》全文包含以下内容：技术与职业教育的范围；技术与职业教育与整个教育工作的关系（目标）；政策、规划和管理；普通教育中的技术与职业入门教育；为从事某种职业做准备的技术与职业教育的组织和课程内容；作为继续教育组成部分的技术与职业教育；指导工作；学习过程；工作人员（教师队伍、行政管理人员和指导人员）；国际合作。

《修订的关于技术与职业教育的建议》指出，技术与职业教育应当与所有其他教育部门密切配合，为学习者提供通畅连贯的学习渠道，重点是将以往的学习与工作经历相联系，并做出鉴定，给予承认。在现代市场经济中，技术与职业教育政策的制定与实施应当通过在政府、雇主、职业联合会、企业、雇员及其代表、当地社区，以及非政府组织之间建立的新的合作伙伴关系来实现。技术与职业生活的入门教育应是普通教育不可或缺的组成部分，它应该成为从初等教育开始，一直持续到中等教育前几年，课程中所必须有的内容。

《技术与职业教育公约》

（联合国教科文组织，1989）

《技术与职业教育公约》（*Convention on Technical and Vocational Education*）是在1989年11月10日于法国巴黎召开的联合国教科文组织大会第25届会议上通过的。它是指导全球职业技术教育的准则性文件，对缔约国具有有限约束力，成为各国制定职业技术教育政策和法律、法规的国际参考文件，并对加强技术与职业教育发展方面的国际合作发挥效用。

公约第1条规定，“技术与职业教育”指各种形式和各种级别的教育过程，除普通知识外，还包括技术和有关科学的学习，以及获得与经济和社会生活中各种部门的职业有关的实用技术、专门技能、态度和知识。

公约内容还包括：各缔约国同意制定政策、确定战略以及根据自己的需要和资源情况，并在他们各自的教育系统的范围内为青年人和成年人建立技术与职业教育的计划和教学大纲，以便使他们获得经济和社会发展必不可少的知识和专门技能，以及使他们每个人在社会中得到个人和文化方面的充分发展。

公约规定，凡是具备接受技术与职业教育学业水平的个人，都不得因其种族、肤色、性别、语言、宗教、籍贯或社会出身、政治或其他观点、经济地位、出生或以任何其他借口而受到歧视。各缔约国应争取实现接受技术与职业教育的平等权利以及享有整个教育过程中的平等学习机会。

各缔约国同意制定和发展技术与职业教育计划，在开放和灵活的结构范围内，从终身教育的原则考虑来设计。缔约国还同意定期检查技术与职业教育结构、教学计划与规划以及培训方法与教材，以及学校系统与职业界开展合作的形式，以便使之不断适应科技进步、文化进步，适应经济部门就业需要的变化，又可利用教育研究和教育革新的成果，实施最有效的教学方法。

关于技术与职业教育的师资，公约规定凡技术与职业教育教师，无论是专职的还是兼职的，均应具有他们擅长的专业方面足够的理论和实践知识，还应具有与他们讲授课程的类型和程度相适应的教学技能。应通过一些专门课程和到企业部门实习以及其他了解职业生活的各种形式，为从事技术与职业教育教学的人员提供更新技术信息、知识和技能的可能性；此外，他们应得到对他们各自专业可能有用的教育革新方面的资料和培训，并被给予参与有关的研究和发展的机会。应向技术与职业教育领域的教师和其他专门工作人员提供公平的就业机会，不得有任何歧视。

公约还提及各缔约国同意采取若干手段促进国际合作。

《职业技术教育与培训：21 世纪展望》

（联合国教科文组织，1999）

1999 年 4 月 26—30 日，第二届国际技术与职业教育大会在韩国首尔举行。会议的目的是为联合国教科文组织会员国提供一个研讨改革国家技术与职业教育政策的论坛，以迎接 21 世纪初期的就业及其他社会经济方面的挑战。来自 130 多个国家、国际组织、非政府组织、基金会和企业的 700 多名代表参加会议，其中 39 位是教育或职业教育界的部长或副部长。此次会议的直接成果是一份题为《职业技术教育与培训：21 世纪展望》（*Technical and Vocational Education and Training*：*A Vision for the Twenty-first Century*）的建议书。建议书主要是提交给联合国教科文组织总干事的，请他在规划该组织 2000 年及以后的职业技术教育与培训行动计划中，能够顺应会员国的需求。这些建议同样适用于各国家和组织其后十年振兴职业技术教育与培训的计划行动。

建议书的各项建议按大会的六个主题编排。

主题一是 21 世纪变化中的需求对职业技术教育的挑战。全球化、技术发展与革命，以及由此产生的社会变迁为职业技术教育带来新的挑战。这些社会和经济的趋向意味着需要有一种新的发展模式，它以和平和确保环境的可持续发展的文明为核心特征，职业技术教育的价值、态度、政策和实践都要相应地以此为基础。因此必须改革职业技术教育体系，使这种新模式获得生命力。

主题二是改善提供终身教育与培训的体系。职业技术教育是终身学习中的一个组成部分。为了对终身学习做出最大限度的贡献，职业技术教育体系应是开放的、柔性的、以学习者为本的。各个国家都需要有一个连贯的教育政策和协调一致的教育体系，职业技术教育应是其中一个基本的部分。职业技术教育应与其他教育建立紧密的联系，特别是与普通学校和大学，为学习者提供无障碍的通道。职业技术教育在课程管理和教学计划设计上必须有灵活性，以便提供一个贯串终身学习的畅通的通道和可连续的进入、退出、再次进入的转折点。

主题三是革新教育与培训过程。21世纪的学习者面临的挑战，要求职业技术教育有革新的措施。在职业技术教育的教与学的过程中，应该可以使用简单而又现代化的技术和新的信息通信技术，同时又不摒弃传统教学方法中好的东西，特别是师生关系中的个人天性。要寻求新办法培训新教师，以及不断提高他们的能力和职业发展。

主题四是为各类人的职业技术教育。职业技术教育是达到社会和谐、交融和自我尊重的有效工具，应当设计成综合性的、广为覆盖的，以容纳所有学习者的需求；它应对所有人都是开放的。

主题五是政府及其他利益相关者在职业技术教育中变化着的作用。需要在职业技术教育的政策制定和实施上建立政府、雇主、行业、企业、工会和社会之间新的伙伴关系。这种伙伴关系应当创造一个团结一致的法律框架，以便提出应对变化的全国战略方针。需要在发达国家、发展中国家和市场经济崭露头角的国家之间开展互利的、合作的支援。

主题六是加强职业技术教育中的国际合作。为了使职业技术教育对经济和社会发展做出更大贡献，急需国际组织，特别是职业技术教育组织给予经济和技术的援助。

《上海共识》

（联合国教科文组织，2012）

2012年5月14—16日，主题为“改革职业技术教育与培训：培养工作和生活技能”的联合国教科文组织第三届国际职业技术教育与培训大会在上海举行。这是继1999年在韩国首尔召开的第二届国际技术与职业教育大会之后又一次在国际最高层级讨论职业技术教育与培训的主要趋势与政策发展的重要会议，也是进入21世纪以来首次召开的国际职业技术教育与培训大会。来自117个国家和72个国际组织的800多名代表参加了本次会议。

大会代表讨论了职业技术教育与培训体系面临的挑战，并一同探寻适当的应对方式——进一步认识到职业技术教育与培训对可持续发展的贡献，以及明确了通过国际合作和国际社会支持全民职业技术教育与培训的战略方向。大会通过了《上海共识》（*Shanghai Concensus*），对改进职业技术教育的技能培养水平、提升职业技术教育体系的投入产出效率、消除社会不公和排斥、构建职业技术发展与终身教育相结合的技能体系等多方面提出了有针对性的措施和意见。

《上海共识》共包含七个方面的建议：(1) 确保职业技术教育与培训与日新月异的劳动力市场、经济和社会相关联。推行“绿色职业技术教育与培训”，引入信息通信技术，特别关注专业技能人员短缺的行业，更多地考虑当地需求。建立框架和激励机制，促使利益相关者积极参与规划、治理、课程、职业资格发展与评估，以及校企合作和实习。(2) 扩大入学，提高质量和公平性。制定针对改进教与学的有效政策，特别是要制定职业技术教育与培训教师专业化的政策和框架，提高和加强教学水平。通过制定质量标准等方式努力提高职业技术教育与培训的质量。推行有质量的、全纳的职业技术教育与培训，照顾处境不利的学习者，促进性别平等。(3) 实行资格认证和发展性的路径。支持灵活的学习路径，并保证质量。连通职业技术教育与培训和普通教育，确保各个教育层次的灵活路径。建立职业生涯指导体系，帮助学习者选择适当的路径。(4) 巩固政策依据的基础。巩固研究框架和研究工具，改进与国家政策有关的量化和质性参考依据的收集工作。提高国家有依据地制定和实施政策的能力。加强关于职业技术教育与培训的研究。注意确保国家数据收集工作与国际标准的统一。(5) 加强治理，扩大合作。开发能够代表企业、工人、学习者和民间组织的适当的治理方式和框架。加强地区性合作。(6) 增加投资，使资金多样化。认识到职业技术教育与培训是对人力资本的投资，能够带来高昂而广泛的回报。使投资的来源多样化，特别是实行适当的激励机制。(7) 职业技术教育与培训的宣传。强调职业技术教育与培训在促进经济繁荣和社会稳定方面的必要地位。在学习者及其家庭、其他利益相关者之间，提高职业技术教育与培训宣传的曝光度和吸引力，告诉他们职业技术教育与培训在学业进步、就业和自我实现方面可能提供的帮助。

（4）高等教育

《二十一世纪高等教育世界宣言：展望与行动》

（联合国教科文组织，1998）

《二十一世纪高等教育世界宣言：展望与行动》（*World Declaration on Higher Education for the Twenty-first Century*：*Vision and Action*）是联合国教科文组织于1998年10月5日在巴黎召开的“世界高等教育大会”上通过的一份文件。此次会议的规模无论在联合国教科文组织还是在世界高等教育组织的历史上都是空前的，各国高等教育界、经济界、政府机构和非政府组织的4000多人出席了会议，183个国家派出了代表团，其中115个由政府中负责教育或高等教育的部长担任团长，中国由陈至立部长率团参加。大会的主要目的是为世界各国更深入地改革高等教育体制提出“基本原则”，以促进高等教育对世界和平建设做出应有的贡献。

《二十一世纪高等教育世界宣言：展望与行动》共17条，涉及该宣言的起草背景、高等教育的使命和责任、对未来高等教育的展望，以及如何从展望落实到行动。宣言指出：高等教育正面临着重大的挑战和诸如筹资、学习机会均等和学习条件的公平、加强对工作人员的培养、技能培训、教学和研究及服务质量的保持和提高、教学大纲的针对性、毕业生就业等问题；同时还受到与技术有关的新机会的挑战，这些技术正在改进可以创造、管理、传播、利用和掌握知识的方法。如果没有高等教育和研究机构提供最基本的人才，任何国家都不可能确保可持续发展，发展中国家尤其不可能缩小与发达国家的差距，而知识共享、国际合作和新技术可以为缩小这种差距提供机会。高等教育的使命和职责包括：通过教育、培训和开展研究进一步促进整个社会的可持续发展和进步；发挥伦理、自治、责任和预测的功能。对高等教育的展望包括：促进高等教育的公平，提供均等的入学机会和途径；加强妇女的参与和作用；通过科学、艺术和人文学科的研究成果传播促进知识的发展；具有针对性的长远规划；加强与职业界的合作，并对社会需求进行分析和预测；创新教育方法，培养批判性思维和创造力；强调高等院校师生主力军的角色。从展望到行动的措施包括：进行质量评估；开发和利用新技术为教学服务，保持开放、平等和国际合作的态度；加强高等教育的管理和筹资；提高跨国界和跨大洲进行知识交流的能力；从"人才外流"转为"人才回流"；加强与相关组织的合作关系。

《2009 年世界高等教育大会公报》

（联合国教科文组织，2009）

《2009 年世界高等教育大会公报》（*The Communiqué of 2009 World Conference on Higher Education*）是联合国教科文组织于 2009 年 7 月在巴黎召开的世界高等教育大会上通过的一份公报。

来自联合国教科文组织会员国的教育部部长、国际组织代表，以及大学和科研机构的专家学者约 1500 人出席了此次会议，大会回顾了 1998 年世界高等教育大会以来高等教育领域发生的新变化，围绕"高等教育与研究在促进社会变革和发展中的新动力"这一主题进行了深入探讨，分析了在可预见的未来影响高等教育政策与发展的新动力，进而提出高等教育如何满足国家发展和个人期望的具体行动建议。

《2009 年世界高等教育大会公报》共 52 条，涉及高等教育的社会责任、入学、公平与质量、区域化与全球化、学习研究与创新、非洲高等教育、针对会员国和联合国教科文组织的行动呼吁等主题。这份公报是世界高等教育与研究面向未来的行动宣言，对当前及今后一个时期世界高等教育的发展有着重要的参考意义。

（5）教师教育

《关于教师地位的建议》

（联合国教科文组织和国际劳工组织，1966）

《关于教师地位的建议》（*Recommendation Concerning the Status of Teachers*）是联合国教科文组织与国际劳工组织于1966年10月5日在一次特别会议上通过的。该建议提供了有关教师的权利和责任、教师的入门培养和进一步教育、招聘、就业、教学条件等方面的国际标准，自通过以来，一直被视为提高教师地位、促进优质教育的一套重要指导方针。

联合国教科文组织和国际劳工组织深刻地意识到：由于教师地位下降、工资不高、教学条件和学习环境不好、缺乏职业发展前景和职业培训机会，导致的大量教师离职，已经严重威胁到了教育事业的健康发展；必须通过建立一种支持教师终身职业发展的制度，提高教师地位，来吸引和留住一支训练有素、有干劲、有成效、性别平等的教师队伍。据此，联合国教科文组织和国际劳工组织一起努力通过了这份《关于教师地位的建议》，该建议首先对“教师”和“教师地位”的概念做出了明确的阐述：“教师”一词涵盖在学校里负责教育学生的所有人；所使用的“教师地位”这一表达方式既指赋予教师的身份或对他们表示的尊重，正如社会对教师职能的重要性及其行使职能水平的肯定，也指与其他职业群体相比，给予教师的工作条件、报酬及其他物质利益。建议阐述了其适用的范围、指导原则、教育目标和政策、职业培训（包括教师的遴选、培训计划和培训机构）、教师的继续教育（包括入职、晋升、任期安全、违反职业守则的惩罚程序、有家庭责任的女教师地位、非全职服务）、教师的权利和自由（包括职业自由、教师的责任以及教师与教育机构之间的关系、教师的权利）、有效教学和学习的条件（包括课堂规模、辅助人员、教学设备、工作时数、带薪年假、学习假、特殊假、病假和产假、教师交流、校舍、对农村和偏远地区教师的特殊规定）、教师的工资、社会保险（包括一般规定、医疗保险、疾病、工伤、老龄、残疾和遗属补助、提供社会保险的手段）、教师短缺和最终条款。

《关于科学研究人员地位的建议》

（联合国教科文组织和国际劳工组织，1974）

《关于科学研究人员地位的建议》（*Recommendation on the Status of Scientific Researchers*）是联合国教科文组织于1974年在巴黎召开的该组织大会第18届会议通过的一项建议，旨在提高科学研究人员的地位。

鉴于《世界人权宣言》对人权的普遍保护，科学研究人员对人类社会发展的独特贡献，当时科学研究人员地位和待遇的低下以及研究和学术自由受到的外在压迫等因素，联合国教科文组织起草了这份《关于科学研究人员地位的建议》，要求各会员国保护科学研究人员的研究和出版自由。建议共45条，首先对“科学”“技术”“科学研究”“科学研究人员”和“科学研究人员的地位”等术语做了明确的阐述。“科学研究人员”包括那些负责探索科学和技术的特殊领域的人员，但是对于科研人员的认可标准如专业学位、学历、学术职位等由各会员国自行决定；而“科研人员的地位”则指科研人员在相关领域的职责、义务以及权利（包括帮助他们完成任务的工作条件、物质待遇和精神支持）。建议还指出了本建议适用的范围、科研人员在国家政策制定中的地位和作用、科研人员的教育与培训、科研人员的职业发展、帮助科研人员获得成功的条件、建议的使用原则和最终规定。

《关于科学研究人员地位的建议》的通过，极大地提高了科学研究人员的研究条件、待遇和地位，也对科研人员的研究自由予以了最大的保护，为各国保护本国科研人员提供了一套国际公认的规范标准。

《关于高等教育教学人员地位的建议》

（联合国教科文组织，1997）

《关于高等教育教学人员地位的建议》（*Recommendation Concerning the Status of Higher Education Teaching Personnel*）是在联合国教科文组织和国际劳工组织筹备多年之后，由联合国教科文组织大会第23届会议于1997年通过的。

由于《世界人权宣言》《经济、社会与文化权利国际公约》《反对教育歧视公约》《关于教师地位的建议》等文件对人权的普遍保护要求，高等教育教学人员对培养人才、经济发展和社会现代化所提供的服务，以及高等教育学术团体的脆弱性、学术自由所受到的政治压力等，联合国教科文组织与国际劳工组织共同起草了这份《关于高等教育教学人员地位的建议》。建议共77条，首先对“高等教育”“研究”“学术”“高等教育机构”“高等教育教学人员”等术语给出了明确的定义。“高等教育教学人员”包括在高等教育机构和项目组中进行教学、学术研究以及为学生和社区提供服务的所有人员。建议还涉及其适用的范围、指导原则、教育目标和政策、高等教育机构的权利、职责与义务（包括机构的自治和责任）、教学人员的职责和自由权利（个人权利包括公民权利、学术自由、出版自由和国际交流的权利，自我管理和同行自治）、教学人员的职责与义务、专业准备、聘任条件（包括学术岗位录用制度、职业保障、考核、纪律与解雇、雇用条件的协商、工资、工作量、社会保险、健康与安全、学习与研究假和年假、女教学人员、残疾人员和兼职人员的雇用条件）、建议的实施和最终规定。

《关于高等教育教学人员地位的建议》的通过，极大地提高了高等教育教学人员的地位和待遇，同时也保障了高等教育学术自由的核心价值，成为指导各国规范高等教育教学人员地位的指导性文件。

（6）成人教育

《关于成人教育的建议》

（联合国教科文组织，1949，1972）

《关于成人教育的决议》

（联合国教科文组织，1960）

第二次世界大战结束后不久，人们就对成人教育表示了关注。当时世界上多数国家遭受了战争的严重破坏，因此各国人民希望通过成人教育发扬宽容精神，促进各种观点的调和，促使各国政府和人民共同参与成人教育，改善群众的生活条件，创造和平与谅解的环境。

在这样的历史背景下，1949年6月，联合国教科文组织在丹麦埃尔西诺召开了首届国际成人教育大会（International Conference on Adult Education），大会形成的建议提出了大量的专题，涉及范围很广，如要通过建立国际合作机制，尤其是成人教育领域领导者和工作者的交流，以及信息和资料的分享，来推进成人教育的发展。此时还没有形成一致的成人教育的定义，每个国家都有自己必须解决的问题和要完成的紧迫任务。尽管如此，这次会议还是标志着成人教育的发展进入了一个重要阶段。

1960年8月2日加拿大蒙特利尔第二届国际成人教育大会通过的决议赋予成人教育更广泛的涵义。成人教育已经被当作一个国家整个教育体制中的一个正常和必要的组成部分。决议阐明了成人教育的作用与内容、形式与方法、结构与组织等基本问题。决议认为成人教育的作用主要是使受教育者增加接受学校教育的机会，或从终身教育的角度出发增加新的知识。

1972年7—8月日本东京第三届国际成人教育大会通过的建议，进一步在国家政策、筹集资源、技术方法、教师培训、国际合作等方面提出了32项建议。此次会议提出了成人教育应采用正规教育与非正规教育两种形式，两者相互补充。成人教育是教育民主化的体现，也是经济和社会进步以及文化发展的重要因素。这次会议纠正了当时许多国家片面地考虑成人教育如何满足科技发展而忽视文化发展需要的偏向。

《联合国发展十年扫除文盲宣言》

（联合国教科文组织，1964）

1964 年 11 月 19 日，联合国教科文组织大会第 13 届会议通过了《联合国发展十年扫除文盲宣言》（*Declaration on Eradication of Illiteracy in the United Nations Development Decade*）。

《联合国发展十年扫除文盲宣言》中认识到，当时全世界超过 7 亿人不能读写，对联合国教科文组织的会员国的政府和人民来说，这都是持续的挑战。如果不能让这些人们掌握读写的能力，那么联合国发展十年的所有物质成就都会暗淡无光。发展的核心目的是解放人类的创造力和生产力。只要人类仍然被分成两类——一类掌握了丰富人生和寻求新知的教育和读写能力，另一类则没有掌握——或者只要人类思想仍旧禁锢于无知所导致的偏狭、怀疑和恐惧的牢笼，那么这一核心目的就不可能实现。

宣言认为，扫盲的目的不在其自身，它是获得基本技能的手段，通过这些手段，教育可以发展成为持续的、自我更新的过程。读写能力为人们提供自我发展、获取新技能和新思想、适应飞速发展的环境的动力和媒介。同时，它也是加快发展进程所必需的社会经济转型过程中一个十分重要的因素。因此，扫盲和成人教育不仅是教育增长项目中的有机组成部分，而且是建立经济和社会秩序的基础。消灭大规模文盲，提供持久的、广泛的读写能力应当被当作发展规划中正规教育之外的一个关键补充，以及促进经济增长的基础之一。

《联合国发展十年扫除文盲宣言》发布于“世界扫盲运动”（World Literacy Campaign）之初和“联合国发展十年”中期，认识到扫除文盲对于经济、社会发展的关键作用，将扫盲作为全世界要共同承担的责任，敦促各会员国立即开展扫盲工作，并鼓励和支持世界范围的援助和支持，并且认为，通过以上这些努力，很可能在短期即可见到成效。

《关于发展成人教育的建议》

（联合国教科文组织，1976）

1976年10月26日至11月30日，联合国教科文组织大会第19届会议在内罗毕召开。在11月26日的第34次全体会议上，通过了《关于发展成人教育的建议》（*Recommendation on the Development of Adult Education*）。在这份文件中，联合国教科文组织提出了67项发展成人教育的建议，主要是基于终身教育与终身学习的观点，将成人教育视为其整体结构中的一部分，之后这些建议受到了国际社会的广泛重视。在这种终身教育思想的影响下，各国政府把成人教育看成推动终身教育进程的先导，高度重视成人教育，通过制定法律来保障成人教育的发展。

该文件共分10个部分。第一部分是概念界定。《关于发展成人教育的建议》提出的“成人教育”定义是：“成人教育”一词是指整个有组织的教育过程，不论其内容、水平、方法如何，是正规的或是非正规的，不论是延续或是取代在大学和学校进行的初步教育和职业训练形式的教育，通过这个教育过程，使社会成员中被视为成年的人增长能力、丰富知识、提高技术和专业资格，或向他们指出新的方向，在人的全面发展和参与社会-经济、文化的平衡独立的发展两个方面，使他们的态度和行为得到改变。建议强调，成人教育是包含在终身教育总体计划中的一个部分；教育绝不仅限于学校阶段，而应扩大到人生的各个方面，扩大到技能和知识的各个领域，能通过各种手段受到教育，并应促进个性的全面发展。

第二部分是成人教育的目的和策略，论述了成人教育的主要目的和原则，明确了各个国家在成人教育领域的责任和实施策略。建议认为成人教育的目的应致力于：（1）促进为了国际和平、了解和合作的行动；（2）推动恰如其分地了解当今社会的重大问题和社会的变革，以及提高在社会正义方面积极参与社会进步的能力；(3) 注意人与自然、文化环境的关系，加强对改善环境、重视和保护自然、共同遗产和财富的关心；(4) 理解和尊重本国及国际范围内风俗和文化的多样性；(5) 注意和发扬在家庭、地方、国家、地区和国际范围内多种形式的联系与团结；(6) 提高靠个人、集体或在为此专门设立的机构内有组织的教育，获得有助于促进人性全面发展的新知识、资格、态度或行为；(7) 通过先进的技术和职业培训，提高个人或集体创造新的物质财富和创造新的精神或美学价值的能力，自觉有效地进入劳动世界中去；(8) 提高正确考虑儿童发展问题的能力；(9) 提高创造性地利用业余时间和获得各种必要的或所希望获得的知识的能力；(10) 提高利用集体传播手段，特别是广播、电视、电影、报纸所必需的鉴别能力，提高解释社会向现代人提出的各种信息的能力；(11) 提高教人学习的能力。

第三至第十部分分别阐述了：成人教育的内容；方法、手段、研究和评价；成人教育结构；从事成人教育人员的培训和地位；成人教育和青年教育的关系；成人教育与劳动的关系；成人教育的管理、行政、协调和经费；国际合作。

《关于发展成人教育的建议》是对最早的三届国际成人教育会议的结论、宣言和建议的总结和改进，还吸取了 1974 年联合国教科文组织大会第 18 届会议通过的《修订的关于技术与职业教育的建议》的条款、国际劳工组织关于成人教育诸方面的若干文件和其他国际组织、国际会议的相关文件中的公约与建议。由于首次提出成人教育是终身教育的一个组成部分，它成为成人教育发展历史上的里程碑。后来每当全世界的政策制定者和成人教育专家会聚一堂，讨论推动成人教育新的进展时，都会忆及它深远的影响力。

《巴黎成人教育大会宣言》

（联合国教科文组织，1985）

1985年3月19—29日，联合国教科文组织在法国巴黎举行了第四届国际成人教育大会。出席会议的有联合国122个会员国的531名代表（其中国家部长级官员40位），还有59个国际性机构、非政府组织的代表和观察员，总计841人。

会议高度评价了各国将成人教育纳入国家教育体系的努力，会议报告指出："在最高一级，某些政府采取了全国性的法律甚至宪法措施，从而使成人教育增添了新的力量，或是确定了目的、范围、作用和手段，或是具体指出了某些特殊的方式，因而成人教育在国家宪法和宪章中以及在阶段性的社会-经济发展规划中，在关于教育部门的全面改革或白皮书中取得了特殊的地位。在某些情况下，还采取了全国性的措施以协调有关整个教育，特别是成人教育的各种立法，并制定了规章。通过调整工作时间、发展以教育为目的的带薪假日或激励某些类别的人员（公务员、干部、教师、劳动者）参加在职的教育等办法，来促进人们参加成人教育。"各国政府对成人教育采取专门法律措施，是成人教育制度化的最根本保证，标志着全球成人教育发展迈上了一个新的台阶。

大会指出：学习权不仅仅是经济发展的工具，更是成人不可剥夺的基本权利，是社会公平的重要标尺，是21世纪的关键。教育机会均等是终身教育的一个基本原则。成人学习权包括：阅读与书写的权利；提出问题与分析的权利；想象与创造的权利；了解人的环境与编写历史的权利；接受教育资源的权利；发展个人与团体技能的权利。

宣言认为，成人教育应该有助于使人的知识和才干适应新时期的需要。科学技术的发展和社会经济的变化如此迅速，这就要求人们努力了解新现象，不断深化知识、增长才能。这一点对于任何国家来说，无论其发展水平如何，都是适用的。

大会宣言呼吁政府与非政府组织与联合国、联合国教科文组织和其他专业团体密切合作，在全世界推动实现成人学习权。

此外，大会通过的建议就成人教育的目的与政策、重点群体、实施方法、师资培训、研究、规划与评估等问题提出了建议。

《贝伦行动框架》

（联合国教科文组织，2009）

2009年12月1—4日，联合国教科文组织第六届国际成人教育大会在巴西贝伦举行。大会以“走向美好未来的生活与学习——成人学习的力量”为主题，汇聚了来自联合国教科文组织156个会员国、其他联合国系统组织、双边和多边组织、民间社团和私营部门组织的代表以及世界各地的学者超过1500人。此次大会的主要目的在于强调成人学习与教育在国际教育和发展计划，尤其是在关于可持续发展的计划中所发挥的核心作用。各参会方共同商议，通过了本次大会的核心成果：《贝伦行动框架》（*Belém Framework for Action*），为进一步推动世界各国成人学习和教育工作的发展勾勒出新的行动框架，提出了新的愿景。该行动框架全文共四章：

第一章“序言”重申了1997年《汉堡宣言》的成人教育定义，指出成人教育是受教育权的基本要素之一。为了让所有青年人和成年人行使这一权利，需要描绘出新的行动路线图。

第二章“走向终身学习”提出，成人学习和教育是终身学习过程的重要组成部分，它包括一个从正式到非正式和非正规的连续学习过程。本章还表示深信成人学习和教育在应对全球挑战、解决教育问题中发挥着至关重要的作用；同时也深信成人学习和教育能够为人们提供必要的知识、技能和价值观，以履行和推进其权利并掌握他们的命运。成人学习和教育还是实现全纳、平等和减贫，建设包容的、可持续的知识社会的必要条件。

第三章“建议”是《贝伦行动框架》的主体部分，分为六节。首先，鉴于扫盲在全世界面临的持续性和规模，成人扫盲成为第一节，意味着要加紧努力，到2015年使文盲数量比2000年减少50%，最终目标是防止和打破低文化水平的循环，创造完全脱盲的世界。第二节“政策”指出，成人教育政策和立法措施必须是全面的、具有包容性的和综合的。第三节是“治理”，善治有利于以有效、透明、负责和公平的方式实施成人学习和教育政策。第四节“融资”提出，成人学习和教育是一项有价值的投资，可以通过创建更加民主、和平、健康，更具包容性、生产效率更高和可持续的社会而带来社会效益。要确保提供优质的成人学习和教育，必须进行大量的财政投资。第五节“参与、包容和公平”倡导全纳的成人学习和教育，消除参与方面的障碍。第六节“质量”提出在成人学习中培养一种质量文化，要把内容和传授方法关联起来，进行以学习者为中心的需求评估，获得多种才能，实现教育者专业化，丰富学习环境，并提高个人和社区的能力。

第四章“实施监测”承诺为扫盲和成人教育制定一整套可比的数据指标，定期收集和分析数据，编制进展情况报告，开始建立拥有明确基准和指标的地区监测机制等，并呼吁联合国教科文组织及其所属机构提供支持。

此外，《贝伦行动框架》还附带一个附件：背景陈述，阐述了全球成人学习和教育面临的问题与挑战，和自第五届国际成人教育大会以来的最新进展，作为前述行动框架所列建议和战略的基本依据。

12. 关于教育交流与合作的国际规则文件

联合国教科文组织“高等教育学历互认公约”

为了加强历史、地缘、政治和文化上相近地区内部高等教育之间的交流与合作，联合国教科文组织通过了一系列旨在促进高等教育学历、证书、文凭相互承认的区域性公约，其中包括1974年的《拉丁美洲和加勒比海地区承认高等教育学历、证书、文凭、学位的地区公约》（*Convention on the*

Recognition of Studies, Diplomas and Degrees in Higher Education in the Latin America and the Caribbean)、1976年的《地中海沿岸阿拉伯国家与欧洲国家承认高等教育学历、证书、文凭、学位的地区公约》（*Convention on the Recognition of Studies, Diplomas and Degrees in Higher Education in the Arab and European States Bordering on the Mediterranean*)、1978年的《阿拉伯国家承认高等教育学历、证书、文凭、学位的地区公约》（*Convention on the Recognition of Studies, Diplomas and Degrees in Higher Education in the Arab States*)、1981年的《非洲国家承认高等教育学历、证书、文凭、学位和其他学术资格的地区公约》（*Regional Convention on the Recognition of Studies, Certificates, Diplomas, Degrees and Other Academic Qualifications in Higher Education in the African States*）和1983年的《亚洲和太平洋地区承认高等教育学历、文凭和学位的地区公约》（*Regional Convention on the Recognition of Studies, Diplomas and Degrees in Higher Education in Asia and the Pacific*)、1997年的《欧洲承认高等教育资历公约》（*Convention on the Recognition of Qualifications Concerning Higher Education in the European Region*)。

这一系列学历互认公约全面涉及了对"承认学历"的定义、目标、各缔约国的实施义务、实施机构、与国际组织的合作方式、高等院校的责任、资料，以及公约的批准、核准、接受、加入和生效。"承认"主要是指某一缔约国主管当局接受外国的高等教育证书、文凭或学位并授予其持有者享有它认为相当于该外国证书、文凭或学位的本国证书、文凭或学位持有者的权利。根据这种承认的适用范围，该权利可包括继续学习或从事某项职业，或同时进行这两种活动。各缔约国将承诺：使本国的高等教育系统更加向签约国的学生开放；通过承认学历、证书、文凭和其他学术资格，推动教师、学术和研究人员在各缔约国之间的自由流动；协调各国高等院校的入学要求；为海外学生归国提供便利；使用类似的术语和评价标准，使各国的学位和学历具有可比性；在建立评估体系时要将非洲的现实情况纳入考虑当中，并逐渐使用非洲本地语言作为教学语言；建立灵活的招生制度，不仅考虑学生的学术成就，还要考虑个人的相关经历；对局部学习进行评价的灵活标准；建立并改进有关学历、文凭互认的信息交流系统。

其中，《亚洲和太平洋地区承认高等教育学历、文凭和学位的地区公约》自1983年签订以后，通过一系列会议的磋商和谈判取得了很大的进展。2006年，博鳌亚洲教育合作磋商会议上，来自亚太地区的38个国家、地区和国际组织的教育官员、专家代表等呼吁进一步扩大各国之间的交流和合作，加速国家和地区间学历、学位互认工作，进一步促进了亚太地区的学历互认，为此同意对1983年公约进行修订。2011年11月，联合国教科文组织《亚太地区承认高等教育学历、文凭和学位地区公约》签约国大会在东京召开，会议通过了《亚太地区承认高等教育资历公约》。该公约保证了在外国取得的学位获得认证的机会，同时，新的公约要求各国建立向高等教育机构提供合法和公认信息的国家信息中心，利用含有学位拥有者、授予机构、学习内容等高等教育学位标准化内容的学位说明资料提供国家间认证评估必需的信息。欧洲“博洛尼亚进程”的启动也极大地推动了欧洲高等教育一体化的进程，大大提高了欧洲高等教育的吸引力。此外，联合国教科文组织还于2014年年底在埃塞俄比亚的斯亚贝巴召开了缔约国国际会议，审议并通过对1981年《非洲国家承认高等教育学历、文凭、学位和其他学术资格的地区公约》的修订。

联合国教科文组织“学历互认公约”系列极大地促进了地区内部各缔约国的文化、思想、知识以及科技经验的交流，人员的流动，国家经济、社会、文化和技术的发展，并增进了地区的和平。可以说，联合国教科文组织的“学历互认公约”系列开启了世界高等教育发展的新篇章。在上述地区公约的基础上，联合国教科文组织又于2012年启动了对制定一个全球性公约的可行性研究。

《关于承认高等教育学历和资格的建议》

（联合国教科文组织，1993）

《关于承认高等教育学历和资格的建议》（*Recommendation on the*

Recognition of Studies and Qualifications in Higher Education）是联合国教科文组织于1993年11月在巴黎召开的大会第27届议会上通过的一项决议，旨在推动各国互相承认高等教育的学历和资格，促进教育的交流与合作。

鉴于联合国教科文组织以教育、科学和文化促进世界安全与和平为使命，考虑到世界文化和高等教育系统的多样性，高等教育不断增加的国际化维度，高等教育之间学术交流的日益密切，学生、教师和专家的国际流动不断增强，高等教育系统的组织结构、功能、规定和传统以及对教师和学生资格要求的不同规定，以及高等教育系统之间的学习和资格互认，能够极大地促进思想、知识、科学技术以及人员的流动，联合国教科文组织起草了这份《关于承认高等教育学历和资格的建议》。该建议共24条，首先对“高等教育”“高等教育资格”“非全日制学习”“中等教育”这些术语做了明确的阐述，同时还阐述了对外国高等教育、中等教育的学历和资格进行认证的具体内容。建议阐述了实施高等教育学历和资格认证的一般规定、国家的政策和实践指南、国际的合作——相关信息的交流、双边和多边的协议。

《关于承认高等教育学历和资格的建议》的通过增加了从高等教育中受益的人数，有助于各国教育和培训以及人力资源的发展，极大地促进了教师、学生、研究者和专家在各国之间的自由流动，减少了那些留学归国人员和想留学人员遇到的困难，也促进了不同文化体系中人们之间的相互了解。

《跨境高等教育质量保证指导意见》

（联合国教科文组织和经合组织，2005）

《跨境高等教育质量保证指导意见》（*Guidelines for Quality Provision in Cross-border Tertiary Education*）是联合国教科文组织和经济合作与发展组织于2005年共同制定的一份文件，该文件为各国政府以及高等教育机构等六大群体的跨境高等教育质量保证提供了指导方针。

鉴于 20 世纪 80 年代以来，通过学生、教师、课程/学校和专业人员的交流进行的跨境高等教育大发展之后，其质量保障、资质认定和学历认证的国家体系尚不包括跨境高等教育，使得跨国高等教育的质量保障成为一片空白的领域，联合国教科文组织和经济合作与发展组织联合出台了《跨境高等教育质量保证指导意见》，以支持和鼓励国际合作，提高跨境高等教育的办学质量，保护学生和其他各方，使其免受办学质量低下或违规办学之害，鼓励能够满足人文、社会、经济和文化需要的高质量跨境高等教育。《跨境高等教育质量保证指导意见》针对政府、包括教师在内的高等教育机构/办学者、学生团体、质量保障和资质认定机构、学术认证机构以及专业团体提出了指导方针。政府应该在促进必要的质量保障、资质认定和学历认证方面施加影响；所有高等教育机构/办学者都应该重视质量；学生团体作为跨境高等教育的直接接受者的代表和高等教育界的一个组成部分，有责任帮助大学生和未来的大学生仔细认真研究所得到的信息，在做决定之前进行充分思考；质量保障和资质认定机构负责评估高等教育的质量；专业认证机构应该在联合国教科文组织的学历认可地区公约的基础上进一步采取国际行动，使认证制度更透明、更有可比性，以促进对学术资格的公平认可；专业团体应该增加透明度，即提高信息的普及程度和质量。

《跨境高等教育质量保证指导意见》的出台对于指导各国开展高质量的跨境高等教育至关重要，促进了相关机构在保障跨境高等教育质量方面的国际交流与合作，也为各国建立跨境高等教育质量体系提供了一个指南。

术语索引

H

J

K

L

M

N

O

P

Q

R

S

后　记

经过长期发展，国际教育规则已经成为与国际体系相匹配、高度专业化的、包含不同层次内容的规则群。此前，虽然尚未对国际教育规则进行过全面的规范研究，但在实际工作中，我们已经在参与国际教育规则方面积累了许多宝贵经验。经过几代人数十年的不懈努力，我们在实践层面对国际教育规则的理解和执行已经具备了相当水平。但是，对国际教育规则整体的理论认识始终欠缺，也制约着相关工作的进一步开展。随着中国国力的整体上升和所承担国际责任的不断增加，对既往经验实践进行总结、对国际教育规则开展研究已经提上了工作日程。

为配合《教育规划纲要》的贯彻实施，2011 年 4 月，中国联合国教科文组织全国委员会秘书处组织相关专家撰写了一份关于教育质量国际框架的报告，系统说明了有关教育质量问题的国际规则与国际经验，获得各级领导的高度肯定和相关专家的好评。为进一步推进落实《教育规划纲要》的工作，更加全面地开展国际教育规则研究，厘清国际教育规则体系与具体内容，为全面贯彻落实《教育规划纲要》提供宏观支持与技术参考。2011 年春，我们专门邀请华东师范大学周南照、清华大学张小劲、中国教育科学研究院孟鸿伟、北京师范大学王晓辉、浙江大学阚阅等学者组成专家组，参考数百万字文献资料，先后召开了五次研讨会，合作撰写了初稿，又经过四次重大修改，终于完成了这份书稿。

归根结底，认识和理解国际教育规则，是为了掌握和应对国际教育规则。因此，不仅要更好地掌握现代教育发展的一般规律，推动中国教育事业的发展，也要将中国教育发展的成功经验融入国际教育规则，提升中国教育经验的国际影响力。以教育角度来说，这既是对中国教育发展的总结，也是为世界教育事业的发展增添中国内容；以人类文明发展的角度来说，这也必将是中华民族对国际社会的重要知识贡献。易言之，从“通晓国际教育规则”到“优化国际教育规则”，是这一代人必须完成的任务与挑战。

习近平总书记在2014年春天访问联合国教科文组织总部时指出：“我们要积极发展教育事业，通过普及教育，启迪心智，传承知识，陶冶情操，使人们在持续的格物致知中更好地认识各种文明的价值，让教育为文明传承和创造服务。”进一步加强与国际组织，特别是联合国教科文组织等国际教育规则制定机构的合作，参与国际规则的制定，以国际先进经验进一步开拓思路，创造性地落实《教育规划纲要》，是新时期应对和优化国际教育规则的主要内容。我们愿通过借鉴先进理念，完善改革和发展措施，推进教育公平与平等，提高教育和教学质量，进一步打通国内教育和国际教育两套规则，完成时代所交付的使命。

尽管相关专家倾尽全力，但这项工作仍是尝试性的，肯定存在许多不尽如人意甚至是错误的地方，敬请诸位读者指正。

著者谨识

2015年12月